Thomas Klappstein (Hrsg.)
Nicht alltäglich

Thomas Klappstein (Hrsg.)

Nicht alltäglich

182 ½ außergewöhnliche Andachten

Brendow.
VERLAG + MEDIEN

Bibliografische Information der Deutschen Nationalbibliothek
Die Deutsche Nationalbibliothek verzeichnet diese Publikation in der
Deutschen Nationalbibliografie; detaillierte bibliografische Daten
sind im Internet über http://dnb.d-nb.de abrufbar.

ISBN 978-3-86506-329-8
© 2010 by Joh. Brendow & Sohn Verlag GmbH, Moers
Einbandgestaltung: Brendow Verlag, Moers
Titelfoto: shutterstock
Satz: Satzstudio Winkens, Wegberg
Druck und und Bindung: CPI – Clausen & Bosse, Leck
Printed in Germany

www.brendow-verlag.de

Inhalt

Für alle, die ehrlich, aufrichtig und täglich ihr Leben vor Gott und den Menschen und mit Gott und den Menschen leben wollen, aber durch so manche Nicht-Alltäglichkeit ihre menschlichen Grenzen aufgezeigt bekommen. Und die dankbar feststellen, dass der nicht alltägliche Gott dann doch immer wieder täglich erreichbar ist ...

Vorwort

Andachtsbücher gibt es in der christlichen Szene viele. Jedes Jahr werden neue veröffentlicht, jedes Jahr neue gekauft. Warum also nun noch ein »nicht alltägliches« Impuls- und Andachtsbuch? Und was ist es, das dieses Buch so »außergewöhnlich« macht?

Impuls- und Andachtsbücher begegnen dem Bedürfnis von Christen, neben dem Lesen in der Bibel einen regelmäßigen geistlichen Impuls für das tägliche Leben zu bekommen, den andere Menschen gedacht und formuliert haben. Einige inspiriert es, im Laufe des Tages immer wieder einmal über das Gelesene nachzudenken und es anzuwenden. Andere sind ganz einfach froh, so in den Tag starten zu können und ihrer vermeintlichen »christlichen Pflicht« nachgekommen zu sein.

Wenn man die Sache nüchtern betrachtet und ganz ehrlich ist, starten zwar viele mit dem guten Vorsatz in ein neues Jahr, täglich eine Andacht zu lesen, stellen aber häufig Ende Februar fest, dass sich doch einige Unregelmäßigkeiten eingeschlichen haben. Und bei nicht wenigen macht sich dann ein schlechtes Gewissen bemerkbar.

Um dem zu begegnen, trage ich schon lange die Idee für »das erste ehrliche Andachtsbuch« in mir, die nun mit Hilfe vieler toller neuer und alter Autorinnen und Autoren in die Realität umgesetzt werden konnte: ein Andachtsbuch mit 182 $^1/_2$ Andachten. Dieses Buch geht davon aus, dass viele Leserinnen und Leser realistischerweise sowieso nur alle zwei Tage dazu kommen, eine Andacht zu lesen (365 Tage : 2 = 182 $\frac{1}{2}$). Und das geht ab jetzt mit einem guten Gewissen. Und der Möglichkeit, trotzdem in einem Jahr durchzukommen.

(Das heißt natürlich nicht, dass man nicht auch gerne täglich lesen darf – dann fängt man zur Jahresmitte eben noch einmal neu an. So könnte man sich außerdem auch außerhalb der üblichen Zeiten mal mit den Inhalten der großen christlichen Festtage beschäftigen – und eventuell einen neuen, »außergewöhnlichen« Blick auf vermeintlich Altbekanntes bekommen ...)

Im Entstehungsprozess dieses Buches gehörte »182 $\frac{1}{2}$ artige Andachten für Aufrichtige, Anständige und Aufmüpfige« mit zu den Favoriten für den Untertitel. Auch wenn wir uns letztlich für eine andere Formulierung entschieden haben – gepasst hätte er. Und wenn man das »für« durch ein »von« ersetzt, sagt das auch einiges aus über die Vielschichtigkeit und Kreativität der Autorinnen und Autoren, ihren unterschiedlichen geistlichen Background und den damit verbundenen bunten Stil-Mix der Beiträge. Alles ist dabei, von »old school« über »modern« bis zu »postmodern«. Dabei geht es nie darum, ein aalglattes Christsein zu progagieren, das den Realitäten des Lebens nicht gerecht wird. Es geht darum, in den Realitäten des Lebens das Christsein zu greifen.

Manchmal wird ganz klassisch ein Bibelvers ausgelegt (»old school«), manchmal wird eine (persönliche) Geschichte erzählt, die eine geistliche Wahrheit vermittelt, ohne dass ein Bibelvers explizit genannt wird (»postmodern«). Mal steht ein Bibelvers am Beginn des Beitrages, mal wird er im Text zitiert. Viele Beiträge sind Einzelbeiträge, andere wurden schon als Reihen konzipiert.

Neben etablierten Andachtsbuchautoren sind auch viele neue Autorinnen und Autoren dabei, die einer größeren Öffentlichkeit noch nicht bekannt sind, die aber schon Schreiberfahrung haben oder in ihren Reden immer wieder Zuhörer abholen und begeistern und deshalb gefragt wurden. Und viele haben erfreulicherweise zugesagt. Ich bin der Meinung, dass gerade in der Andachtsbuchszene alte Dinge neu gesagt und gedacht werden sollen und dürfen. Und die Leserinnen und Leser freuen sich sicherlich auch über frisches »Tintenblut« und neue, »außergewöhnliche« Ein- und Ausblicke.

Aber es ist nicht nur »Tintenblut«, was hier geflossen ist. In allen Beiträgen steckt viel »Herzblut«, um mal einen »old school«-Ausdruck zu gebrauchen. Allen ist gemein, dass durch ihre Beiträge die Stimme dessen vernehmbar ist, der ihr Leben bestimmt: Jesus Christus. Dass Gott durch ihre Beiträge seine Gedanken pflanzt. Dass göttliche Samen gesät werden, die aufgehen, Frucht tragen und zum Leben helfen.

Nicht alltäglich. Aber außergewöhnlich aufrichtig!

Allen, die hier Zeit und Energie aufgewendet haben – deren »Herzblut« geflossen ist – einen herzlichen Dank und »Goddes außergewöhnlich foll vetten Segen« – der natürlich auch für die Leserinnen und Leser gedacht ist.

Thomas Klappstein
(Herausgeber)

PS: Der 182 $1/2$te Beitrag kann übrigens gerne selbstständig ergänzt werden. Dazu motivieren hoffentlich die 182 vorangegangenen Beiträge ...

Unterwegs

> Ich bin das A [Alpha] und das O [Omega], spricht Gott
> der Herr, der da ist und der da war und der da kommt,
> der Allmächtige.
>
> OFFENBARUNG 1,8 (LUTHER 1984)

Luat enier Stidue an der elingshcen Uävirestint Cmabridge ist
es eagl, in wlecher Riehnelfgoe die Bcuhtsbaen in eniem Wrot
sethen. Das eniizg Wcihitge ist, dsas der estre und der lzette Bsthu-
cabe am rcihgiten Paltz snid. Den Rset knan man dnan onhe Pol-
brmee lseen. Das ghet dseahlb, weil das mneshcchile Geihrn nciht
jdeen Bschutbean ezleinn liset, sodnern das Wrot als Gnaezs.«

Alles verstanden? Nein? Dann schauen Sie unten nach. Wenn
Sie's aber verstanden haben – erstaunlich, oder? Wozu gab es eigentlich eine Rechtschreibreform Anfang des neuen Jahrtausends und
den Streit darüber?

Mir kam beim Lesen folgender Gedanke: Gleicht unsere Lebensgeschichte nicht allzu oft dem Durcheinander der Wörter oben?
Und erst recht die Weltgeschichte? Manchmal kaum ein Buchstabe,
kaum etwas da, wo es hingehört! Aber wenn der erste und der
letzte Buchstabe stimmen, macht jedes Wort Sinn. Wird jedes einzelne Kapitel Geschichte sinnvoll.

Das Alpha und das Omega – der erste und der letzte Buchstabe im griechischen Alphabet – sind in der Bibel ein Bild für Christus. Er ist der Erste und Letzte, Anfang und Ende der Welt, Ursprung und Ziel unseres Lebens, Schöpfer und Erlöser. Alles ist eingerahmt von seiner Macht und von seiner Liebe, von seiner Kreativität und von seiner Menschenfreundlichkeit. Und macht so Sinn. Selbst im scheinbaren Unsinn. An ihm, an Jesus Christus, möchte ich mich orientieren.

Und hier noch mal im Klartext:

»Laut einer Studie an der englischen Universität Cambridge ist es egal, in welcher Reihenfolge die Buchstaben in einem Wort stehen. Das einzig Wichtige ist, dass der erste und der letzte Buchstabe am richtigen Platz sind. Den Rest kann man dann ohne Probleme lesen. Das geht deshalb, weil das menschliche Gehirn nicht jeden Buchstaben einzeln liest, sondern das Wort als Ganzes.«

Thomas Klappstein

2 | Er zieht das durch

> Deshalb bin ich auch ganz sicher, dass Gott sein Werk,
> das er bei euch begonnen hat, zu Ende führen wird,
> bis zu dem Tag, an dem Jesus Christus kommt.
> PHILIPPER 1,6 (HOFFNUNG FÜR ALLE)

Das hat sowieso keinen Zweck! Hast du schon mal etwas mit ganz viel Enthusiasmus angefangen, nur um dann irgendwann damit aufzuhören, bevor das Projekt fertig war? Eine Diät? Ein Musikinstrument? Eine Schulausbildung oder Lehre? Den Versuch, mit dem Rauchen aufzuhören? Eine Freundschaft? Eine Ehe?

Eine Familie? Manchmal sind diese »Abbrüche« nicht schlimm, aber manchmal zerstören sie auch Leben.

Aber es gibt eine richtig gute Nachricht! Gott hat das Projekt »du« angefangen. Er hat ganz viel Liebe, ganz viel Kreativität investiert – und er denkt gar nicht daran, dieses Projekt aufzugeben.

Ein paar Frauen unterhalten sich über die »Abwrackprämie«, und eine von ihnen hat eine brillante Idee: »Wäre es nicht toll, wenn Frauen ihre Ehemänner genauso eintauschen könnten, gegen jüngere, funktionstüchtigere Modelle?« Darauf erwidert eine ihrer Freundinnen: »Das ist ja wohl die blödeste Idee, die ich jemals gehört habe. Ihr könnt euch gar nicht vorstellen, wie viel ich investieren musste, um meinen Mann auch nur halbwegs zum Funktionieren zu bringen! Ich wäre ja schön blöd, wenn ich mir einen neuen holen würde, mit dem ich die ganze Arbeit noch mal von vorne machen müsste!«

Wo sie recht hat, hat sie recht! Gott scheint über unsere Situation irgendwie ähnlich zu denken. Und wenn das so ist, dann ist es ja vielleicht einen Versuch wert, noch mal durchzustarten!

Frank Bonkowski

3 | Liebe bringt den Sieg nach Hause

> Seid wachsam, steht fest im Glauben, seid mutig,
> seid stark! Alles, was ihr tut, geschehe in Liebe.
> 1. KORINTHER 16,13-14 (EINHEITSÜBERSETZUNG)

Was Paulus hier den Korinthern am Ende seines langen Briefes sagt, erinnert an einen Fußballtrainer, der seinem auflaufenden Team noch die letzten Anweisungen gibt. Was hatte er ihnen nicht alles geschrieben! Er hatte gegen Spaltungen und grobe Sünden in der Gemeinde gekämpft, hatte den Wert der Geistesgaben betont und sich für einen geordneten Gottesdienst eingesetzt. Sogar mit der Frage, wie glaubwürdig die Berichte von der Auferstehung Jesu sind, musste er sich herumschlagen. Aber jetzt soll der Brief in die Praxis umgesetzt werden. Jetzt müssen die Korinther raus aus der Bibelstunde und rauf auf das Spielfeld des Lebens.

»Seid wachsam«, ruft der Apostel. Der Teufel schläft nicht und versucht mit allen Tricks, gegen euch zu punkten. Wenn er es schafft, euch in Sicherheit zu wiegen, ist er im Vorteil und euer Erfolg gefährdet. »Steht fest im Glauben«, denn der Sieg gehört eurem Mannschaftsführer Jesus. Also lasst euch nicht einschüchtern, »seid mutig, seid stark«.

So ermutigt Paulus jeden von uns, seinen Platz einzunehmen, ganz egal, auf welcher Position im Reich Gottes wir spielen. Denn das sehen wir deutlich im Korintherbrief, dass Gott sogar Leute wie uns gebrauchen will. Natürlich muss Paulus die Christen in Korinth darauf vorbereiten, dass die Nachfolge Jesu kein leichter Weg ist. So schlägt er hier ziemlich markige Töne an.

Und doch will er auf dem Spielfeld des Lebens keine zähnefletschenden Champs sehen. Die Energie, die uns vorantreibt, heißt nicht Aggression, sondern Liebe. Wir werden nicht als Eroberer losgeschickt, sondern als Diener. So hat es uns Jesus Christus vorgemacht. Und wir wissen aus eigener Erfahrung: Gegen seine Liebe ist kein Kraut gewachsen. Sie macht die entscheidenden Punkte und bringt den Sieg nach Hause.

Christoph Müller

> Der Herr sagte zu Abram: »Geh fort aus deinem Land,
> verlass deine Heimat und deine Verwandtschaft, und zieh
> in das Land, das ich dir zeigen werde! ...« Sie ... durchzogen
> das Land ..., und auch hier schichtete er Steine auf als
> Opferstätte für den Herrn. Dort betete er den Herrn an.
>
> 1. MOSE 12,1-8 (HOFFNUNG FÜR ALLE)

Ein Pensionär wird zum Pionier. Abraham war 75 Jahre alt, als er die Herausforderung annahm, sich der Macht der Gewohnheit zu widersetzen. Eines Tages setzte sich das Reden Gottes wie ein Ohrwurm in seine Gedanken: Geh aus deinem Vaterland, von deiner Verwandtschaft und aus deinem Elternhaus fort!

In diesen drei Worten ist alles enthalten, was unser »So-sein« ausmacht, was uns von Kindesbeinen an prägt, unsere Identität stiftet und uns Sicherheit und Geborgenheit bietet, weil wir uns daran gewöhnt haben. Heimweh, Verunsicherung, Schmerzen sind mit einem solchen Aufbruch verbunden. Wie schwierig war es für Abraham, das Leben nach einem Leben zu meistern?

Neue Wege, auf die Gott uns ruft, können sich für jeden von uns anders gestalten. Einen neuen Weg einzuschlagen, das kann einen Aufbruch in physischem Sinne bedeuten, eben das Verlassen von Heimatort und Heimatland. Es kann sich aber auch um einen Aufbruch in sozialem Sinne handeln, ein Abschiednehmen von alten Beziehungen und das Zugehen auf eine neue Freundschaft. Es kann auch ein Aufbruch in geistigem Sinne sein, ein Loslassen lieb gewordener Denkmodelle und das Erproben eines neuen Ansatzes. Allen gemeinsam ist: Gott ruft auch uns wie Abraham aus allem heraus, was uns Heimat bedeutet. Wenn wir uns dann aufmachen und unsere Lebenskraft für die Sache Gottes einsetzen, dann wirkt

Gottes Segen durch uns weiter. Abraham gilt als der »Vater des Glaubens« – er stellte sein gesamtes Leben unter die Berufung Gottes, so wie er sie erfahren hat, unmissverständlich, radikal und umfassend.

Sich auf Gottes Wort und sonst nichts verlassen, darauf ein Leben aufbauen, das ist Ausdruck eines unglaublichen Vertrauens. Vertrauen braucht Anknüpfungspunkte. Sich an persönliche Gottesbegegnungen zu erinnern ist darum unerlässlich in neuen Lebenssituationen. Deswegen durchquerte Abraham zunächst die Dimension des Unbekannten und setzte Grenzmarkierungen, die ihn an das einzige Bekannte und Konstante erinnern sollten – die Zusage der Gegenwart Gottes in und unter allen Umständen.

Mickey Wiese

5 | Zu Hause sein

> Und siehe, ich bin mit dir und will dich behüten, wo du hinziehst, und will dich wieder herbringen in dies Land. Denn ich will dich nicht verlassen ...
>
> 1. MOSE 28,15 (LUTHER 1984)

Soziologen sagen, dass wir uns damit abfinden müssen, in einer immer mobileren Gesellschaft zu leben. Der Mensch der Zukunft wechselt öfter als seine Vorfahren den Wohnort, das Haus, den Beruf, die Ideale und die Freunde. Flexibilität ist das Qualitätsmerkmal von morgen. Bleibt eine Frage: Wo ist man dann eigentlich zu Hause? Oder sollten wir uns von dem altertümlichen Wort »Zuhause« verabschieden? Schon jetzt gibt es zu viele Leute, die zwar ein Zuhause haben, sich dort aber gar nicht zu Hause fühlen. Dort, wo sie leben, sind sie sich selbst fremd. Ich glaube aber, wir sehnen uns nach einem Ort, an dem wir keine Angst mehr haben müssen.

Ist das eine Definition von »Zuhause«, was meinen Sie? Ein Ort, an dem ich keine Angst mehr habe. Ich weiß nicht, unter welchen Bedingungen Sie sagen können, dass Sie keine Angst haben. Ich kenne diese Sehnsucht auf alle Fälle. Manchmal spüre ich bei unterschiedlichsten Gelegenheiten: »Hier geht es mir richtig gut. Hier kann ich genau so sein, wie ich schon immer sein wollte.« Toll.

Wovon hängt das ab, ob und wo ich mich zu Hause fühle? Natürlich gibt es einfach Orte, die ein Zuhause-Gefühl hervorrufen. Aber das, was solche Besuche wertvoll macht, sind doch die vielen Erinnerungen. Fühlen wir uns nicht da zu Hause, wo wir gute Erfahrungen gemacht haben? Wahrscheinlich. Denn wenn ein Ort nicht mit Erinnerungen gefüllt wäre, ließe uns der Besuch wohl ziemlich kalt. Und dann merke ich, dass es in diesen Erinnerungen immer um Menschen geht, die mir ein Zuhause geben. Ich möchte Ihnen in diesem Zusammenhang eine kurze Geschichte aus der Bibel erzählen:

Der junge Israelit Jakob hat viel Mist gebaut. Er hat seinen Bruder um das Erbe betrogen und ist jetzt auf der Flucht. Ein Mensch ohne Zuhause. Seine Familie, seine Heimat, seine Freunde, seinen Beruf, alles musste er hinter sich lassen. Dieser getriebene Jakob legt sich eines Abends erschöpft auf einen Stein, um zu schlafen – und plötzlich spricht Gott zu ihm: »Hör gut zu! Ich bin bei dir und werde auf dich aufpassen, ganz gleich, wo du hingehst. Ich werde dich nie verlassen und alles tun, damit du das umsetzen kannst, was ich dir versprochen habe.« In diesem Segen steckt alles, was ein Zuhause ausmacht. Die Zusicherung, dass ich keine Angst mehr haben muss und dass ich mich entfalten darf.

Fabian Vogt

> Wer sich an sein Leben klammert, der wird es verlieren.
> Wer aber sein Leben für mich und für Gottes rettende
> Botschaft einsetzt, der wird es für immer gewinnen.
>
> MARKUS 8,35 (HOFFNUNG FÜR ALLE)

Denn wer nicht geboren ist, kann auch nicht Schlittschuhlaufen. Wenn du immer besser Schlittschuhlaufen lernen willst, musst du lernen, loszulassen. Und du musst lernen, hinzufallen. Stell dir jemanden vor, der sich 20 Jahre lang an der Brüstung festhält. Der lernt nie Schlittschuhlaufen. Das Problem ist, wenn er loslässt, fehlt ihm die Sicherheit, und dann kann er auf die Schnauze fallen.

Glauben ist wie Schlittschuhlaufen. Ich habe Angst, ob ich's schaffe, ob ich hinknalle. Es gibt Leute, die sagen: »Ich habe an Gott geglaubt, aber es hat doch nichts gebracht, ich bin nur hingefallen, hab nur versagt, konnte meiner Mutter und meinem Bruder nicht vergeben, bin nur hingefallen, hab nur versagt, konnte die Hälfte aus der Bibel nicht verstehen, bin nur hingefallen, hab nur versagt, habe alle meine Zweifel behalten. Der Gottesdienst und der Hauskreis konnten mir meine Fragen auch nicht beantworten. Ich hab's doch probiert mit Gott, 's geht halt nicht.« Ich hab's doch probiert, ich bin nicht der Typ zum Schlittschuhlaufen, bin zu dick, zu dünn, zu unsportlich, zu ängstlich oder was auch immer. Wenn die anderen laufen, kann ja sein, dass die das besser hinkriegen als ich, aber ich bin nicht so der Typ dazu.

Und dann sehe ich Jesus auf der Eisfläche, und er ruft mir zu: Komm mir entgegen, fass mich an, ich laufe mit dir, ich bleibe in deiner Nähe. Und dann laufe ich und falle hin. Die Leute lachen über mich. Siehste, Jesus, jetzt lachen die über mich, weil ich versagt habe. Die nehmen mich doch nicht mehr ernst. Und Jesus sagt: Das habe *ich* doch schon getan. Was? Ja, ernst genommen. Ich habe dich doch so ernst genommen, dass ich für dich gestorben bin, ich habe doch alles für dich gegeben. Dass du endlich frei wirst von dir, deinen Ansprüchen, deiner Angst vor Versagen und Nichtbeachtung. Du hast allen Grund, über dich zu lachen und dich darüber zu freuen, dass ich dich in jeder Situation liebe und dir wieder aufhelfe; du brauchst dich nicht mehr so ernst nehmen. Du kannst dich selbst loslassen, dann wirst du dich finden.

Es ist wie beim Schlittschuhlaufen – erst wenn du immer mehr loslässt und dich nicht nur am Rand langschlängelst, wirst du langsam lernen, ein Schlittschuhläufer zu werden.

Arno Backhaus

7 | Dranbleiben lohnt sich

> Sei gütig und treu, und werde nicht nachlässig, sondern sporne dich immer wieder an! So wirst du Freundschaft und Ansehen bei Gott und Menschen finden. Verlass dich nicht auf deine eigene Urteilskraft, sondern vertraue voll und ganz dem Herrn!
>
> SPRÜCHE 3,3-5 (HOFFNUNG FÜR ALLE)

In der Schule gehörte ich zu den Unsportlichen. Zwar bewegte ich mich gern und war neugierig, Übungen auszuprobieren, aber der Sportunterricht löste in mir stets ambivalente Gefühle aus. Bei den anderen sah das Springen, Ballwerfen und Geräteturnen so schön aus. Ein Teil von mir wollte gerne, ein anderer Teil von mir tat es nur unter Zwang. Meine Ergebnisse wurden selten als gut bewertet. Mir war das fortgesetzt peinlich, und es deprimierte mich. Das Schlimmste war der Vergleich mit den Mitschülern. Klar, es spornte an, aber ein bitterer Nachgeschmack der Enttäuschung blieb stets zurück.

Nun liegt das alles ja schon 25 Jahre zurück. Mit solchen Lernerfahrungen bin ich nicht mehr oft konfrontiert und glaubte deshalb, inzwischen über ein gesünderes Selbstbewusstsein zu verfügen. Mein Mann David und unsere Kinder sind begeisterte Skifahrer. Ich nicht. Seit einigen Jahren fahren wir im Frühjahr in die Berge. Dort nutzen sie jede Minute, um ihrer Leidenschaft zu frönen. Ich auch: Lesen, Schlafen, Schlittenfahren und Spazierengehen. Aber sie haben mir keine Ruhe gelassen: Mama, du musst das auch mal probieren. Christiane, komm doch mal mit.

Okay, irgendwann fiel mir keine Ausrede mehr ein. Mit David als meinem persönlichen und ganz geduldigen Lehrer habe ich es dann versucht. Und urplötzlich waren sie wieder da, die alten Gefühle und die alten Muster, mit solchen Dingen umzugehen. Ein Teil von mir war neugierig, ein anderer Teil von mir tat es nur aus Zwang. Selbstkritisch befand ich mich als plump, ungelenk und ungeschickt. Die aufkeimende Freude bei den ersten Abfahrten drohte schnell von meinen subversiven Gefühlen erstickt zu werden. Rigoros musste ich sie verbannen.

Das Lob Davids half mir über manche Schwierigkeiten hinweg. Ein Satz hat sich mir besonders eingeprägt: Du musst dich vom Hang weg- und ins Tal hinauslehnen, damit du keine Rückenlage bekommst. Dazu musste ich meine alles beherrschende Angst, die von meinem Sicherheitsbedürfnis diktiert war, überwinden. Es funktionierte genau andersherum, als mein Instinkt es von mir wollte.

Und je mehr ich mich Schwung um Schwung darauf konzentrierte, desto mehr erlebte ich Erfolg und Freude. Genau wie bei Jesus: Je mehr ich mich auf seine Liebe verlasse und mich auf ihn konzentriere, desto mehr Freude und Glück erlebe ich.

Christiane Ratz

8 I Yes, we can!

Dein Wort ist meines Fußes Leuchte
und ein Licht auf meinem Wege.

PSALM 119,105 (LUTHER 1984)

Im Jahr 2008 schlugen die Amerikaner ein neues Kapitel in ihrer Geschichte auf: Sie wählten Barack Obama zum 44. Präsidenten der Vereinigten Staaten von Amerika – und damit den ersten Schwarzen in dieses Amt. Mit seinem Wahlkampfslogan: »Yes, we can!« (»Wir schaffen das!«) und seiner charismatischen Persönlichkeit gelang es ihm, das US-amerikanische Volk und dessen Wähler hinter sich zu vereinen. Das ließ auch die übrige Welt nicht unberührt. Der Beginn seiner Präsidentschaft schien rund um den Globus immense Energien freizusetzen. Man konnte sie fast greifen, die ungeheuren Hoffnungen. Obamas Amtseinführung hatte fast etwas von der »Salbung« eines Halbgottes, weil die aktuellen Probleme der Welt scheinbar mit menschlicher Kraft nicht mehr zu bewältigen sind. Viele dürsten nach Helden. Deshalb erwarteten sie auch Wunder von Obama – und die möglichst sofort. Dabei weiß man doch, daß der Alltag der natürliche Feind des Helden ist.

Obama ist spritzig, intelligent, energiegeladen und hat eine Vision. Aber bei allem ist er doch nur ein Mensch, ein ganz normaler Mann mit einer Frau und zwei Kindern. Und so sollte er sich auf den Weg machen, ein Mensch zu sein, für den man nur beten und hoffen kann, dass er unter der Last, die er zweifelsohne trägt, nicht zerbricht. Wichtig bei der Umsetzung seiner Vision von einer erneuerten Welt ist, dass sein »Yes, we can!« bei anderen Menschen ankommt und umgesetzt wird. In ihrem Lebensbereich.

Ein König fragte einmal einen weisen Mann, was er tun sollte, um sein Königreich auf einen neuen Weg zu bringen. Er bekam zur Antwort: Wenn du dein Königreich verändern willst, musst du erst deine Provinzen verändern. Wenn du deine Provinzen verändern willst, musst du erst deine Städte und Dörfer verändern. Wenn du deine Städte und Dörfer verändern willst, musst du erst Menschen verändern.

Jeder Weg beginnt mit dem ersten Schritt. In der Bibel gibt es einen prägnanten Satz: »Dein Wort ist meines Fußes Leuchte und ein Licht auf meinem Wege.« Mir kommen Gottes Worte manchmal vor wie eine Taschenlampe, die in stockdunkler Nacht leuchtet. Vielleicht werden nur 15 Meter des vor uns liegenden Weges durch diese Taschenlampe erhellt. Aber diese 15 Meter Wegstrecke müssen gegangen werden, und erst am Ende bekommt man den Überblick über die nächsten 15 Meter.

Das weiß auch Barack Obama, der seinen Amtseid mit den Worten abschloss:

»So wahr mir Gott helfe!«, und dabei seine linke Hand auf die Bibel legte, die auch Abraham Lincoln bei seiner Vereidigung im Jahr 1861 benutzte. Barack Obama muss seine Schritte, seine 15 Meter gehen. Du und ich, wir müssen unsere Schritte, unsere 15 Meter gehen, um die nächsten überblicken zu können.

Thomas Klappstein

Ich möchte Dir dienen und finde den Weg nicht.
Ich möchte das Gute tun und finde den Weg nicht.
Ich möchte Dich lieben und finde den Weg nicht.
Ich kenne Dich noch nicht, mein Jesus, weil ich Dich
nicht suche.
Ich suche Dich, und ich finde Dich nicht.
Komm zu mir, Jesus.
Ich werde Dich niemals lieben, wenn Du mir nicht hilfst.
Zerschneide meine Fesseln, wenn Du mich haben willst.
Jesus, sei mir Jesus.

PHILIP NERI (1515-1595)

Ich finde es immer wieder erstaunlich, wenn ich so ehrliche Gedanken in so alten Texten entdecke. Hatte der Mönch Philip Neri
keine Angst, dass seine Mitbrüder beim Lesen dieses Gebetes alar-
mierend den Kopf schütteln und über seine Qualifikation als Geistlicher diskutieren würden? Anscheinend nicht.

Was auf den ersten Blick wie die quälenden Gedanken eines
Mannes mit tiefen Glaubenszweifeln aussieht, ist auf den zweiten
Blick eigentlich ein bewegendes Geständnis über die Realität der
Gnade. Es ist die erschütternde Erkenntnis, dass ich alleine keinen
Glauben hervorbringen kann, keine guten Taten, keine Opfer. Der
Weg zu Gott scheint wie ein Irrweg, auf dem ich mich täglich ver-
laufe.

Und erst, wenn ich Jesus anrufe, erst, wenn ich verstehe, dass er
und nicht ich den Anfang machen muss, geht es vom »ich« zum
»du«. Aus der Aussage »Ich finde den Weg nicht« wird das Verlan-
gen »Wenn Du mir nicht hilfst«.

Mich berührt vor allem der letzte Satz, der beim ersten Lesen vielleicht noch kryptisch erscheint. Dahinter versteckt sich die Bitte an Jesus, als der zu mir zu kommen, der er ist. Was immer das auch sein mag. Es wird nicht genauer definiert. Aber scheinbar ist die Nähe der geheimnisvollen, unerklärlichen Persönlichkeit Jesu wichtiger als ausformulierte Dogmen. Vielleicht ist dieser eine Satz das ehrlichste und verletzlichste Gebet, das man überhaupt sprechen kann. Jesus nicht vorzuschreiben, wer er sein soll und was er für mich tun soll, sondern ihn einfach anrufen und sich überraschen lassen. Dazu ist eigentlich nichts mehr hinzuzufügen.

Freddi Gralle

Ich versteh' nur Bahnhof ...

Man sagt, dass jede große Reise mit dem ersten Schritt beginnt. Wovon man nicht spricht, ist das große Dilemma danach – dass nämlich jede große Reise mit dem letzten Schritt endet und dazwischen viele Schritte liegen ... Und nicht nur das: Die Schritte führen auch noch einen Weg entlang, auf dem Steine liegen.

Ich erinnere mich noch gut an den Abend, als ich mich entschied, »alles« für Gott zu geben – in meinem jugendlichen Leichtsinn rutschte mir dieses »alles« einfach so raus. Eigentlich wollte ich Bombenentschärfer werden, aber das ging aus verschiedenen Gründen dann doch nicht. Polizist ging auch nicht. Also suchte ich mir eben das »Abenteuer Gott« aus.

Die große Frage ist doch immer gewesen: Was ist der Sinn des Lebens? Warum bin ich hier, und wo gehe ich hin? Je nachdem, in welchen (frommen) Kreisen man aufgewachsen ist, bekommt man früher oder später die Antwort bei jeder Gelegenheit vorgesetzt ... Jesus!

Jesus ist die Antwort auf alles im Leben, und dieses Wissen ist auch sehr hilfreich. Wenn ich aber eines gelernt habe über all die Jahre, dann das, dass meine persönliche Frage das Entscheidende ist. Es reicht nicht, einfach nur loszulaufen und sich auf das größte Abenteuer seines Lebens einzulassen – es ist wichtig zu wissen, warum denn eben gerade Jesus die Antwort ist. Und ich merke, dass der Gedanke: »Was soll ich denn sonst machen?« gar nicht mal so schlecht ist.

Du liest hier gerade in einem Andachtsbuch – warum machst du das? Hast du das Buch geschenkt bekommen, damit du das Thema »Zeit mit Gott« besser in den Griff bekommst? Hast du dir das Buch selbst gekauft? Was war deine Motivation, das Buch bis hierher zu lesen?

Was auch immer deine Gedanken dazu sind – ich wünsche dir, dass du deinen Weg weitergehst. Du hast dich auf ein großes Abenteuer eingelassen und wahrscheinlich keinen Schimmer davon, was noch alles auf dich zukommen wird. Dieses »alles« ist tatsächlich alles in deinem Leben. Aber glaube mir: Es gibt nichts Besseres, als sein Leben für eine Sache zu geben, die sich wirklich lohnt. Und nichts lohnt sich mehr, als mit demjenigen, der Himmel und Erde gemacht hat, zusammen auf das Spielfeld zu treten und das Spiel des Lebens zu meistern.

Wichtig ist nur, dass du auf dem Feld bleibst, auch wenn es mal stürmisch wird. Sobald du das Feld verlässt, bist du verloren – lass dich nicht auf den Blödsinn ein, dass du eine Pause machen kannst, indem du vom Feld gehst. Wenn du nicht mehr kannst, winke Jesus zu. Er nimmt dich auf die Schultern, und das Spiel geht weiter ...

Mein Tipp an dich für heute: Sag einfach Ja!

Mirko Sander

Konfuzius sagte angeblich: »Der Weg ist das Ziel.« Das klingt sehr weise und mag heutzutage auch schlau sein. Einfach unterwegs sein und sich damit zufrieden geben. Es gibt ja auch nicht mehr vieles, was wirklich Bestand hat. Dinge kommen und gehen – ob es nun Stars und Sternchen sind, Freundschaften oder Politiker. Alles schwabbelt irgendwie durch die Zeit, und man selber ist da mittendrin. Angeblich ist das Wort »vielleicht« das Wort dieser Zeit. Ja nicht festlegen auf irgendwas – es könnte ja falsch sein, oder es könnte vielleicht noch was Besseres kommen ...

Aber ganz ehrlich – mit dieser Einstellung zum Leben wirst du nicht wirklich weit kommen. Du magst wohl irgendwann alt und grau werden, aber du hast nicht wirklich gelebt. Ich habe einige Leute kennengelernt, die ihren Weg mit Jesus so »irgendwie« gelaufen sind. Kein konkretes Ziel vor Augen, einfach den Weg als Ziel genommen. Dann macht man es für sich passend, dass Jesus mal so etwas gesagt hat wie: »Ich bin der Weg ...«

Lass dich nicht auf so einen Kompromiss ein. Wenn du wirklich das Leben haben möchtest, das Gott sich für dich ausgedacht hat, dann umarme es mit all den Konsequenzen, die es mit sich bringt, eben genau dieses Leben leben zu wollen. Triff mutige Entscheidungen trotz der Gefahr, falsche zu treffen. Mir hat jemand mal gesagt, dass Glauben R.I.S.I.K.O. buchstabiert wird.

Wichtig ist zu wissen, dass es auf dem Weg zum Ziel keine Abkürzungen gibt. Es gibt nur den Weg Gottes in deinem Leben – auch wenn das schwer klingen mag. Wie soll ich denn wissen, was Gott in meinem Leben vorhat? Ich höre ja nicht mal seine Stimme ... Aber lass dir sagen, dass das nicht so schwer ist. Stress dich nicht unnötig, und probier nicht krampfhaft, das Richtige zu tun. Schau einfach auf Jesus. Solange du auf Jesus schaust, gehst du in die richtige Richtung. Und wenn du herausgefunden hast, wie das geht, erzähl es mir bitte!

Ein wichtiger Gedanke noch: Es gibt zwar keine Abkürzungen, wohl aber eine Menge Umwege. Vielleicht kennst du das Gefühl, dass sich dein Leben immer wieder im Kreis dreht – das sind solche Umwege. Ziemlich sicher hat Gott dir da schon längst etwas gesagt, und du hast es noch nicht getan, und er wird dir nichts Neues sagen, bis du treu das machst, was er sagt. Solange du nichts änderst, wirst du dich weiter im Kreis drehen und dich wundern, warum es nicht weitergeht. Fang nicht an, dich ans Karussellfahren zu gewöhnen, sonst kann es gut sein, dass du so den Rest deines Lebens verbringen wirst – und zwar in den Himmel kommst, aber sonst ein eher eintöniges Leben hattest.

Mein Tipp an dich für heute: Träume nicht dein »Jesus-Leben«, sondern lebe deine »Jesus-Träume«!

Mirko Sander

12 | Gott ist gut, aber das Leben ist eine Schlampe

Da kann man sagen, was mal will, aber früher oder später findet man sich auf seinem Weg mit Jesus in Situationen wieder, die einfach nicht angenehm sind. Dieses »nicht angenehm« mag für dich etwas anderes sein als für mich, aber auf jeden Fall kennst du das Gefühl.

Vor einiger Zeit fand ich mich in einer Situation wieder, die ich niemals für möglich gehalten hätte. Zwischen langjährigen Freunden und Gefährten waren plötzlich Fronten entstanden. Es ging plötzlich um alles oder nichts – richtig oder falsch. Es gab nur noch

Schwarz und Weiß bei Fragen, um derentwillen sich Menschen schon seit Jahrhunderten bekämpfen. Ich hatte keine Möglichkeit, damit auch nur in einer annähernd guten Art und Weise klarzukommen. Es gab Tage, an denen mich der Stress dazu brachte, Blut zu kotzen. An manchen Abenden war ich kurz davor, die Leute einfach mit einem Baseballschläger zu besuchen und die Sache mit ein paar schlagkräftigen Argumenten zu klären.

In dieser Situation suchte ich Rat. Ich traf einen echten »Mann Gottes«, der seit 40 Jahren mit Gott klare Sache macht und Gott wirklich kennt. Ihm erzählte ich mein Dilemma und hoffte, dass er die Antwort kennen würde. Dieser Mann musste doch wissen, wie man mit einer solchen Situation umging ... Ich als junger Mensch brauchte den Rat eines Älteren und Weiseren.

Nachdem dieser reife Christ sich alles angehört und verstanden hatte, beugte er sich zu mir herüber und sagte nur einen Satz: »Das ist echt ganz großer Mist!« Mehr nicht. Den Rest des Tages verbrachten wir mit Biertrinken und Grillen. Wenn dieser Mann Gottes keine Antwort wusste, dann brauchte ich sie auch nicht zu suchen. Wahrscheinlich gab es gar keine Antwort außer der, dass es Mist war.

Ich garantiere dir, dass du dich in Situationen wiederfinden wirst, wo Menschen von dir eine Entscheidung über richtig und falsch haben wollen. Oder aber du selbst willst diese Entscheidung von dir. Und dabei geht es um Grundsatzentscheidungen. Auch wenn du gerade nicht verstehst, was ich meine – wichtig ist eigentlich nur das eine: dass du weißt, was du glaubst, und dass du auch weißt, dass dein Glaube eben nur Stückwerk ist. Du wirst niemals die Antworten auf alle Fragen bekommen, und deshalb kannst du dich ab und zu einfach zurücklehnen, feststellen, dass alles einfach nur »ganz großer Mist« ist, und dann zuschauen, wie Gott das regelt.

Die große Kunst besteht darin, zu erkennen, wann was das Richtige ist. Aber auch das wirst du nur durch Ausprobieren und

»auf die Schnauze fallen« lernen. Just do it! Du wirst Menschen verletzen – aber bewahre dir ein weiches Herz und bleibe demütig, dann hat Jesus eine Menge Chancen, das wieder geradezurücken.

Mein Tipp an dich für heute: Wenn dir jemand Zitronen schenkt, mach Limonade draus – oder lass Jesus Limonade draus machen.

Mirko Sander

13 | Heute schon gelebt?

John Lennon sagte mal: »Leben ist das, was passiert, während du eifrig dabei bist, andere Pläne zu machen.« Jesus fordert uns auf, wie weise Baumeister zu sein und nicht einfach drauflzuzustürmen. Zu oft bewegen wir uns dann aber gar nicht bzw. warten erst mal ab, ob wir auch an alles gedacht haben: »Aber was ist, wenn ...« Dieses Denken lähmt so ziemlich alles und verschüttet die schönsten Ideen und Träume wieder.

Du hast dein Leben nicht in der Hand, und du kannst es weder verlängern noch verkürzen. Na gut, verkürzen kannst du es schon. Jeden Tag begehen Menschen Selbstmord. Ganz ehrlich, es ist leider normal, wenn du dich auch als Christ manchmal so fühlst, als ob du von einer Brücke springen möchtest ... Das Leben ist unfair, und das Herz wird dir gebrochen. Ich habe in so einer Zeit mit dem Rauchen angefangen und bin »assig« Auto gefahren. Ich rauche immer noch, aber ich gehe nun bewusster mit meinem Leben um, da ich weiß, dass es aus meiner Sicht einfach oft unfair ist. Aber irgendwo auszusteigen ist keine Lösung – und du würdest dir viele Türen für lustige Grillabende zuschlagen, an denen du diese Geschichten deinen Freunden erzählen könntest ... Also, Leben verkürzen zu wollen ist auch für Christen normal, aber KEINE Option. Melde dich bei mir, und je nachdem, wie alt du bist, gehen wir Cola trinken oder Bier saufen (ich habe viele Nächte auf der Reeperbahn mit einem guten Freund und Bier verbracht und über unseren unfairen Gott gelästert und gelacht – und Jesus war immer dabei und hat einfach gezeigt, dass er der Beste ist!).

Dein Leben verlängern kannst du aber nicht, egal, was du auch anstellst. Und Jesus hat klargestellt, dass es nicht viel bringt, sich um die Zukunft zu sorgen. Du sollst heute leben und heute das tun, was in deiner Macht liegt. Mach dir also nicht so viele Gedanken darüber, was die Zukunft bringen wird – egal ob du Gutes oder Schlechtes erwartest, und egal, was du auch planen magst, Gott geht seinen Weg mit dir, und es macht es einfacher für dich, wenn du ihn handeln lässt und ihm nicht im Wege stehst.

Sei einfach treu mit dem, was er dir anvertraut hat, und sei entspannt in deinen Ansichten und Überzeugungen. Das ist das, was Paulus auch mit »sei nüchtern« meinte. Zieh nicht für deine Meinung in den Krieg gegen Freunde und Feinde.

Mein Tipp an dich für heute: Lebe doch einfach jeden Tag so, als ob es dein letzter wäre oder Jesus morgen wiederkommen würde.

Mirko Sander

14 | Was ist wichtig?

Vor 30 Jahren habe ich Gott irgendwie kennengelernt, und seit knapp 20 Jahren lebe ich bewusst mir der Entscheidung, ein Freund Gottes zu sein. Wenn ich mir selbst nun die Frage stellen würde, was wirklich wichtig ist für mich, dann komme ich eigentlich nur zu einer Antwort (abgesehen davon natürlich, dass Jesus der Beste ist): Es ist die »Gemeinschaft der Heiligen«.

Vor einiger Zeit habe ich mich mit einem Freund der ersten »Jesus Freaks Hamburg«-Zeiten darüber unterhalten, warum wir wohl noch mit Gott unterwegs sind und nicht wie so viele schon längst aufgegeben haben oder in irgendwelche Kompromisse abgedriftet sind. Wir sind zu der Antwort gekommen, dass es unsere Beziehungen zu Glaubensgeschwistern waren. Egal, ob das Leute waren, die auch gleichzeitig unsere »besten Freunde« waren oder eben nur »andere Christen«.

Jesus spricht oft davon, dass seine Nachfolger seine Schafe sind – wir also eine Herde sind. Er sprach auch davon, dass Mr. S. (Satan, Teufel, Schweinebacke) wie ein brüllender Löwe um diese Herde herumläuft. Was ich jahrelang nicht wusste, ist, dass ein Löwe eine Herde nicht angreift, sondern wirklich nur brüllend darum herumrennt und versucht, einzelnen Tieren Angst einzujagen, sodass diese anfangen, von der Herde wegzulaufen. Sobald das Tier dann allein ist, krallt es sich der Löwe und lässt es sich schmecken.

Für uns bedeutet dieses Gleichnis praktisch, dass wir die Herde als Schutzraum brauchen. In der Herde sind wir sicher. Du wirst dich oft in Gegebenheiten wiederfinden, wo die Herde einfach nur stinkt und alle doof sind – oder du der Meinung bist, eine Pause von Gott machen zu müssen. Aus was für Gründen auch immer. Manchmal passiert das gerade dann, wenn man große Scheiße gebaut hat und denkt, dass Gott nun erst mal Abstand von uns braucht, weil wir ihn und unsere Freunde so enttäuscht haben (oder uns selbst). Kennst du diese Gedanken und Gefühle? Bitte merke sie dir gut, schreibe sie dir tief ins Herz hinein – denn das ist das Gebrüll von Mr. S., der versucht, dich aus der Herde hinauszuscheuchen. Am besten nicht darauf reagieren und einfach in der Herde bleiben. Das ist deine einzige Chance, auch noch in 20 Jahren mit Jesus unterwegs zu sein: »die Gemeinschaft der Heiligen«.

Diese Gemeinschaft muss nicht zwangsläufig eine Gemeinde sein. Es geht mehr darum, einen Kreis von Gefährten zu haben, mit denen du dein Leben teilen kannst, Gutes wie Schlechtes. Einen Ort zu haben, wo du ehrlich zu dir selbst, zu anderen und zu Gott sein kannst.

Hast du so einen Ort? Wenn du »Nein« sagst oder zweifelst, dann sage ich dir ganz ehrlich, dass du in großer Gefahr bist. Ich garantiere dir, dass der Löwe dann schon an dir nagt – deine Gedanken verwässert und deine Taten beeinflusst. Er frisst dich nicht sofort, das macht er langsam und schleichend.

Such dir diesen Ort, kämpfe um diesen Ort. Und wenn es bei dir nur einen langweiligen Gottesdienst am Sonntag um halb zehn gibt und sonst nichts, dort ist es sicherer als alleine auf der Weide. Es spricht ja auch nichts dagegen, so einen Ort mit deinen Freunden zu schaffen. Geh in ein Café bei dir in der Stadt, und triff dich dort verbindlich einmal die Woche mit deinen Freunden. Tauscht euch über Gott und die Welt aus, und seid zusammen auf dem Weg. Und dann schaut einfach, was passiert.

Verabschiede dich von dem Gedanken, die »perfekte Gemeinde« zu finden. Die gibt es nicht, und wenn doch, dann lauf schnell weg, weil es eine Sekte sein wird! Probleme und stinkende Leute gibt es überall. Also einfach tief durchatmen und »Mäh« sagen!

Mein Tipp an dich für heute: If you want to go fast, go alone! If you want to go far, go together! (Wenn du schnell gehen willst, geh alleine! Wenn du weit gehen willst, geh zusammen!)

Mirko Sander

Liebe

Liebe Gott, den Herrn, von ganzem Herzen,
aus ganzer Seele und mit deinem ganzen Verstand.

MATTHÄUS 22,37 (SIEHE AUCH 1. JOHANNES 4,7-12)

Irgendetwas stimmt nicht mit dieser Welt. Ist dir das auch aufgefallen? In einem Zeitungsartikel habe ich gelesen, dass der Statistik zufolge alle vier Minuten ein Jugendlicher in Deutschland versucht, sein Leben selbst zu beenden. Alle 45 Minuten erfolgreich. In anderen Ländern binden sich Kinder Bomben um den Bauch, weil sie glauben, damit der Familie und sich selbst einen besonderen Platz im Himmel zu verdienen.

Diese Welt ist krank. Und es wird schlimmer, nicht besser. Da sind sich Psychologen, Pädagogen und Seelsorger einig. An meiner Uni sagen sie: Wir brauchen Bildung! Dann geht es uns besser. In der Bundesregierung sagen sie: Wir brauchen Wirtschaftswachstum, dann geht es uns gut. Benny Hinn sagt, wir brauchen den Heiligen Geist. Reinhard Bonnke sagt, wir brauchen Evangelisation. John Wimber sagte, wir brauchen Lobpreis. Und irgendwie haben sie alle recht.

Trotzdem glaube ich, dass Gott über ein ganz anderes Thema reden will. Das ultimative, allumfassende Thema: Liebe. Gottes

Liebe! Wir brauchen eine Offenbarung über die Liebe Gottes. Ich auch. Und ich wundere mich, dass so wenig darüber gepredigt wird. In diesem Thema steckt Erweckung.

Die Welt sehnt sich nach Liebe. Nach Anerkennung. Das zeigen Fernsehshows wie »Deutschland sucht den Superstar«, »Germany's Next Topmodel« oder »Das Dschungelcamp«.

Der alltägliche Kampf um Anerkennung im Beruf ist immer auch ein Ausdruck von Sehnsucht nach Liebe. Diese Welt sehnt sich nach Liebe!

Jesus war hier, um den Menschen klarzumachen, wie sehr Gott sie liebt: »So sehr hat Gott die Welt geliebt, das er seinen einzigen Sohn weggegeben hat, damit jeder, der sein Vertrauen auf ihn setzt, nicht verloren geht, sondern ein Leben bekommt, das nie mehr aufhört« (Johannes 3,16). Jesus liebt die Menschen, das hat er mit seinem Leben und seinem Sterben bewiesen, wie man es nicht besser beweisen kann. Ich glaube, dass wir das alle immer wieder hören müssen, dass keiner das oft genug lesen kann: »Jesus liebt dich!«

Gott liebt uns, und alles, was er von uns möchte, ist, zurückgeliebt zu werden. Einmal fragte die religiöse Führungsebene der Juden Jesus, was für ihn das wichtigste Gesetz sei. Nun muss man wissen, dass die Gesetze damals von großer Bedeutung waren. Die religiösen Gesetze regelten das ganze Leben – wann und was man essen durfte, wann und wo man beten sollte, wann und wo man sich mit einer Frau treffen durfte, einfach alles. Diese religiösen Führer wollten also von Jesus das Wichtigste vom Wichtigen wissen. Das Allerwichtigste schlechthin! Und was war seine Antwort? »Liebe Gott, den Herrn, von ganzem Herzen, aus ganzer Seele und mit deinem ganzen Verstand.« Gott möchte auch geliebt werden! Er freut sich, wenn du zu ihm betest oder Sachen für ihn machst, aber was er eigentlich von dir will, ist, dass du ihn liebst.

Johannes schreibt in seinem ersten Brief: »Wir lieben, weil er uns zuerst geliebt hat!« (1. Johannes 4,19). Und hier schließt sich der Kreis. Wir können nur wirklich lieben, wenn wir begriffen haben, wie Jesus uns liebt. Unsere Liebe fängt da an zu brennen, wo wir von seiner Liebe, die er für uns hat, angesteckt worden sind.

Gott liebt uns. Er sehnt sich danach, dass wir ihn lieben – und dass wir unseren Nächsten lieben.

Martin Dreyer

16 | Wer ist mein Nächster?

Du sollst deinen Nächsten lieben wie dich selbst;
ich bin der Herr.

3. MOSE 19,18 (LUTHER 1984)

Ein Mann liegt am Boden. Kümmere ich mich um ihn, oder gehe ich schnell weiter? Wahrscheinlich ist er eh betrunken, denke ich, außerdem bin ich weder Arzt noch Polizist. Zeit habe ich sowieso nicht. Am Ende muss ich noch warten, bis der Krankenwagen kommt. Und wer weiß, morgen liegt er vielleicht schon wieder da. Wenn man jedem Betrunkenen helfen würde ...

Das Herz hat klar gesprochen: Hilf. Der Verstand braucht ein wenig, bis er Gründe genug hat, die plausibel machen: Hilf nicht. Die Entscheidung fällt: Nein, ich werde nicht helfen. Und das Herz sagt: Falsch entschieden. Denn es besteht ja kein Zweifel, dass Gott uns die Liebe zu unserem Nächsten geboten hat.

Gottes Liebe zu uns ist nämlich ein so großes Geschenk, dass wir Gott gern lieben, und natürlich auch alle Menschen, denen wir begegnen. In der Theorie. Und wir sind uns sicher, es wäre auch gut und sinnvoll, alle Menschen zu lieben. In der Theorie. Warum tun wir es dann nicht? Weil wir Meister darin sind, den schlichten Auftrag Gottes mit Ausreden zu vernebeln. »Wer ist denn mein Nächster?«, diese alte Frage aller Schriftgelehrten, die es bei Gott bequem haben wollen, ohne zu tun, was er will, stellen wir gern. Jesus hatte mit so einem Schriftgelehrten zu tun und erzählte ihm die Geschichte vom barmherzigen Samariter.

Lassen wir es uns sagen: Niemand und nichts ist wichtiger als der Mensch, der jetzt meine Hilfe braucht. Ob es meine kleine Tochter ist, die alte Frau in der Nachbarschaft oder der Betrunkene am Bahnhof. Du sollst deinen Nächsten lieben wie dich selbst, sagt uns 3. Mose 19,18. Sagt uns unser Herr.

Christoph Müller

17 | Frisch verliebt

... macht euch ein neues Herz und einen neuen Geist.

HESEKIEL 18,31 (LUTHER 1984)

Wann waren Sie das letzte Mal frisch verliebt? So, dass Sie Schmetterlinge im Bauch hatten, die ganze Welt – und vor allem diesen einen wundervollen Menschen – umarmen wollten? Zum Glück geschieht es ja bisweilen auch in langjährigen Beziehungen, dass man sich neu ineinander verliebt. Das ist traumhaft.

Denn wenn wir verliebt sind, dann passiert etwas mit uns: Wir werden hellhörig und weitsichtig und setzen all unsere Kreativität ein, um diese Beziehung zu gestalten. Dabei sind wir unglaublich achtsam. Wir legen unser Leben, vor allem aber das Leben der angehimmelten Person auf die Goldwaage und sehen die kleinen feinen Zeichen, die der andere gibt. Neulich las ich, dass das klarste Kennzeichen für einen Frischverliebten ein wunder Ellenbogen sei: weil man nicht nebeneinanderliegen kann, ohne dass sich einer von beiden aufstützt, damit er sich am anderen sattsehen kann.

Je länger ein Paar zusammen ist, desto mehr glättet sich die wunde Haut am Arm. In den – auch sehr schönen – Ritualen des Alltags geht das Feinfühlige oft verloren. Man ist sich des anderen sicher und verlernt dabei, die kleinen Zeichen zu lesen. Das heißt nicht, dass die Liebe nachlässt, aber die schwindende Sensibilität ist fast immer der Auslöser, wenn eine Verbindung einen Knacks bekommt.

Soziologen haben festgestellt, dass Menschen auch ihre Beziehung zu Gott oft wie eine Liebesbeziehung leben. Und natürlich durchläuft diese Beziehung wie jede andere ihre Phasen. Man kann auch in Gott frisch verliebt sein – und das ist himmlisch. Es gibt viele Menschen, die in ihrer Jugend eine schwärmerische Glaubensphase hatten. Zwanzig Jahre später führen sie mit Gott eine frustrierte »Ehe«, in der man den anderen mehr erduldet als begehrt.

Die Herausforderung ist in menschlichen Beziehungen die gleiche wie im Glauben: Was investieren wir, um uns immer neu zu verlieben? Verliebtsein kann man nicht einfach machen – das weiß ich. Aber wer sich Zeit nimmt, wer seinen Ellenbogen wund werden lässt, weil er den anderen intensiv wahrnehmen will, der wird den »Zauber« wieder erleben. Verliebtsein ist herrlich. Ja, es ist auch anstrengend, aber wer eine frische Liebe erlebt, der merkt die Mühe gar nicht. Für den ist jede Investition ein Genuss. Leben Sie frisch verliebt.

Fabian Vogt

> Du sollst den Herrn, deinen Gott, lieben von ganzem
> Herzen, von ganzer Seele und von ganzem Gemüt.
>
> MATTHÄUS 22,37 (LUTHER 1984)

> Das Lamm, das geschlachtet ist, ist würdig, zu nehmen
> Kraft und Reichtum und Weisheit und Stärke und Ehre
> und Preis und Lob.
>
> OFFENBARUNG 5,12 (LUTHER 1984)

Die ersten Töne erklingen, sie sehen sich an, und beide wissen Bescheid. Da ist es wieder, »ihr Lied«. Manche Paare verbindet ein besonderes Lied. Vielleicht haben sie es bei ihrer ersten Begegnung gehört, der eine hat es dem anderen gewidmet, oder es erinnert sie einfach an einen traumhaften Moment. Wenn dieses Lied aus dem Lautsprecher klingt, wandern die Gedanken zum anderen, und das ist einfach ein gutes Gefühl. Es ist nicht überraschend, wenn es sich dabei um Liebeslieder handelt. Sie sollen ausdrücken: »Das fühle ich auch. Das möchte ich dir sagen. So sehe ich uns beide jetzt.«

Es war spätabends auf einer Autofahrt nach Hause. Tagsüber hatte ich mehrere Vorträge gehalten und war entsprechend erledigt. Ich hatte keine Lust, Nachrichten zu hören, eine Hörerdiskussion zu verfolgen oder eine Predigt-CD reinzuschieben. Es sollte einfach ein bisschen Musik aus den Lautsprechern rieseln, und da kam mir »Lovesongs vor 12« gerade recht. Während ich das eine oder andere Stück mitsummte, fiel mir auf, dass so manches Liebeslied das Gegenüber so idealisiert beschreibt, dass kaum jemand diesem Anspruch gerecht werden kann. Oder es werden Versprechen abgegeben, die, nüchtern betrachtet, nie eingelöst werden können.

Eine Liebe, die niemals endet ...? Ich werde immer für dich da sein ...? »So was gibt's doch nur bei Jesus«, schoss es mir durch den Kopf, und ich begann, die Liebeslieder mitzusingen. Meine Gedanken drehten sich dabei nicht um meine Frau, sondern um Jesus. Das war eine interessante Erfahrung. Schon mal »You're simply the best« für Jesus gesungen? Das ist klasse, denn er ist wirklich der Beste, der Allerbeste. Wenn heute dieses Lied aus irgendeinem Lautsprecher dröhnt, dann muss ich lächeln und denke: »Hey Jesus, sie spielen unser Lied.«

Andreas Bürgin

19 | Liebe und Hass

> Ich aber sage euch: Liebt eure Feinde, und bittet für die, die euch verfolgen.
>
> MATTHÄUS 5,44 (LUTHER 1984)

Wenn zwei sich streiten, dann freut sich keiner. So ist es doch, oder? Vor allem, weil es in der Regel nicht bei Sachfragen bleibt, sondern ganz schnell persönliche Betroffenheit und emotionale Befindlichkeit mit ins Spiel kommen. Haben Sie schon einmal einen ernsthaften Streit erlebt, bei dem die Beteiligten nicht irgendwann anstatt über das eigentliche Problem über die Rechtschaffenheit des jeweils anderen gesprochen hätten? Da, wo einem die Argumente ausgehen, fängt man an, seinen Gegner in den Schmutz zu ziehen!

Wenn man die heutige Beschimpfungskultur betrachtet, hat man das Gefühl, man wäre ins Mittelalter zurückversetzt, in dem der »Grobianismus« gepflegt wurde. Und das Allerschlimmste dabei ist: Durch persönliche Angriffe wird auch der, der recht hat, zum Rechthaber; zu einem, der andere verletzt, anstatt seine Sache zu verteidigen.

Kultiviert wird die Kunst des Niedermachens übrigens auch in christlichen Kreisen. Weil da jede Meinungsverschiedenheit überirdische Dimensionen bekommt. Da wird die Frage, ob die neuen Sitzkissen im Gemeindehaus rot oder grün sein sollen, zum theologischen Disput und das Ausprobieren neuer Gottesdienstformen zur Entscheidung über das Heil der Welt.

Auf einmal wird mir bewusst, welche Herausforderung Jesus ausgesprochen hat: »Liebet eure Feinde!« Jemanden lieben heißt doch, ihn freundlich behandeln. Wir würden in einer anderen Welt leben, wenn sich mehr Menschen dieses An-Gebot Gottes zu eigen machen würden. Könnten Sie sich vorstellen, Ihre Widersacher einfach lieb zu haben?

Neulich ist mir das passiert. Jemand schrieb mir einen bitterbösen Brief, weil er gehört habe, ich hätte dieses und jenes getan. Der Text war nicht nur voller Unrichtigkeiten, sondern vor allem eine große Beleidigung. Mit einem Sprung war ich am Schreibtisch und fand sofort ein halbes Dutzend passender Antworten. Ich wollte dem Schreiber auf subtile, aber deutliche Art sagen, was ich von seinen Bemerkungen hielt. Bald machte mir das Ganze richtig Spaß. Ich stellte mir vor, wie er sich ärgern würde, wie ich ihn am besten treffen könnte – und wurde dabei immer härter. Bis mir der Ausspruch Jesu einfiel: »Segnet, die euch fluchen.« Und das tat ich dann. Ich wünschte dem Mann Gottes Segen. Und spürte plötzlich, wie meine eigene Wut verschwand.

Fabian Vogt

> Seid aber untereinander freundlich und herzlich, und
> vergebt einer dem anderen, wie auch Gott euch vergeben
> hat in Christus.
>
> EPHESER 4,32 (LUTHER 1984)

E s ist der Ort, wo Liebe und Gerechtigkeit sich endlich vereinen können,« so beschreibt der Autor Tony Kushner in seiner brillanten Mini-Serie »Angels in America« das Thema Vergebung. Es ist das Schwierigste, was es auf dieser Welt gibt. Und Gott scheint das ganz ähnlich zu sehen. Er hat es uns nicht umsonst ins Vaterunser geschrieben.

Ich habe im letzten Jahr auch viel über Vergebung nachgedacht, weil es mir extrem schwergefallen ist, einer bestimmten Person (nun gut, einem jungen Mann) zu vergeben. So oft hatte ich das Gefühl: Endlich hab ich's geschafft, es tut nicht mehr weh, daran zu denken, ich habe keine Rachegefühle mehr … Aber früher oder später holten mich die alten Gedanken wieder ein. Die versöhnlichen Gefühle waren dahin, das Herz wieder hart. Es ist ohne Zweifel der schwerste Kampf gewesen, den ich bisher gekämpft habe.

Ich habe mir so gewünscht, dass ich ihm einfach vergeben könnte. Ohne seine Mithilfe. Ich habe bestimmt Hunderte von Stunden (so kommt es mir jedenfalls vor) dafür gebetet, dass mein Leben wieder leicht wird. Vielleicht kennen Sie das: Da steht etwas unüberwindlich zwischen Ihnen und jemand anderem, eine Enttäuschung, eine Respektlosigkeit, eine Lüge, vielleicht sogar Gewalt. Und der Verstand, das Herz und die Seele sind darin gefangen wie in einem Spinnennetz.

Anderthalb Jahre habe ich gewartet und immer wieder um ein Gespräch gebeten. Viele Tage des Wartens, manchmal zornig, manchmal verzweifelt, manchmal trotzig. Und Gott stand scheinbar irgendwo in der Ferne und guckte wortlos zu.

Als ich schon fast aufgeben wollte, kam das Gespräch dann doch noch zustande. Und mir waren mittlerweile einige Dinge eingefallen, für die auch ich um Vergebung bitten musste. Wer hätte das gedacht? Das Gespräch war eine Befreiung, wie ich sie selten erlebt habe. Es steckt eine Kraft dahinter, zu jemandem zu sagen: Vergibst du mir das? Und der antwortet: Ja, ich vergebe dir. Das sind nicht einfach nur Worte. Und ich bin einmal mehr ein Fan von meinem Gott geworden, der für unsere Versöhnung, Vergebung und Wiedergutmachung bis in den Tod gegangen ist. Es gibt keinen besseren Grund zu leiden.

Freddi Gralle

21 | Was mich an uns Christen nervt

> Wenn aber jemand einem dieser Kleinen, die an mich glauben, Anlass zur Sünde gibt, für den wäre es besser, dass ein Mühlstein an seinen Hals gehängt und er in die Tiefe des Meeres versenkt würde.
>
> MATTHÄUS 18,6 (ELBERFELDER)

Was mich an uns Christen nervt, ist unsere kolossale Unbekümmertheit im Umgang mit Menschen. Da wird mit dem kostbarsten Gut, das wir haben, nämlich unseren Herzensbeziehungen, so umgegangen, dass ich gar nicht so viel essen kann, wie ich kotzen möchte. Immer wieder höre ich die unglaublichsten Geschichten davon, wie Christen von Christen verletzt worden sind. Leider ist das schon sicherer als das Amen in der Kirche. Im Auftrag des Herrn verspricht man sich alles Mögliche und tut es dann plötzlich nicht, weil eben jener Herr schon wieder einen neuen Auftrag verteilt haben soll. Und als göttlich gilt natürlich immer nur der Auftrag desjenigen, der die größte Lobby hat und der sich am wenigsten scheut, sein ureigenes Ding mit fromm ummäntelter Machtausübung durchzudrücken.

Dem Glauben noch fernstehende Menschen werden mit dem sicherlich nonverbalen, aber nichtsdestotrotz fühlbaren Versprechen einer Beziehung zur Bekehrung gelockt und danach fallen gelassen wie eine heiße Kartoffel und zur bloßen Erfolgskerbe in der Revolverheldbibel degradiert. Und dann plustern wir uns heroisch in Gottes Gegenwart auf und deklarieren mediengerecht verpackt, dass wir unseren Dienst aufgeben, wenn dieser oder jener Mensch nicht durchbricht, geheilt wird oder sonst etwas. Sieben Leichen später stehen dieselben Leute immer noch vor irgendwelchen Altären und verbreiten dieselbe heiße Luft. Ich weiß gar nicht, wie man mit so vielen Beziehungsleichen im Keller noch ruhig schlafen kann. Und die Unverfrorenheit, mit der dann darauf verwiesen wird, dass der Herr einem das schon vergeben werde, lässt mich immer wieder frösteln.

Haben wir eigentlich all die Mühlstein-Stellen aus der Bibel vergessen? Jesus zeigt geradezu unbarmherzigen Zorn, wenn es um unseren unbekümmerten Umgang mit Beziehungen geht. Sei es die Beziehung zu unserem Vater im Himmel, dessen Haus ein Gebetshaus sein soll, oder sei es der Umgang mit den »mikroi«, den Kleinen, die sowieso niemand aus unserer geistlichen Glitzerlandschaft der »ersten Reihen« ernst nimmt oder gar irgendeinen publikumswirksamen Dienst verrichten lassen würde. Am meisten Angst macht mir aber, dass ich ähnliche Tendenzen an mir selber feststelle. So vertraue ich mich mit Furcht und Zittern der Gnade Gottes

an und hoffe, seine leisen Matthäusfünfversdreiundzwanzig-Alarm-
meldungen nicht zu überhören.

Mickey Wiese

22 | Sonntagsreden und Alltagshandeln

Jesus Christus spricht: Himmel und Erde werden vergehen;
meine Worte aber werden nicht vergehen.

MARKUS 13,31 (LUTHER 1984)

Vergänglichkeit – das verbinden wir normalerweise mit anderen
Dingen als mit Himmel und Erde, zum Beispiel mit unserem
menschlichen Leben. Wir verbringen allenfalls ein paar Jahrzehnte
auf diesem Globus, und dann heißt es: »Asche zu Asche ...«.

Vergänglich sind auch manche Errungenschaften von gestern
angesichts rasanter Entwicklungen von heute. Die gute alte Tri-
umph-Schreibmaschine der 60er-Jahre hat ausgedient; der PC hat
sie komplett verdrängt. Früher schrieb man Telegramme; das E-Mail-
und Handyzeitalter hat diese Kommunikationsweise längst abgelöst. In früheren Jahrhunderten kaum zu überbrückende riesige
Entfernungen schrumpfen im Jet-Zeitalter zu Halbtagesreisen. Wie
wäre es mit einem Shopping-Wochenende in New York?

Unsere Zeit ist superschnelllebig – und Worte, das lehren uns
zum Beispiel nicht eingehaltene Politikerversprechen, haben längst
keinen Bestand mehr. Worte sind »Schall und Rauch«, und selbst
verschriftet kann man »lügen wie gedruckt«. Was hat schon felsen-
feste Gültigkeit? Da erscheinen uns das Universum und der über
Jahrhunderte berechenbare Lauf der Gestirne doch weitaus verläss-

licher. So wissen wir, dass die nächste totale Sonnenfinsternis in Deutschland am 3.September 2081 zu sehen sein wird. Berechenbare Zustände.

Jesus dreht nun die Verhältnisse genau andersherum. Das, was uns verlässlich, im wahrsten Sinne des Wortes felsenfest und unumstößlich erscheint, nämlich Himmel und Erde, das Universum in seinem so berechenbaren Verlauf, erklärt er als vergänglich; seine Worte aber als ewig gültig, unvergänglich und unwandelbar. Darauf ist Verlass: »Himmel und Erde werden vergehen; meine Worte aber werden nicht vergehen.«

Als Christ kann man ja zu solch einem Satz Jesu schnell zustimmend nicken. Aber machen wir uns bitte klar, dass er auch bedeutet, dass zum Beispiel die Bergpredigt Jesu keine Sonntagsrede ist, die man im Alltagsgeschäft nicht ganz so ernst nehmen muss, so nach dem Motto: Ganz so radikal, wie Jesus das sagt, funktioniert es doch nicht, oder?

Also, Hand aufs Herz, wie steht es damit, selbst die Feinde zu lieben; nicht Böses mit Bösem zu vergelten; nicht die eigene Ehe durch begehrliche Blicke zu brechen; so bedingungslos denen zu vergeben, die an uns schuldig geworden sind, wie Gott uns vergibt; nicht Schätze auf Erden zu sammeln, sondern stattdessen großzügig das Reich Gottes zu unterstützen; dem Reich Gottes absolute Priorität über allem anderen einzuräumen, um nur einiges zu nennen?

Wir brauchen eine wachsende Übereinstimmung von Bekenntnis und Leben, von Sonntag und Alltag, von Dogmatik und Ethik. Dafür ist es unverzichtbar, dass wir die Gültigkeit der Worte Jesu in unseren Lebensalltag integrieren.

Ekkehart Vetter

Ganz oder gar nicht

Und es geschah in diesen Tagen, dass er auf den Berg
hinausging, um zu beten; und er verbrachte die Nacht
im Gebet zu Gott. Und als es Tag wurde, rief er seine
Jünger herbei und erwählte aus ihnen zwölf, die er auch
Apostel nannte: Simon, den er auch Petrus nannte, und
Andreas, seinen Bruder, und Jakobus und Johannes und
Philippus und Bartholomäus und Matthäus und Thomas
und Jakobus, des Alphäus Sohn, und Simon, genannt
Eiferer, und Judas, des Jakobus' Sohn, und Judas Iskariot,
der zum Verräter wurde.

LUKAS 6,12-16 (ELBERFELDER)

Jesus hatte die ganze Nacht im Gebet verbracht, um die zwölf
Jünger auszuwählen. Ich habe mir erlaubt, aufzuschreiben, wie
ich mir dieses Gebet vorstelle:

»Vater, morgen ist der große Tag. Morgen ist der Tag, an dem ich
die Zwölf auswähle, die deine Botschaft in der ganzen Welt verkün-
digen werden. Schenke mir Weisheit! Ich habe meine Probleme mit
einem von den Zwölfen. Bist du sicher, dass es eine gute Idee ist,
Judas Iskariot auch mitzunehmen? Du weißt, dass er mich verraten
wird. Ich werde wegen ihm furchtbar leiden müssen. Gibt es wirk-

lich keine andere Möglichkeit, die Menschen zu retten? Wenn wir doch genau wissen, dass er mich verraten wird, können wir dann nicht jemand anderen mitnehmen, der mir treu sein wird? Verstehst du, Vater?«

»Ja, ich verstehe dich, mein Sohn! Ja, du hast recht. Judas Iskariot wird dich verraten. Du wirst leiden müssen. Du wirst sterben. Aber du wirst auch auferstehen. Du wirst den Tod besiegen. Du wirst in großer Herrlichkeit wieder zu mir kommen. Du weißt auch, dass es keinen anderen Weg gibt. Du bist der Weg! Du bist die einzige Lösung, damit die Menschen gerettet werden. Mein Sohn, du bist mir alles. Du bist mein einziger Sohn! Ich liebe dich! Aber du weißt auch, wie sehr ich die Menschen liebe, so sehr, dass ich zu allem bereit bin, um wieder eine Beziehung zu ihnen zu haben. Denk daran, wie schön und vollkommen alles sein wird, wenn das alles vorbei ist. Dafür müssen wir Judas Iskariot mitnehmen! Dafür musst du leiden und sterben. Dafür müssen wir drei Stunden getrennt sein. Aber danach werden wir den Sieg ein für alle Mal haben. Vertrau mir, mein Sohn!«

»O.k., ich vertraue dir, Vater! Ich werde die Zwölf so auswählen, wie du es mir gesagt hast. Du weißt genau, was du tust! Ich freue mich, wenn wir wieder zusammen sind!«

Vielleicht ist dieses Gespräch viel zu menschlich. Aber zwei Dinge sind ganz sicher: Erstens, Jesus betete die ganze Nacht, bevor er die Zwölf auswählte. Seine Wahl war also kein Zufall. Und zweitens, Jesus wusste genau Bescheid über Judas Iskariot und wählte ihn trotzdem. Er war bereit, alles zu tun, um uns zu retten.

Danke Herr, dass du es dir genau überlegt hast, als du mich auserwählt hast. Hilf mir, dir treu zu sein!

Julien Renard

Alle aber, die ihn hörten, gerieten außer sich über
sein Verständnis und seine Antworten.

LUKAS 2,47 (ELBERFELDER)

Wenn ich dabei gewesen wäre, als Jesus 12 Jahre alt war und sich im Tempel mit den Schriftgelehrten unterhielt, wäre ich bestimmt ausgerastet. Denn es gibt eines, was ich gar nicht leiden kann: die Allesbesserwisser! Ich stelle mir vor, wie Jesus, ein kleiner, 12-jähriger Bursche, bei allem nachfragt, alles anders versteht und auslegt als die Schriftgelehrten, die jahrelange Erfahrung und Studium hinter sich haben. Für wen hält er sich? Und als Maria Jesus mitteilt, dass sie sich Sorgen gemacht haben, weil sie nicht wussten, wo er war, was antwortet Jesus da? »Was ist der Grund dafür, dass ihr mich gesucht habt? Wusstet ihr nicht, dass ich in dem sein muss, was meines Vaters ist?« Ich weiß nicht, was Josef gedacht hat, aber ich hätte bestimmt so reagiert: »Sag mal, Junge, was fällt dir ein? Wir sind deine Eltern, und wir haben uns Sorgen gemacht, also wirst du uns gefälligst Respekt erweisen! Und jetzt ab nach Hause mit dir!«

Warum verhält sich Jesus so? Warum verhält er sich wie ein Allesbesserwisser? Die Antwort ist ganz einfach: Weil er alles weiß! Schwer zu schlucken, nicht wahr? Aber es ist so: Jesus kann sich wie ein Allesbesserwisser verhalten, weil er alles besser weiß als ich, als du, als irgendein Mensch. Es fällt uns manchmal schwer, das zu akzeptieren. Aber es ist so.

Jesus war ganz Mensch, aber er war auch ganz Gott. Während der ganzen Zeit seines Dienstes merkten die Leute immer wieder, dass niemand mit solcher Autorität lehren konnte und niemand ein solches Verständnis hatte wie er. Ja, Jesus ist der Sohn Gottes. Jesus ist Liebe. Jesus ist der Weg, die Wahrheit und das Leben. Jesus ist das Brot des Lebens. Jesus ist die Auferstehung. Jesus ist das Licht der Welt. Jesus ist die Tür. Jesus ist alles – Jesus ist der Allesbesserwisser! Und außer Jesus darf niemand sich so verhalten.

Ich finde es gut, diesen Vers zu lesen, denn er erinnert mich daran, dass ich nicht alles weiß und nicht alles verstehe. Ja, ich ärgere mich manchmal, dass Gott immer eine Antwort auf alle meine Fragen hat. Ja, ich ärgere mich manchmal, dass Gott immer recht hat! Ja, ich hätte mich wahrscheinlich auch sehr geärgert, wenn ich Jesus im Tempel begegnet wäre. Warum? Weil er mich vor die Tatsache gestellt hätte, dass ich nur ein Mensch und ein Sünder bin. Wie du! Das tut weh, aber es ist auch nötig. So weiß ich wenigstens eines: Dass ich Jesus brauche! Das ist das Einzige, was zählt. Mehr brauche ich nicht zu wissen.

Julien Renard

25 | Alles?

> Und danach ging er hinaus und sah einen Zöllner mit
> Namen Levi am Zollhaus sitzen und sprach zu ihm:
> Folge mir nach! Und er verließ alles, stand auf und folgte
> ihm nach.
>
> LUKAS 5,27-28 (ELBERFELDER)

Frage an Levi:
»Sag mal, Levi, hast du wirklich alles verlassen, als Jesus zu dir gesagt hat: ›Folge mir nach!‹? Du bist zwar aufgestanden und mitgegangen, aber was ist mit deiner Bequemlichkeit? Hast du die auch verlassen? Hast du auch deine Gier nach Geld und Reichtum

wirklich verlassen? Das kann ich kaum glauben! Wie ich dich kenne, warst du nur neugierig und bist deshalb mit Jesus mitgegangen. Aber ehrlich gesagt, du hattest schon vor, abends wieder nach Hause zu kommen, oder? Du willst doch nicht, dass ich glaube, dass der alte Levi, der immer so viel Geld eingesteckt hat, der ohne Hemmungen selbstsüchtig war, interessiert an nichts anderem als an sich selbst, herzlos, wirklich alles aufgegeben hat, weil da ein Typ zu ihm gesagt hat: ›Folge mir nach!‹? Komm, Levi, sag mir, was wirklich passiert ist!«

Mögliche Antwort von Levi:

»Weißt du, es kann sein, dass du teilweise recht hast! Vielleicht war ich so neugierig, dass ich einfach sehen wollte, was an diesem Jesus so Besonderes ist. Und es stimmt, dass ich geldgierig war, selbstsüchtig und interessiert an nichts anderem als an mir selbst. Da hast du recht! Du kannst mich dafür verurteilen und überall herumerzählen, dass du Zweifel daran hast, dass ich an diesem Tag wirklich alles verlassen habe. Aber weißt du was? Das ist mir eigentlich egal, weil Jesus mir nur eines gesagt hat: ›Folge mir nach!‹ Und das habe ich getan. Es stimmt, ich habe nicht sofort alles aufgegeben, aber mit der Zeit hat er mir geholfen, alles, eines nach dem anderen, zu verlassen, was zwischen mir und ihm stand. Und das ist, was wirklich zählt. Das war nicht einfach, aber es ist so passiert. Und weißt du was? Das gilt auch für dich! Jesus hat nicht gesagt: Werde perfekt, und dann folge mir nach! Nein, er hat gesagt: ›Folge mir nach!‹ Das habe ich getan, und das kannst auch du tun! Steh einfach auf und sag »Ja« zu ihm! Alles zu verlassen bedeutet nicht, perfekt zu werden. Es bedeutet, »Ja« zu ihm zu sagen. Es bedeutet, ihn in dein Leben hineinzulassen und ihm zu ermöglichen, alles wegzunehmen, was zwischen dir und ihm steht. Doch das passiert fast nie an einem einzigen Tag, sondern es braucht ein ganzes Leben dazu!«

Ach, übrigens, noch etwas ... Ich bin froh, dass ich an diesem Tag aufgestanden und nicht wieder auf dem Stuhl sitzen geblieben bin! Stehst du schon, oder sitzt du noch?

Julien Renard

26 | Geh mit Gott, aber geh!

Und die ganze Menge aus der Umgegend der Gerasener bat ihn, von ihnen wegzugehen, denn sie waren von großer Furcht ergriffen. Er aber stieg in das Boot und kehrte wieder zurück.

LUKAS 8,37 (ELBERFELDER)

Hast du das schon mal gehört? Ich kann mir gut vorstellen, dass die Leute, um die es in unserem Vers geht, etwas Ähnliches zu Jesus sagten: »Es ist uns egal, wo du herkommst und was du willst, aber geh! Geh mit Gott, aber geh!« Sie hatten so große Angst vor Jesus, dass sie ihn so fern wie nur möglich haben wollten. Aber was hatte Jesus getan, um eine solche Furcht in ihnen zu wecken?

In den Versen 32 und 33 heißt es: »Es war aber dort eine Herde von vielen Schweinen, die an dem Berg weideten. Und die Dämonen baten Jesus, dass er ihnen erlauben möchte, in diese zu fahren. Und er erlaubte es ihnen. Die Dämonen aber fuhren von dem Menschen aus und fuhren in die Schweine, und die Herde stürzte sich den Abhang hinab in den See und ertrank.« Jesus hatte einen Menschen von Dämonen befreit. Genau das hatte er getan! Aber er hatte noch etwas anderes getan: Er hatte eine Herde von Schweinen geopfert, um diesen Mann zu retten. Aus der Sicht der Leute hieß das wahrscheinlich: »Innerhalb kürzester Zeit sind unsere Schweine, unsere Arbeit und damit unser Geld weg! Die ganze Herde ist in den See gestürzt, und das nur, damit dieser Typ, der uns eigentlich ziemlich egal ist, wieder gesund werden konnte. Und wer ist schuld? Jesus!« So hätten sie denken können. Vielleicht haben sie auch so gedacht.

Tatsache ist, dass sie von großer Furcht ergriffen waren. Deshalb wollten sie, dass Jesus schnell weggeht. Jesus hatte etwas getan, das ihnen nicht gefiel; er hatte ihre Pläne und ihren Alltag auf den Kopf gestellt. Er hatte etwas getan, das sie nicht verstanden, etwas, das ihr Leben hätte verändern können. Deshalb wollten sie nichts mit ihm zu tun haben.

Kannst du dich mit diesen Leuten identifizieren? Ich schon! Es gibt Zeiten, in denen Gott etwas Gutes in unser Leben hinein-schickt, vielleicht durch einen Freund, Verwandten, Frau, Mann oder Kinder. Doch es passt nicht zu meinen oder deinen Plänen. Es könnte unseren Alltag auf den Kopf stellen. Es könnte unser Leben verändern. Es fühlt sich an, als würden wir dabei etwas verlieren.

Wenn Jesus so etwas anstellt, bin ich schon versucht, zu ihm zu sagen: »Geh mit Gott, aber geh, und lass mich bitte in Ruhe! Ich weiß schon, was ich zu tun habe!« Aber ich bin sehr dankbar, dass er genau das nicht tut, dass er nicht weggeht und mich die Dinge nicht machen lässt, wie ich will.

Ich bete, dass Gott mir und dir hilft, zu ihm nicht »Geh weg« zu sagen, wenn er anders handelt, als es uns passt, auch wenn es uns Angst macht. Denn eines weiß ich: Wenn Gott die Dinge in die Hand nimmt, dann ist das das Beste, was uns passieren kann.

Julien Renard

Und das ganze Volk, das zuhörte, und die Zöllner haben Gott recht gegeben, indem sie sich mit der Taufe des Johannes taufen ließen; die Pharisäer aber und die Gesetzesgelehrten haben den Ratschluss Gottes für sich selbst wirkungslos gemacht, indem sie sich nicht von ihm taufen ließen.

LUKAS 7, 29-30 (ELBERFELDER)

Manchmal versuche ich mir vorzustellen, wie es beim Endgericht sein wird. Aber es fällt mir gar nicht so leicht! Es tröstet mich, dass ich weiß, egal, wie viele verschiedene Versionen dieses Geschehens ich mir ausmale, es wird sowieso ganz anders ablaufen, als ich je gedacht habe. Hier kommt eine meiner Versionen:

Ein Schriftgelehrter kommt in den Himmel und trifft Gott.

Schriftgelehrter: (Als er Jesus neben Gott sitzen sieht.) Was? Du hier? Das hätte ich nie gedacht!

Gott: Na siehst du! Ich hatte doch recht!

Schriftgelehrter: Ja, aber … Das verstehe ich nicht. Laut der Schriften hätte alles anders laufen sollen!

Gott: Wie hätte es denn laufen sollen?

Schriftgelehrter: (Schweigen.) Anders! Keine Ahnung, wie, eben anders! Ich weiß es nicht. Aber guck mal die Leute, die da anstehen. (Er geht in die Richtung, wo eine lange Schlange von Leuten auf das Endgericht wartet.) Guck mal den an, ein Bettler! Willst du wirklich die Ewigkeit mit dem verbringen?

Gott: Warum denn nicht?

Schriftgelehrter: Aber Herr, riech doch mal. Er stinkt wie ein Schwein. (Er schnuppert an dem Bettler und ist überrascht.) Aber als ich ihn das letzte Mal auf der Erde gesehen habe, da stank er wie verrückt! (Zum Bettler.) Hast du dich etwa geduscht?

Bettler: Nein ... Oder doch, ein paar Tage bevor ich gestorben bin, habe ich Johannes den Täufer kennengelernt, und ich habe mich im Namen Jesu Christi taufen lassen. Und plötzlich war mein Leben ganz anders.

Gott: Na siehst du! Ich hatte doch recht!

Schriftgelehrter: Ja, aber ... Jetzt guck mal den an. (Er wendet sich zu jemand anderem.) Ein Rechtsanwalt. Er hat Ahnung! Er hat Geld! Er weiß viel! Er wird respektiert! Willst du nicht eher die Ewigkeit mit ihm verbringen?

Gott: Wovon hat er Ahnung? Vom Geldbetrug! Wofür hat er Geld? Um es in Spielcasinos zu verspielen! Was weiß er? Dass er heute tot ist! Warum wird er respektiert? Weil die Leute Angst vor ihm haben! Nein, mit ihm möchte ich nicht die Ewigkeit verbringen.

Schriftgelehrter: (Zu dem Rechtsanwalt.) Aber ich dachte, du wärst fromm. Ich habe dich doch immer im Tempel gesehen!

Rechtsanwalt: Ja, das gehörte zu meinem Image.

Schriftgelehrter: Gott, sag mal, zählt das nicht?

Gott: Was soll ich mit deinem Image? Was mich interessiert, ist, wie du zu mir stehst und wie dein Herz aussieht. Alles andere, wie du schon bemerkt hast, bringt dir gar nichts!

Schriftgelehrter: Ich verstehe nichts mehr! Und wie steht's mit mir?

Gott: Ja, wie steht's mit dir? Du hast dir doch am Anfang selbst die Antwort gegeben.

Schriftgelehrter: Wie? Was habe ich gesagt?

Gott: Als du im Himmel ankamst, hast du zu meinem Sohn gesagt: »Was? Du hier? Das hätte ich nie gedacht!« Das klingt nicht so, als hättest du meinen Sohn angenommen, geschweige denn mit ihm eine Beziehung, oder?

Schriftgelehrter: Ich war nur überrascht! Wie hätte ich denn wissen können, dass das, was Johannes in der Wüste erzählt hat, wirklich wahr war?

Gott: Wenn du mein Wort richtig gelesen und verstanden hättest! Wenn du Johannes richtig zugehört hättest! Wenn du Jesus aufmerksam zugehört hättest!

Schriftgelehrter: Aber Herr, ich meine ... Kann ich das wiedergutmachen? Was ist jetzt?

Gott: Tja ... was ist jetzt? Wie willst du das wiedergutmachen, jetzt, wo du tot bist?

Schriftgelehrter: Das ist aber unfair! Kriege ich denn keine zweite Chance?

Gott: Du hast mehr als zwei Chancen gehabt, als du auf der Erde warst, fast jeden Tag, drei Jahre lang, hast du Jesus sprechen hören oder von ihm gehört.

Schriftgelehrter: Was hätte ich tun sollen?

Gott: Dich von Johannes taufen lassen und Jesus annehmen!

Schriftgelehrter: Ja, du hast recht! Das hätte ich tun sollen!

Gott: Na siehst du! Ich hatte doch recht!

Ich weiß, der Schluss ist hart ... aber es ist doch so, oder? Es geht darum, Jesus Christus anzunehmen, bevor es zu spät ist. Denk daran, Gott hat immer recht! Deshalb hör auf, nur drum herumzureden oder über ihn zu diskutieren.

Julien Renard

Dinge

28 | Kopfkino und Realität

Wer an seinem Leben festhält, wird es verlieren.
Wer aber sein Leben loslässt, wird es für alle Ewigkeit
gewinnen.

JOHANNES 12,25 (HOFFNUNG FÜR ALLE)

Kopfkino und Realität sind meistens sehr weit auseinander. Welche Frau hat sich nicht schon einmal in einer romantischen Komödie verloren? In diesen Filmen gibt es normalerweise einen starken Helden, der immer total männlich ist und gleichzeitig verletzlich und weich. Er hat ein Gespür für ihre Gefühlslage und sehnt sich förmlich danach, über diese Gefühle auch noch mit ihr zu reden. Und dann findet sie sich in der Realität wieder – und da sitzt er, ihr Mann, mit einem Bier in der Hand, und guckt Sportschau. Man kann das Enttäuschungspotenzial erahnen! Über die Bilder, die Männer sich häufig antun und die mit der Realität noch weniger zu tun haben, möchte ich hier lieber gar nicht erst schreiben.

Als ich Christ wurde, hat man mir erzählt, dass Jesus mein Leben besser machen würde. In meinem Herzen wäre ein Loch, das ich bisher versucht hätte, mit Beziehungen, Unterhaltung oder Alkohol zu füllen. Aber nun würde Jesu Liebe mein Herz ganz ausfüllen. Ich sage nicht, dass das komplett falsch ist, aber ich bin jetzt locker 25

Jahre Christ, und das Loch in meinem Herzen ist geblieben. Vielleicht war dieses »Werbeversprechen« ja unrealistisch? Bin ich deshalb so oft enttäuscht?

Meine Familie wohnt zurzeit in der Nähe der dänischen Grenze, und es hat vor Kurzem eine Studie gegeben, die besagt, dass meine Nachbarn von allen Nationen die fröhlichsten Menschen sind. Warum? Es geht den Dänen weder gesundheitlich noch finanziell am besten. Morley Safer, der Mann, der die Studie durchgeführt hat, sagt: »Die Dänen sind am fröhlichsten, weil sie geringe Erwartungen haben!« Aus irgendeinem Grund haben sie einen Hang zum Realismus, und deswegen sind sie so gut drauf.

Mir scheint, als hätten die meisten Christen im Kopf diese unrealistische Vorstellung, die besagt, dass wir aus irgendeinem Grund ein Recht auf ein einfacheres, schöneres Leben haben. Realität ist: Weder Jesus noch seine Apostel haben so ein Leben versprochen. Es gibt wenige Glaubenshelden, deren Lebensgeschichte einen guten Werbefilm für ein schönes, einfaches Leben hergeben würde. Außer natürlich du stehst auf Schiffbruch und Gefängnis (Paulus), badest gerne in siedendem Öl (Johannes) oder lässt dich mit Steinen bewerfen (Stephanus).

Das Leben mit Jesus wird nicht schöner, nur besser! Falsche, unrealistische Erwartungen können zu ganz viel Enttäuschung führen. Erwarte nicht mehr von dir, als Gott von dir erwartet! Erwarte auch nicht mehr von anderen, als sie geben können! Das Leben ist manchmal so richtig hart. Aber wenn du dich darauf einlässt, dann baut Gott seine neue Welt – mit kaputten Typen wie dir. Und wenn du lernst, ein bisschen mehr wie ein Däne zu denken, dann wirst du sehen, das ist o.k. so!

Frank Bonkowski

> Auch Noah glaubte Gott und befolgte gehorsam seine
> Anweisungen. Er baute ein großes Schiff, obwohl weit
> und breit keine Gefahr zu sehen war. Deshalb wurde
> er mit seiner ganzen Familie gerettet. Durch seinen
> Glauben wurde der Unglaube der anderen Menschen
> erst richtig deutlich. Und durch diesen Glauben fand
> Noah auch Gottes Anerkennung.
>
> HEBRÄER 11,7 (HOFFNUNG FÜR ALLE)

Noah gehörte zum sogenannten »Geschlecht der Flut«, das aus berühmten Leuten mit einer hohen Lebenserwartung bestand. Sein Name bedeutet »Trost«, und wäre es nach seinem Vater gegangen, hätte er die Menschen getröstet in ihrer Mühe und Arbeit auf dem Acker, den der Herr verflucht hatte. Die Menschen um ihn herum waren aber stolz auf das, was sie aus eigenen Kräften erreichen konnten, und empfanden ihre Lebenssituation mitnichten als Folge eines Fluchs. Noah lebte wahrscheinlich in einer Zeit kultureller Blüte und Sicherheit. Das Empfinden von Frieden hängt in solchen Zeiten daran, dass sich alle der normativen Kraft des Faktischen unterwerfen und nicht an der trügerischen Sicherheit des Augenblicks rütteln.

Noah bevorzugte aber das Vertrauen auf seinen Gott. Dann wurde ihm eines Tages von Gott eingegeben, dass die Welt, in der er lebte, auf eine Katastrophe zusteuerte. Aber nicht ein einziger realer Umstand ließ darauf schließen, dass er recht haben könnte. Der Gedanke, dass er sich auf ein Ende der guten Zeiten konkret vorbereiten solle, ließ Noah trotzdem nicht los. Dass er auf die Eingabe hörte und sich inmitten einer friedlichen Zeit auf eine Katastrophe vorbereitete, wird den sozialen Frieden erheblich gestört haben. Noahs Diagnose wird wahrscheinlich als provozierend und verletzend empfunden worden sein. Trotzdem begann er auf das Wort Gottes hin damit, die Arche zu zimmern.

Die Leute müssen ihn für verrückt erklärt haben. Aber Noah diskutierte nicht mit ihnen, und er versuchte auch nicht, sie zu überzeugen. Er hörte lieber auf sein Herz und tat, was zu tun war. Noah »kriegte« sein Leben im wahrsten Sinn des Wortes auf die Reihe, weil er sich der Macht des sozialen Friedens widersetzte und einen dem allgemeinen Zeitgeist entgegengesetzten, provozierenden alternativen Lebensentwurf auslebte. Er war bereit, in den Augen seiner Mitmenschen als erfolglos zu gelten.

Aber seine Beharrlichkeit und Geduld zahlten sich am Ende doch noch aus. Inmitten der Flut, in der der allmächtige Herr der Schöpfung die Welt zerstörte, segelte Noah, als einer, der auf Gottes Analyse der Lage vertraut hatte, als einer, der gegen allen Augenschein Gott gedient hatte, sicher der Zukunft entgegen. Und auf dem Weg zu einer neuen Schöpfung betete Noah seinen Gott an, dessen Friede höher ist als alle Vernunft und zutiefst sozial.

Mickey Wiese

30 | Die Sache mit den Schildbürgern

Bei uns zu Hause funktionierte einmal die Türklingel nicht. So beauftragten wir einen Fachmann, sie zu reparieren. Aber nichts tat sich. Tag um Tag verging, bis wir wieder anfragten: »Was ist denn los?«

»Nun«, sagte er uns, »ich habe einen Mann geschickt, der hat geklingelt und geklingelt, und keiner hat aufgemacht.« Na, wenn das kein richtiger Schildbürgerstreich war.

Die Bürger der Stadt Schilda leisteten sich im Mittelalter ähnliche Fauxpas. Deshalb der Name: Schildbürgersteiche. Einmal, als sie ein Haus gebaut hatten, vergaßen sie, Fenster einzubauen. So war es drinnen stockdunkel. Also füllten sie Säcke, Kisten und Kästen mit Tageslicht und brachten so Licht ins Haus. Es gab nur ein Problem: Es blieb nach wie vor stockdunkel.

Leider ist das nicht nur ein Schildbürgerstreich. Man sollte es kaum glauben, aber das Gleiche passiert heute noch. Millionenfach. Viele Leute, die ihr Lebenshaus gebaut haben – wenn ich das einmal so ausdrücken darf –, vergessen die Fenster, sodass das helle Licht des Evangeliums nicht hineinscheinen kann. Sie merken natürlich, dass etwas nicht stimmt, und versuchen auf alle erdenkliche Weise, Licht ins Haus zu schaufeln. Etwas längere und weitere Ferien, das größere Auto, die neue Couch (»Wohnst du noch, oder lebst du schon?«), endlose Stunden vor dem Fernseher (schnell noch den Flachbildschirm vor der Fußballweltmeisterschaft oder den Olympischen Spielen gekauft) und wenn's ganz übel wird, auch Alkohol und Drogen (»Man gönnt sich ja sonst nichts«). Alles Versuche, das Leben ein wenig heller und freundlicher zu machen.

Aber es bleibt dunkel, allen Anstrengungen zum Trotz. »Ich bin verloren und vereinsamt in dieser absurden Welt und versuche, wie die meisten anderen auch, das Beste daraus zu machen«, klagt der Schauspieler Ulrich Tukur. Der Comedian Florian Schroeder meint: »Ich gehöre zur ›Irgendwas-mit-Medien-Generation‹. Wir haben hammerwichtige Projekte, aber im Grunde schieben wir nur das Leben auf.« Und der US-Schauspieler Dustin Hoffmann sagt: »Alle meine Filme haben mir Spaß gemacht, aber im Grunde sind sie unwichtig.« Es bleibt dunkel ...

Petrus klagt die religiösen Führer seiner Zeit an: »Den Mann, der den Weg zum Leben freigesprengt hat (mit anderen Worten, der Fenster in euer Haus gesprengt hat), den habt ihr getötet. Aber

Gott hat ihn wieder zum Leben erweckt, eine Tatsache, für die wir uns persönlich verbürgen können!« Wann wird uns endlich ein Licht aufgehen?

Mike Depuhl

31 | Noch eine Schildbürgergeschichte

Neulich habe ich mir mal wieder den Luxus gegönnt, im Liegestuhl in unserem Garten zu »relaxen«. Die Sonne schien warm, das Buch war gut. Da fiel mein Blick auf eine Pflanze, die ich mit meinen beschränkten botanischen Kenntnissen noch nicht einmal bestimmen konnte. Aber was dann doch offensichtlich war: Sie ließ den Kopf hängen.

Da dachte ich, wenn ich nun die Schildbürger fragen würde, was zu tun wäre, würden die sicher sagen: Du musst sie abstützen. Nimm ein paar Stäbe und Fäden und konstruier eine Hilfskonstruktion, um die Pflanze wieder aufzurichten. Das klappte ganz gut für einen Moment (auch wenn es komisch aussah), aber half nicht wirklich.

Nach längerem Überlegen kam ich zu dem Schluss, dass man die ganze Sache anders anfangen musste. Durch diese Hilfskonstruktion war das Übel, im wahrsten Sinne des Wortes, nicht an der Wurzel erfasst worden. Ich nahm einen Eimer voll Wasser und begoss die ganze Pflanze damit. Und siehe da, nach nur wenigen Stunden richtete sie ihren Kopf wieder auf und war wie neu! Diesmal hatte ich nicht die Symptome, sondern die Ursache des Problems »bekämpft«. Die Pflanze konnte sich durch das Wasser selber helfen und leben.

So wie im richtigen Leben: Da lässt man den Kopf hängen, ist dem Untergang geweiht und bekämpft die Symptome. Man baut sich Hilfskonstruktionen, indem man die Lösung in Dingen sucht: dem neuen Teppich, der ausgedehnten Ferienreise, noch einer Party, noch mehr Spaß, noch ein wenig mehr Luxus, noch mehr Dinge.

Das scheint auch eine Weile gutzugehen, bis ich einsehen muss, dass die Ursache nicht behoben ist: Im Grunde lasse ich den Kopf immer noch hängen. Und dann steht Jesus da. Im Hintergrund. Einfach so. Und in seinem Wort sagt er: »Ich bin die lebendige Quelle. Ich rate dir, nimm das Wasser des Lebens umsonst.« Er wird mir so viel Kraft geben, wie ich benötige. Ich werde leben. In Zeit und Ewigkeit.

Mike Depuhl

32 | Werbung

> Darum sorgt nicht für morgen, denn der morgige Tag
> wird für das Seine sorgen.
> MATTHÄUS 6,34 (LUTHER 1984)

Jemand hat sich meine Faxnummer aus dem Telefonbuch gesucht, und jetzt quillt mein Faxgerät jeden Morgen über, weil mir irgendwelche Menschen Tretroller, Lederjacken und CD-ROMs anbieten oder mir beibringen wollen, erfolgreich zu telefonieren. Ich brauche weder einen FunScooter noch das Gesamtverzeichnis aller europäischen Hundezüchterverbände – und mit dem Telefonieren hatte ich eigentlich auch noch nie ein Problem.

Soziologen haben nachgezählt und festgestellt, dass jeden Tag etwa 1800 Werbeimpulse auf uns einströmen. Kein Wunder, dass unsere Gesellschaft gerade eine interessante, fast unbemerkte Wende vollzieht. Während man in den letzten 20 Jahren die Vielfalt der Möglichkeiten in allen Bereichen gepriesen hat, sehnen sich viele Leute heute danach, in der Flut von Informationen überhaupt den Überblick zu behalten. Sie möchten lernen, wie man unter all den Eindrücken wählen kann. Woran erkennt man, was gut und was schlecht ist? Die schönen Worte Jesu: »Prüfet alles und das Beste behaltet!« helfen da auch nicht viel weiter, weil es ja viel zu viel zu prüfen gibt.

Ein Satz aus der Bergpredigt ist da hilfreicher: »Sorge dich nicht um morgen!« Nanu, was hat denn das mit Werbung zu tun? Relativ viel, jedenfalls dann, wenn ich von mir ausgehe. Ich bin deshalb so empfänglich für Werbung, weil ich immer wieder das Gefühl habe, ich würde etwas versäumen. Ich möchte informiert sein, weil es ja sein könnte, dass ich sonst das große Schnäppchen verpasse. Oder ich denke, dass ich vielleicht diese oder jene Sache brauche, um in Zukunft ein attraktiver Mensch zu sein. Jesus macht deutlich: Wer ohne ein bestimmtes Produkt nicht glücklich ist, der ist es auch nicht, wenn er es hat. Viel wichtiger ist deshalb eine Lebenseinstellung, die geprägt ist von dem schönen Gedanken: »Sorge dich nicht um morgen!« Wer sich bei Gott geborgen weiß, der lebt nicht ständig mit der Furcht, zu kurz zu kommen.

Es wäre sicher ein gutes Gefühl, die nervigen Faxe ungelesen in den Papierkorb zu werfen – und die 64 Prospekte, die aus meiner Zeitung auf den Boden flattern, auch. Denn einer, dem es gut geht, der ist gegen die Werbeflut immun. Und der lernt, fröhlich aus der Vielfalt der Werbeimpulse die herauszufiltern, die mit ihm zu tun haben.

Fabian Vogt

Denn was gewinnt ein Mensch, wenn ihm die ganze
Welt zufällt, er selbst aber dabei Schaden nimmt?

MATTHÄUS 16,26 (HOFFNUNG FÜR ALLE)

Das Leben kann man in 25-Jahres-Abschnitte einteilen. Die ersten 25 Jahre geht man in den Kindergarten, in die Schule, an die Uni, in die Lehre. Nur um zu lernen, wie man in den nächsten 25 Jahren Dinge kaufen kann wie Computer, Waschmaschinen, Möbel, Autos, Häuser, die man dann in den letzten 25 Jahren seines Lebens wegwirft, an die Kinder oder andere Personen vererbt, spendet, auf dem Sperrmüll abstellt oder bei ebay vertickt.

Und das soll der Sinn des Lebens sein: 25 Jahre lang lernen, wie man Sachen kauft, um sie dann anschließend tatsächlich zu erwerben und sie am Ende doch alle wieder loszulassen?! Das kann doch keiner ernst nehmen – oder? Alles wird früher oder später kaputtgehen und weggeworfen werden, garantiert! Was hält schon ewig?

Selbst das große Römische Reich musste abtreten, das Dritte Reich, der Bauern- und Arbeiterstaat der DDR und viele andere. Wer garantiert eigentlich, dass der Kapitalismus eines Tages nicht auch abtreten muss? Die Bibel auf jeden Fall nicht! Das Einzige, das eine Ewigkeit hält, ist laut der Bibel die Seele des Menschen. Wie wäre es, wir würden ab sofort verstärkt in Menschen investieren und Materie erst an die 3., 4. oder 5. Stelle setzen?

Da kommt ein junger Mann zu Jesus und fragt ihn: »Was muss ich tun, um ewiges Leben zu bekommen?« Und Jesus sagt: »Verkaufe alles, was du hast, gib das Geld den Armen, und dann komm und folge mir nach.« Wir sollen das loslassen, was uns keinen wirklichen Halt im Leben gibt. Bei dem jungen Mann war es sein Reichtum. Es kann aber auch Stolz sein oder Eifersucht, Verletzungen oder Minderwertigkeitsgefühle, die ich loslassen muss. Weil all das mich vom wirklichen Leben abhält.

Und dann kommt der entscheidende Satz von Jesus: »Komm und folge mir nach!« Weil dieser Jesus uns zur Ewigkeit führt. Und das ist weniger ein Zeitbegriff als ein Qualitätsbegriff. Leben, Frieden, Gerechtigkeit, Freude, Liebe von absoluter Qualität ohne doppelten Boden. Das wär's doch, wenn du den ganzen Stehkrempel loslassen, diesem Jesus folgen und dann Leben mit Qualität erleben würdest. Mit Ewigkeitsqualität, die sogar über den Tod hinaus Bestand hat.

Arno Backhaus

34 | Schneewolf

Der Dieb kommt nur, um zu stehlen, zu schlachten und zu vernichten; ich bin gekommen, damit sie das Leben haben und es in Fülle haben. Ich bin der gute Hirt. Der gute Hirt gibt sein Leben hin für die Schafe. Der bezahlte Knecht aber, der nicht Hirt ist und dem die Schafe nicht gehören, lässt die Schafe im Stich und flieht, wenn er den Wolf kommen sieht; und der Wolf reißt sie und jagt sie auseinander.

JOHANNES 10,10-12A (EINHEITSÜBERSETZUNG)

Seht zu, dass niemand die Gnade Gottes verscherzt, dass keine bittere Wurzel wächst und Schaden stiftet und durch sie alle vergiftet werden.

HEBRÄER 12,15 (EINHEITSÜBERSETZUNG)

In einer Jazzbar in Bosnien herrscht dicke Luft. Eingekeilt zwischen Studenten, verbringen wir passivrauchend den Abend. Eine »Walter Wolf« nach der anderen wird aus ihrer exklusiven Packung genommen und angezündet. Die blauen, durchdringenden Wolfsaugen auf der blütenweißen Zigarettenschachtel fangen meinen Blick auf. Sie faszinieren mich, durchdringen meine Gedanken, schlagen mich spöttisch in ihren Bann und raunen mir zu:

»Diese intelligenten jungen Menschen glauben, dass die Zukunft ihnen gehört. Wachsam hüten sie ihre Grenzen. Niemand soll ihnen zu nahe treten. Aber genau das ist der Weg, wie ich mir alles nehmen werde, alles. Verletzungen haben Hass gesät und erneut verletzt. Bitterkeit hat ihr Herzensland im Griff und versucht, alles zu durchdringen. Stolz schlagen sie sich an die Brust – wir sorgen für unser Glück. Lukrative Geschäfte. Selbstbestimmtes Handeln. Vermeintlich frei. Sie ignorieren, dass ›Walter Wolf‹ tödlich ist. Meine Schönheit ist gefährlich unauffällig. So getarnt bekomme ich, was ich will. Aktiv oder passiv, wissend oder unwissend – sie lassen sich von mir regieren. Richtig oder falsch – das ist unwichtig: Hauptsache Spaß, Erfolg, eine goldene Vision.

Bei manchen leistet Religiosität der Verbitterung weiter Vorschub. Für Gott und ihren einzig wahren Glauben tun sie alles. Dann wird dieser Gott doch auch alles für sie tun! Mit diesem Willen regieren sie ihre Welt und ihren Gott. Und sie leiden, weil sie blind für die Wahrheit sind. Ich habe alles unterminiert, sechs Millionen Minen auf ihren Feldern verbuddelt und noch mehr in ihren Herzen vergraben. Hah!

Mein einziges Ziel ist, ihr Herz zu stehlen, echte Liebe abzutöten und Leben zu zerstören. Es gibt nur eines, das ich fürchte, das mich unbarmherzig zurückdrängen kann: Vertrauen statt selbst kämpfen.

Dem Einen, der sie kennt und aus bedingungsloser Liebe alles getan hat für sie. Würden sie ihm total vertrauen, ihren Egotrip aufgeben, zu ihrer Erfüllung nur ihn ansehen, dann hätte ich keine Chance. Sie müssten das Minenräumen ihm überlassen und nicht mehr selbstherrlich für sich selbst sorgen; denn er würde es ja für sie tun. Meine Taktik würde auffliegen, und ich hätte verspielt. Aber mit meiner Wolfsart halte ich die ganze Welt genial im Griff. Und keiner begreift, dass es um Leben oder Tod geht.«

Christiane Ratz

> So seht nun sorgfältig darauf, wie ihr euer Leben führt,
> nicht als Unweise, sondern als Weise, und kauft die Zeit
> aus; denn es ist böse Zeit.
>
> EPHESER 5,15-16 (LUTHER 1984)

An jenem Freitag hatte ich die Küche geputzt. Ein paar Besorgungen hatte ich auch gemacht. Schularbeiten mit den Kindern. Abends waren wir seit Langem mal wieder in einem Konzert gewesen, das war richtig schön. Und das war er, unser Tag, Alltag eben. Warum ich das erwähne? Weil ich erst eine Woche später erfuhr, dass an jenem Freitag eine liebe Freundin verstorben war. Sie hatte an Krebs gelitten. Diese Freundin war und ist ein für Christus entschiedener Mensch, und ich weiß, dass es ihr jetzt in der Ewigkeit gut geht. Sie ist sozusagen doppelt erlöst: Sie leidet nicht mehr unter Schmerzen, und sie hat wirklich das, was man ewige Ruhe nennt! Ich freue mich für sie. Aber da ist auch das nagende Gefühl des Verlustes, der Leere. Das Realisieren: Sie wird den Hörer nicht mehr abnehmen, wenn ich anrufe. Das Eingestehen: Du wolltest sie immer noch einmal besuchen und hast es nicht getan.

Und da ist plötzlich auch diese Selbstkritik: Was habe ich mit meiner Zeit gemacht? Wie lebe ich meinen Tag? Nutze ich ihn? Nutze ich ihn, um meinen Kindern ein Lächeln zu schenken, um ihnen vorzuleben, dass die Entscheidung für Jesus das Wichtigste im Leben ist und sich lohnt? Nutze ich die Fragen meiner Mitmenschen nach dem Sinn des Lebens und Sterbens?

Im Roman *Der Club der toten Dichter* prägte die literaturversessenen Studenten die Devise »carpe diem« – »Nutze den Tag«. Sie wollten leben, aus dem Vollen schöpfen, ihre Seelen fühlen und füllen. Sie dachten dabei nicht an Gott. Was sie aber hatten, war eine Hingabe zum Leben, die uns Christen manchmal ganz guttäte. Eine Begeisterung, die ansteckt und Kreise zieht. Vielleicht ist das meine wichtigste Lehre aus der Leere des Verlustes: Ja, mir bleibt noch Zeit hier auf Erden, und die will ich nutzen. Ostern war gestern und ist noch heute. Und meine Mitmenschen haben ein Recht darauf, das zu erfahren!

Petra Piater

Johannes der Täufer –
Von Gott berufen

Denn er wird groß sein vor dem Herrn ... und wird schon
von Mutterleib an erfüllt werden mit dem Heiligen Geist.

LUKAS 1,15 (LUTHER 1984)

Es gibt Begriffe im angloamerikanischen Wortschatz, die sich
blöde anhören, wollte man sie wörtlich übersetzen. »Midlife-
Crisis« zum Beispiel: Lebensmitte-Krise. Blödes Wort für eine blöde
Zeit. »Midlife-Crisis« hört sich wenigstens schick an für diese seltsamen Momente mitten im Leben, in denen man innehält und sich
fragt, was das alles eigentlich soll.

Guten Tag, ich bin 42 und mitten in der Lebensmitte-Krise. Ich
habe mir diese Zeit nicht ausgesucht. Sie ist bei mir ausgebrochen
wie eine Migräne oder eine Magen-Darm-Grippe. Braucht kein
Mensch. Völlig überflüssig ist das ständige Gefühl, dass die Eckpfeiler meines Lebens nicht mehr tragen. Meine Familie, meine Arbeit,
mein Glaube. Ich komme mir festgelegt vor, eingesperrt. Seit mich
meine Midlife-Crisis überwältigt hat, nerven mich die zufriedenen
Menschen. Und die glücklichen könnte ich würgen. Besonders die
neben mir im Gottesdienst am Sonntagmorgen.

Das war mal anders. Daran kann ich mich zumindest vage erinnern. Vor sechs Monaten saß ich am Sonntagmorgen auch glücklich
in der Gemeinde. Mehr als zufrieden war ich mit meiner Familie, mei-

ner Arbeit und meinem Glauben. Zu Recht. Ich kannte Gottes Verheißung für mein Leben, habe seine Vollmacht gespürt und war mir
meiner Berufung bewusst. Es kommt mir vor, als wäre das lange her.

Es könnte so einfach sein. Wie bei Johannes, dem Täufer. Der
hatte einen Auftakt nach Maß. Wenn ich die Verse aus dem ersten
Kapitel des Lukasevangeliums lese, kribbelt es bei mir regelmäßig
im Bauch. Dieser Mensch wird von Gott für eine besondere Aufgabe ausgesondert. Alle Zutaten für ein gelingendes Leben werden
ihm in die Wiege gelegt: eine Verheißung, eine Bevollmächtigung
und eine Berufung. Dem kann das Leben doch nur gelingen, dem
Glücklichen. Ich könnte ihn würgen.

Obwohl – als Wegbereiter für den Gottessohn hat man es auch
nicht immer leicht. Wer einen Weg bereitet, muss Hindernisse bei-
seiteräumen, Unebenheiten ebnen und Widerstände überwinden. Der
Erste in der Reihe kriegt immer die volle Breitseite ab: fliegende To-
maten, Fäuste und Steine. Und wenn die Berufung wasserdicht ist,
kommt man aus der Nummer auch nicht mehr raus. Ob ich mir das
wünschen soll? Tue ich. Aber das muss an meiner Midlife-Crisis liegen.

Michael Jahnke

37 | Sprachlos

> Und siehe, du wirst stumm werden und nicht reden
> können bis zu dem Tag, an dem dies geschehen wird ...
> LUKAS 1,20A (LUTHER 1984)

Auf einer Familienfreizeit hat Gottes Handeln mich sprachlos
werden lassen. Und das kam so: Je länger die Freizeit dauerte,
umso mehr merkten wir als Team, dass die Teilnehmer einen beson-

deren Moment der Gottesbegegnung brauchten. Ich schlug vor, am letzten Morgen die Bibelarbeit ausfallen zu lassen und anzubieten, in der frei gewordenen Zeit für die Teilnehmer zu beten und sie zu segnen. Dazu wollten wir einen Raum bereitstellen.

Der Freitagmorgen nahte. Wir richteten den Raum ein, stellten eine Kerze in die Mitte und ein paar Stühle drum herum, klebten ein Schild mit der Aufschrift »Bitte nicht stören« an die Tür und warteten. Sie kamen. Fast alle. Einer nach dem anderen. Mal kamen Paare, mal ganze Familien. Und Gott wirkte. Wir beteten und segneten bis in den Nachmittag hinein. Damit hatte ich ganz und gar nicht gerechnet. Lange habe ich an diesem Abend stumm in meinem Zimmer gesessen. Ich habe mich geschämt, dass ich nicht mit dem handelnden Gott gerechnet hatte.

Warum eigentlich nicht? Es ist doch nicht abwegig, mit Gottes Handeln zu rechnen. Aber in den letzten zehn Jahren hat sich meine geistliche Erwartungshaltung darauf reduziert, nicht vom Glauben abzufallen. Zuletzt ist mein Glaube nicht mal mehr bedeutungsleere, alltägliche Routine, sondern ein Akt sozialisierter Traditionspflege gewesen. Und das als Leiter innerhalb eines christlichen Werkes!

Ob es Zacharias ähnlich ergangen ist? Ihm, dem erfahrenen und angesehenen Priester, der dem Turnus zufolge mit dem Dienst im heiligsten Tempelbereich an der Reihe war? Mit dem Erscheinen des Engels hat er auch an dem heiligsten aller Gottesorte der damaligen Zeit nicht gerechnet. Und damit, dass Gott Unmögliches möglich macht, erst recht nicht. Die Orientierung an menschlich Möglichem zwingt ihn zum Zweifel an Gottes Allmacht. Aber Gott reißt heraus, aus Routine, Erwartungslosigkeit und geistlichem Stillstand. Gut zu wissen. Noch besser zu erleben.

Michael Jahnke

Und er war in der Wüste bis zu dem Tag,
an dem er vor das Volk Israel treten sollte.

LUKAS 1,80B (LUTHER 1984)

In der Abgeschiedenheit lernt man das Hören. Ob man will oder nicht. Die beiden Protagonisten Robin und Sondra in dem Kinderbuch »Robinson & Sonntag – Das Geheimnis der Stille« erleben es so:

Nach einem Streit mit ihrer Mutter rennt Sondra davon und streift ziellos durch den Ort. Im abgeschiedenen, kleinen Park neben der alten Papierfabrik entdeckt sie den gleichaltrigen Robin, der in einem der Bäume sitzt. Sie klettert zu ihm auf den Ast hinauf und wird ergriffen von dem Blick über den Ort hinweg in die Weite. »Ich kann bis zum Horizont schauen und darüber hinaus!«, bemerkt Sondra zu ihrem neuen Freund. »Ich kann bis in den Himmel gucken«, setzt Robinson noch einen drauf. Nach einiger Zeit in der Stille stellt Sondra fest: »Ich kann Stimmen in mir hören!«, und Robinson entgegnet: »Ich kann Gottes Stimme in meinem Herzen hören.« Ein ausgedachter Dialog in einer ausgedachten Szene. Zugegeben.

Was hat Johannes gesehen? Welche Stimmen hat er gehört? Der von Gott Ausgesonderte geht in die Wüste, in die Stille, in das Hörenmüssen. Auf die Stimmen in sich und auf Gottes Stimme im Herzen.

Mir fällt die Stille nicht immer leicht. Nicht, weil ich permanent einen Geräuschpegel um mich brauche. Die Abwesenheit von Lärm kann ich durchaus genießen. Das Hören, das in dieser Art der Stille möglich wird, bringt mich aber an meine Grenzen. Und zuweilen darüber hinaus. In mir werden Anteile meiner Geschichte, meines Denkens und meiner Persönlichkeit laut, denen ich nur ungern Gehör schenke. Weil sie nicht bearbeitet und geklärt sind. Und Gottes

Stimme in meinem Herzen spricht Wahrheiten zu mir, die wehtun können, auch wenn sie mich letztlich retten.

Trotzdem muss ich immer wieder feststellen, dass mir die stillen Zeiten guttun. Der Abend ohne Ablenkung, das Wochenende mit vielen Spaziergängen oder die Einkehrwoche an einem Ort der Stille. Es tut mir gut, zu erleben, dass ich in diesen Zeiten nicht alleine mit mir bleibe. Gott tritt zu mir in meine Wüste, füllt die Kargheit meines Lebens und beantwortet die Fragen, die mir die Stille schwer machen. Er ist derjenige, der lebendiges Wasser für mich hat. Und er bereitet mich auf mein Leben außerhalb der Stille vor. Nur wer gelernt hat, auf Gottes Stimme zu hören, kann seine Berufung leben.

Michael Jahnke

39 | Radikal

> In seiner Hand ist die Worfschaufel, und er wird seine Tenne fegen und wird den Weizen in seine Scheune sammeln, die Spreu aber wird er mit unauslöschlichem Feuer verbrennen.
>
> LUKAS 3,17 (LUTHER 1984)

Bei solchen Texten wird mir immer mulmig. Radikalität im Leben mit Jesus? Johannes ist radikal. Ohne Scheu vor Konsequenzen trennt er die Spreu vom Weizen, benennt Gut und Böse und steckt Grenzen. An ihm und seinen Aussagen scheiden sich die Geister. Ich ertappe mich dabei, dass ich Distanz zwischen mich und den Text bringe.

Radikalität im Leben mit Jesus? Gott hat mich in ein im Weltvergleich vermögendes Umfeld gesetzt, da darf ich mein Leben auch genießen. Ich darf Geld ausgeben, ohne ein schlechtes Gewissen haben zu müssen. Und mir soll bitte keiner ein schlechtes Gewissen machen. Warum eigentlich nicht?

Radikalität im Leben mit Jesus? Meine Güte, man kann es auch übertreiben. Die Harmonie mit den Arbeitskollegen und der Friede am Gartenzaun sind mir wichtig, und falsch sind sie auch nicht. Da muss ich nicht das Maul aufreißen, wenn der Arbeitskollege einen anderen Kollegen in Misskredit bringt oder der Nachbar über einen anderen Nachbarn herzieht. Muss ich nicht?

Radikalität im Leben mit Jesus? Ist ziemlich unbequem, die Maßstäbe, die Jesus vorgibt und die Johannes sichtbar macht und vorlebt, im gesellschaftlichen Kontext umzusetzen. Und in den Gemeinden sieht es nicht besser aus. Schuld voreinander bekennen und um Vergebung bitten? Einander ermahnen? Sich in das Leben des anderen einmischen? Zulassen, dass sich jemand in das eigene Leben einmischt? Wer will das schon?

Ich frage mich: Wo fängt meine »Radikalität« an? Wann habe ich zuletzt mein zweitletztes Unterhemd weggegeben? Wann habe ich zuletzt von meinem Überfluss anderen Menschen abgegeben? Welche Rechtfertigungen schaffe ich mir, um meinen Überfluss zu behalten?

Was würde in meinem Leben geschehen, wenn ich radikal – konsequent – meine Umkehr zu Jesus auch in gelebte Tat umsetzen würde? An welchen »blinden Flecken« würde ich anfangen müssen, ganze Sache zu machen?

Was würde in unseren Gemeinden geschehen? An welchen »blinden Flecken« würde sich eine Veränderung ergeben? Wie würde die aussehen?

Warum werde ich eigentlich nicht radikal? Die Frage muss ich mir dringend mal beantworten. Morgen vielleicht ...

Michael Jahnke

> Zu der Zeit kam Jesus aus Galiläa an den Jordan zu
> Johannes, dass er sich von ihm taufen ließe.

MATTHÄUS 3,13-17 (LUTHER 1984)

Ich habe eine körperbehinderte Tochter. Bei der Geburt sagten uns die Ärzte, dass sie aufgrund ihrer Behinderung wahrscheinlich nie laufen können werde. Die folgenden 18 Monate standen ganz im Zeichen der Mobilisierung der Motorik unserer Tochter. An einem Abend war es so weit. Ich kam von der Arbeit nach Hause und fand in der Küche ein ungewohntes Szenario vor. Stuhlreihen waren so aneinandergestellt, dass sich in der Mitte eine Gasse bildete. Meine Frau forderte mich auf, mich an einem Ende der Gasse auf den Boden zu knien. Sie stellte unsere Tochter am anderen Ende auf den Boden. Und dann lief meine Tochter durch die Stuhlgasse in meine Arme. Ich habe geweint vor Freude. Auf diesen Tag hatten wir lange hingearbeitet; wir hatten gehofft und gebangt.

Was muss das für ein Tag im Leben von Johannes gewesen sein! In diesem einen Moment der Jesustaufe bündelt sich die Berufung für ein ganzes Leben und kommt zum Ziel. Lange Jahre hat sich Johannes auf seine Aufgabe vorbereitet. Gewiss erhielt er in seinem Elternhaus theologische Bildung. Es schlossen sich die Jahre in der Wüste und die Zeit der Predigt- und Tauftätigkeit an. Und dann wird das Wort, das ihn über Jahre begleitet und das er selber ausgesprochen hat, Fleisch. Direkt vor seinen Augen geschieht es.

Wenn ich mich auf die Suche nach dem Menschen hinter der Berufung mache, beginne ich, Johannes zu sehen. Die vorangegangenen biblischen Berichte stehen ganz im Zeichen einer funktionalisierten Erzählweise: Johannes wird seiner Berufung als Hinweisgeber, Ankündiger, Wegbereiter gerecht. Der Mensch in der Rolle spielt selber keine solche, so hat es den Anschein. Auch den wichtigsten Moment seiner Berufung absolviert Johannes entsprechend: Er weiß um den Platz, den seine Berufung ihm zuweist. Er drängt sich nicht in den Vordergrund. Er tritt zurück, als der, den er angekündigt hat, auf der Bildfläche erscheint. Jesus muss ihn sogar auffordern, seinen Auftrag zu erfüllen.

Es mag ein zwiespältiges Gefühl für Johannes gewesen sein, als er abends am Feuer saß und über den Tag nachsann. Nach einer kurzen Wirkungszeit kommt seine Berufung zum Ende. Und jetzt? Aufbruch zu neuen Zielen? Eine neue Berufung? Oder das Ende seines berufenen Lebens?

Was mache ich eigentlich, wenn ich bereits in meiner Lebensmitte die Ziele für ein ganzes Leben erreicht habe?

Michael Jahnke

41 | Und dann?

> Bist du, der da kommen soll, oder sollen wir auf
> einen andern warten?
> LUKAS 7,19B (LUTHER 1984)

Es ist nicht das dunkelste Kerkerloch, in das man sich begeben muss, um Johannes zu finden, aber es ist das Gefängnis. Gerade noch das Highlight der Jesustaufe im Jordan, jetzt der Absturz. Gerade noch die Fülle des berufenen Lebens, jetzt die Kargheit der Existenz. Johannes in der Lebensmitte-Krise? Neben diesen Johannes setze ich mich gerne in den letzten Jahren. Nicht, um mich selbstmitleidig aufgrund meiner Krise mit ihm zu vergleichen. Die Existenz des Johannes hat ein anderes Kaliber als meine. Aber es tut mir gut, in den biblischen Geschichten Menschen zu entdecken, die bei aller Berufung Mensch bleiben. Und wo ist der Mensch Johannes in diesen Versen?

Zielgerichtet gehen die biblischen Autoren mit Johannes, dem Täufer, um. Die Aufgabe, zu der er berufen ist, wird in den Vordergrund gestellt. Die Frage des Täufers und die Antwort von Jesus haben ein Ziel: Jesus als den Gottessohn, den verheißenen Messias, sichtbar zu machen. Und der Mensch hinter der Berufung? Es wird nicht klar, warum Johannes diese Frage stellen muss. Ist es eine Frage aus der Verzweiflung heraus? Johannes ist am Ende. Am Ende seiner Berufung und am Ende seines Lebens. Ob er dies schon weiß? Dass seine Berufung abgelöst wird von dem, auf den er hingewiesen hat, muss ihm klar gewesen sein. Warum fragt er dann noch?

Ich höre eine solche Frage, wenn es um Vergewisserung geht. Von meiner Tante zum Beispiel, die nach langen Jahren unermüdlichen vollzeitlichen Dienstes im Alter ins Zweifeln gerät. Die Frage ist schlicht und doch so quälend bedeutsam: Ist es wirklich richtig gewesen, was ich getan habe? Habe ich meine Berufung erfüllt, oder habe ich mein Leben vergeudet?

»Bist du, der da kommen soll, oder sollen wir auf einen andern warten?« Die Frage, die Johannes stellt, ist nicht nur eine letzte Frage zugunsten der Jesusverherrlichung. Es ist auch eine Frage nach der Sinnhaftigkeit einer krisenhaften und endenden Existenz. Wenn eine Existenz in die Krise gerät oder endet, braucht sie eine Vergewisserung.

Mir stellt sich diese Frage in meiner voraussichtlichen Lebensmitte: Was mache ich denn, wenn am Ende der Berufung noch viel Leben übrig bleibt?

Michael Jahnke

Geht und verkündet Johannes, was ihr gesehen
und gehört habt ...

LUKAS 7,22A (LUTHER 1984)

Was hilft, wenn mein Leben und mein Glaube nach einer Vergewisserung fragen? In den letzten paar Jahren meines Lebens habe ich mich gerne neben Johannes in seine Gefängniszelle
gesetzt. Wir haben viel gemeinsam geschwiegen. Es gibt nicht viel
zu sagen, wenn das Erleben den Glauben ins Wanken bringt. Es
dauert eine Weile, bis die Verzweiflung so groß ist, dass aus dem
Verstummen heraus die Frage nach der Richtigkeit der eigenen berufenen Existenz gestellt werden muss. »Bist du der, der da kommen
soll, oder sollen wir auf einen anderen warten?«

Was hilft, wenn ich fragen muss, ob mein bisheriges Leben
einen Sinn gehabt hat? Ob es richtig war, was ich geglaubt und
gelebt habe? Was hilft, wenn meine Existenz mir zwischen den Fingern zerrinnt und ich nichts mehr in Händen halte?

Es hilft, dass Menschen mir erzählen, was sie gehört und gesehen haben. Wenn sie mir in ihrem Erzählen bestätigen, dass ich
mein Leben nicht auf Sand gebaut habe und dass der, der mich zum
Leben berufen hat, wahrhaftig ist. Solche Menschen begegnen mir.
Sie erzählen mir nichts Neues. Aber es ergreift mich neu, wenn ich
spüre, dass sie ergriffen sind. Sie erzählen mir davon, wie sie das
Handeln Gottes in ihrem Leben erfahren, wie die Gnade Gottes sie
rettet, wie ihr Tun für andere zum Segen wird, wie Gebete erhört werden. Sie schließen mir mein Gefängnis der Glaubenskrise auf und
nehmen mich hinein in eine Wirklichkeit Gottes, die mir verschlossen
geblieben ist. Es mag sein, dass mich das Erzählte nicht sofort persönlich betrifft. Aber ihr Mitteilen macht mir meine eigene Ge-

schichte mit Gott neu glaubwürdig, auch wenn Fragen bleiben und ich mich danach wieder in den Kerker meiner Krise begeben muss. Ich kann zumindest die Tür eine Zeit lang offen stehen lassen.

Johannes bekommt eine treffende Antwort auf seine Frage. Jesus zitiert die Prophezeiungen von Jesaja, mit denen dieser auf den Messias hinweist: Blinde werden sehen, Lahme werden gehen, Aussätzige werden rein, Taube hören, Tote stehen auf, und Armen wird das Evangelium gepredigt. Das sind die glaubwürdigen Zeichen für das in Jesus anbrechende Reich Gottes. Unübersehbar und unüberhörbar bestätigt sich in den Zeichen die Wirklichkeit Gottes.

Nach dem Schweigen kommt das Erzählen. In den letzten Monaten habe ich oft bei Johannes gesessen, und wir haben erzählt. Von dem, was wir in unserem Leben schon mit Gott erlebt haben. Manchmal konnten wir gar nicht aufhören.

Michael Jahnke

43 | Bestätigung

> Ich sage euch, dass unter denen, die von einer Frau geboren sind, keiner größer ist als Johannes; der aber der Kleinste ist im Reich Gottes, der ist größer als er.
>
> LUKAS 7,28A (LUTHER 1984)

Ob Johannes die Laudatio von Jesus gerne gehört hätte? Die Antwort an Johannes aus Vers 22 ist seelsorgend und bestätigend; seine darauf folgende Laudatio zweischneidig. Sie macht das Lebensdilemma von Johannes deutlich, das sich in Vers 23 bereits ankündigt: Selig ist, wer sich nicht ärgert an mir. Warum hätte sich Johannes an Jesus, dem Messias, ärgern sollen?

Wen haben die Menschen in Johannes gesehen? Jesus stellt es klar: Sie haben den berufenen Wegbereiter gesehen, standhaft, eindeutig, radikal. Sie haben den letzten Propheten des alten Bundes gesehen, dem die höchste Aufgabe mit seiner Berufung zuteilwird: Er bereitet dem Messias den Weg. Er wird zur Nahtstelle zwischen dem alten und dem neuen Bund und der letzte Vorbote des anbrechenden Gottesreiches. Noch eine Bestätigung für das Wirken des Johannes.

Und wen hat Johannes angekündigt? Gebunden in der Erwartung und dem Verstehen des alten Bundes, hat er den richtenden Messias angekündigt, das Gottesreich, das in die weltliche Herrschaft einbricht und diese ablöst. Auch wenn er der größte Prophet ist, kann er doch selber das anbrechende Gottesreich nicht verstehen: Der Kleinste im Reich Gottes ist größer als er.

In mir löst diese biblische Erzählung zweierlei aus: Zum einen tut mir der Mensch in der Gefängniszelle leid. Was für ein Lebensschicksal! Oder doch ein versöhnliches Ende? Weil Jesus ihm die Berufung und die Lebensaufgabe als erfüllt bestätigt. An dieser Stelle wendet der Mann neben mir sein Gesicht ab, und ich kann ihn nicht mehr erkennen. Ich hätte gerne gewusst, wer du am Ende deines Lebens und deiner Berufung gewesen bist, Johannes. Ob du lieber der Kleinste im Reich Gottes als der größte Prophet gewesen wärst?

Zum anderen freue ich mich über die Gnade, die mir geschenkt ist. Mir gilt der auferstandene Christus. Auch wenn ich es nicht verstehe, darf ich es glauben. Erfassen kann ich es nicht. Und zu oft ist mir in meiner Lebensgeschichte die Gnade Gottes selbstverständlich vorgekommen, und ich habe so gelebt, als wäre sie es auch. Ich wünsche mir, ich könnte die Größe der Gnade neu erfassen. Das kommt vielleicht in ein paar Monaten. Heute bin ich ganz zufrieden damit, der Kleinste im Reich Gottes zu sein.

Michael Jahnke

> Denn Herodes fürchtete Johannes, weil er wusste, dass
> er ein frommer und heiliger Mann war … und wenn er ihn
> hörte, wurde er sehr unruhig; doch hörte er ihn gern.

MARKUS 6,20 (LUTHER 1984)

Zu Zeiten, als ich noch in den Jugendkreis gegangen bin, habe ich an einem der Abende eine Arbeitsaufgabe gestellt bekommen: Gestalte deinen eigenen Grabstein. Was soll über dich und dein Leben ausgesagt werden?

Ich weiß nicht mehr, was ich damals geschrieben habe. Aber die Frage habe ich nicht vergessen: Was soll über mein Leben ausgesagt werden können? Was würden welche Menschen derzeit über mein Leben aussagen? Und was würde Gott über mein Leben sagen?

Auf den Grabstein von Johannes schreiben einige. Jesus schreibt darauf: Er ist der größte Prophet, aber der Kleinste im Reich Gottes ist größer als er. Herodes schreibt darauf: Er war ein frommer und heiliger Mann. So hatte Herodes Johannes erlebt. Der kompromisslose und radikale Rufer aus der Wüste macht dem Mächtigen Angst. Weil er sagt, was richtig und was falsch ist. Weil er nicht die Klappe hält, sondern das Maul aufreißt. Weil er sich nicht beugen lässt. Umgeben von Untergebenen, ist die Aufrichtigkeit und Klarheit des Johannes ängstigend und wohltuend zugleich.

Herodes fürchtet sich und hört doch gerne zu. Endlich einer, dem er Glauben schenken kann, auch wenn das Gehörte nicht willkommen ist. Dem schreibt er auf den Grabstein: Ich war traurig, als ich dich umbringen lassen musste, weil du ein frommer und heiliger Mann gewesen bist. Mich beeindruckt, was Herodes dem Johannes auf seinen Grabstein schreibt. Wenn schon der, den Johannes anprangert, seine Kompromisslosigkeit und Glaubwürdigkeit preist, sagt das etwas aus.

In den letzten Monaten wird die Frage nach der Inschrift auf meinem Grabstein lauter in mir. Was soll wer über mich sagen können? Ich habe angefangen, Antworten auf diese Fragen zu geben.

Meine Kinder sollen sagen können: Er hat Zeit für uns gehabt.

Meine Frau soll sagen können: Er hat getan, was er gesagt hat.

Meine Freunde sollen sagen können: Er ist die zweite Meile mit uns gegangen.

Ich will über mich sagen können: Ich habe nicht aufgehört zu zweifeln, damit ich den Glauben nicht verliere.

Mal sehen, was Gott auf meinen Grabstein schreibt. Ein wenig Zeit kann er sich damit noch lassen. Ich habe erst den Rest meines Lebens mit den anderen Inschriften zu tun.

Michael Jahnke

45 | Erfolg auf halber Linie

> Johannes hat getauft mit der Taufe der Buße und dem Volk gesagt, sie sollten an den glauben, der nach ihm kommen werde, nämlich an Jesus.
>
> APOSTELGESCHICHTE 19,4 (LUTHER 1984)

Noch eine Inschrift auf dem Grabstein des Johannes. Paulus ist derjenige, der sie in den Stein schreibt. Johannes ist seiner Berufung gerecht geworden, so sagt er. Er hat seinen Auftrag voll erfüllt. Aber an der Nahtstelle zwischen dem alten und dem neuen Bund bleibt das Handeln von Johannes vorläufig, wegbereitend eben. Gebunden an den alten Bund ist auch die Taufe des Johannes eine vorläufige und schließt eng an die rituellen Waschungen an: Die Menschen reinigen sich, um vor den heiligen Gott treten zu können. Eines fehlt in diesem damals zeitnahen Moment von gläubig werden und getauft werden in der Tätigkeit des Johannes: der Empfang des Heiligen Geistes. Was in der Tätigkeit des Johannes vorlaufend war und ihm selbst im Moment seiner Berufung vorlaufend zuteilwird, vollzieht Paulus nachlaufend an dessen Jüngern.

Mir wird der Täufer mitten in meiner Midlife-Crisis zu einem facettenreichen Gegenüber, obwohl er wenig Platz in der biblischen Schilderung zugestanden bekommt. Seine Aufgabe steht im Vordergrund, sein Menschsein im Hintergrund. Er tritt dann in Erscheinung und kommt zu Wort, wo es um seine Berufung geht: als Wegbereiter des Messias. Nicht mehr, aber auch nicht weniger. In den Stunden nebeneinander im Kerker der Krise wird mir Johannes aber zu einem anderen Wegbereiter. Es sind nicht seine Bußpredigt, seine Taufe, seine Radikalität oder Aufrichtigkeit, die mir einen Weg zu Jesus bereiten. Es ist nicht die Erfüllung seiner Berufung, die mich neu auf den Weg bringt. Es ist die eine Frage: »Bist du der, der da kommen soll, oder sollen wir auf einen anderen warten?« Das Menschliche in dieser Frage wird mir nah, nicht das Berufene. In dem drohenden Scheitern der berufenen Existenz finde ich mich wieder.

Die Antwort, die Jesus dem Johannes zur Versicherung gibt, wird mir zur Versicherung und zur Aufforderung: Erinnere dich, was du gesehen und gehört hast! Sieh hin und hör zu, damit du die Wirklichkeit und Wahrhaftigkeit des angebrochenen Gottesreiches neu erfassen kannst! Das sind eine Versicherung und eine Aufforderung, die mitten in meine Lebensmitte-Krise treffen. Sehr willkommen ist er mir, dieser Wegbereiter Johannes.

Michael Jahnke

Die Sache mit dem Christsein

> Ich kannte dich, ehe ich dich im Mutterleibe bereitete, und
> sonderte dich aus, ehe du von der Mutter geboren wurdest.
>
> JEREMIA 1,5 (LUTHER 1984)

D as Schlimmste für einen Atheisten ist, dass er, wenn er sich überglücklich fühlt, nicht weiß, wem er dafür danken soll.« Dieser Satz hat mich nicht nur zum Schmunzeln, sondern auch zum Nachdenken gebracht. Denn tatsächlich wundere ich mich als gläubiger Mensch manchmal, wie jemand ohne Glauben mit den Grundfragen seines Daseins umgeht.

Wenn ich auf die philosophischen Kernthemen: »Woher komme ich? Wohin gehe ich? Und warum bin ich da?« nur antworten könnte: »Das alles hat keinen Sinn, sondern ist das Ergebnis eines Zufalls«, dann würde ich bald verzweifeln. Da nützt mir auch die Erklärung nichts, dass ich eben zur Arterhaltung der Gattung Mensch oder als genetischer Überlebenskünstler hier auf Erden sein soll. Mir ist das zu wenig.

Außerdem wundert es mich, dass so viele derjenigen, die einen tieferen Sinn im Leben leugnen, dann so unendlich erpicht darauf sind, ihrem Leben einen Sinn zu geben. Teilweise unter Aufopferung ihrer Gesundheit, ihrer Familie, ihrer Freiheit und ihres Glücks.

Mich jedenfalls macht das misstrauisch. Der Mensch giert nach etwas, das seinem Leben Halt gibt, besteht aber darauf, dass es auf keinen Fall etwas mit Gott zu tun haben darf.

Nebenbei: Psychologen können leicht feststellen, ob jemand als Kind von seinen Eltern gewollt war oder ob er sein Dasein einem »Unfall«, einem geplatzten Kondom oder einer anderen Fahrlässigkeit verdankt. Sprich: Ein Mensch entwickelt sich völlig anders, wenn er weiß, dass er erwünscht und geliebt ist, als wenn er spürt, dass er nur geduldet wird. In beiden Fällen können Mutter und Vater gleich gut erziehen, man wird dem nicht mit ganzem Willen erwünschten Menschen abspüren, dass ihm etwas fehlt.

Ich glaube, dass man das gut auf das Verhältnis zu Gott übertragen kann. Wer sich als Auswurf der Evolution betrachtet, dem wird etwas fehlen. An genau dieser Stelle haken jetzt natürlich die streitfreudigen unter den Atheisten ein und sagen, dass dies ja genau der Beleg dafür sei, dass Menschen sich Gott selbst erdenken. Ich habe viel über diese Anfrage nachgedacht und stelle dabei fest, dass ich mir einen völlig anderen Gott ausgedacht hätte. Keinen, der schwach ist, sich erniedrigt, am Kreuz stirbt und mich immer wieder infrage stellt. Ich kann nur sagen: Vor einem Leben ohne Gott hätte ich eine Heidenangst.

Fabian Vogt

47 | Eine andere Dimension

Endlich war ich mit meinem Studium in Chicago fertig! All der Stress und die Hektik und die Arbeit – alles lag hinter mir. Und vor mir die endlose Straße in den Süden: Illinois, Indiana, Kentucky, Tennessee, Georgia, Florida! Allein schon die exotisch klingenden Namen! Der große Hauch der Freiheit. Weit über 1000 Kilometer endlos scheinende Straße, und endlich durfte ich das alles live erleben.

Die Landschaft veränderte sich langsam. Je weiter ich nach Süden kam, desto wärmer wurde es; der kalte Winter der »windy city« Chicago lag hinter mir, und ich konnte fahren, wohin ich wollte. Ein Traum auf einer Traumstraße! Nicht wie zu Hause: A 57, Stau, 3 °C, Nieselregen, alle Fenster beschlagen ...

Und doch war da auf einmal etwas Seltsames: Neben der endlosen Straße tauchte ein Betonstreifen auf, einige Hundert Meter lang, Anfang und Ende in Sichtweite. Wie lächerlich, dachte ich: Zuerst mal kommst du gar nicht auf dieses Stückchen »Straße«, und dann, falls du es doch schaffen solltest, wäre auch gleich schon wieder Schluss. Wie dumm musste jemand gewesen sein, so einen Unsinn zu bauen! Meine Straße dagegen hatte praktisch kein Ende und war einfach Freiheit pur.

Aber dann, nach einer kurzen Strecke, lüftete sich das Geheimnis, das vorher durch ein paar Büsche verdeckt gewesen war und das ich deshalb nicht gesehen hatte. Der Betonstreifen war die Start- und Landebahn eines kleinen Flughafens. Da wurde mir plötzlich klar: So dumm war diese Sache gar nicht. Die kleinen Flugzeuge starteten ohne Mühe und erhoben sich in den azurblauen Himmel, und zwar ohne Baustellen, Kurven, Schlaglöcher, Radarfallen oder langsam fahrende Laster – all das, womit ich auf meiner Straße zu kämpfen hatte.

Natürlich, die Flugzeuge bewegten sich in einer ganz anderen Dimension: Über den Wolken muss die Freiheit wohl grenzenlos sein ...

So ungefähr ist das mit dem Christsein, musste ich denken. Am Anfang schien mir alles ein wenig dumm zu sein: Regeln, Verbote, fromme Übungen, alles langweiliger Kram, den die Welt nicht braucht, denn die große Freiheit war doch im Hier und Jetzt, oder? Bis ich herausfand: So dumm war das gar nicht. Diese Christen lebten in einer ganz anderen Dimension, in wirklicher Freiheit, ohne all die Fallen und Schlaglöcher, die mich gefangen hielten. Wer war hier dumm?

Jedenfalls bin ich heilfroh, dass ich diese Kurve noch gekriegt habe!

Mike Depuhl

48 | Wenn alte Bilder zerbrechen

> Und als er an den Ort kam, sah Jesus auf und erblickte ihn und sprach zu ihm: »Zachäus, steig schnell herab! Denn heute muss ich in deinem Haus bleiben!« Und er stieg eilends herab und nahm ihn auf mit Freuden.
>
> LUKAS 19,5-6 (ELBERFELDER)

Zachäus befand sich in einer Zwickmühle. Ganz gleich, was er tat, er kam aus diesen Verhältnissen nicht mehr heraus. Klar, er hatte Geld, gehörte zu den einflussreichen Leuten, und trotzdem nahm ihn keiner ernst. Er gehörte nicht richtig zu den Römern und auch nicht richtig zu den Juden.

Als er einmal bei einer Straßenversammlung in der ersten Reihe stehen wollte, ließ man ihn nicht durch. Und da merkte er: Ich bin gar nicht so großartig, wie ich immer dachte. Mit meinem Geld kann ich mir die Zuneigung der Leute nicht erkaufen. Ja, ich werde sogar von ihnen gehasst. Sein altes, vertrautes Bild von sich, das Bild des einflussreichen Mannes, zerbrach, und zum Vorschein kam etwas ganz Neues: Ein suchender Mensch, jemand, der eine riesige Sehnsucht hat, dazuzugehören, geliebt zu werden.

Er musste unbedingt Verbindung aufnehmen zu diesem Mann, von dem er so viel gehört hatte, der sich ohne Angst zwischen seinen Feinden bewegte, der mit einem Blick eine verfahrene Situation durchschaute und sogar Kranke heilte. Und dieser Rabbi Jeschuah oder Jesus, wie die Griechen sagten, sollte heute durch seine Stadt kommen, zu dieser Straßenversammlung. Aber die Straßen waren voll, und niemand ließ Zachäus durch. Hilfe suchend blickte er nach oben. Alles, was er sah, waren Trauben von Kindern, die auf den Alleebäumen saßen.

Ohne lange zu überlegen, kletterte er hoch. Die Leute stießen sich in die Seite: »Schaut euch das an – Zachäus, der Neureiche, der uns das Geld aus der Tasche zieht, sitzt auf dem Baum bei den Kindern. Zum Totlachen! Jetzt bog Jesus um die Ecke, umringt von jubelnden Leuten. Da blieb er plötzlich unter dem Baum stehen. Zachäus' Herz klopfte. Was würde der Rabbi tun? »Zachäus!«, rief er. »Komm schnell runter! Ich will heute dein Gast sein!«

Das war ein Tag! Die Leute schimpften über Jesus, der sich ausgerechnet diesem Halsabschneider zuwandte, aber Zachäus war selig. Er versuchte, so gut es ging, seine dunklen Geschäfte in Ordnung zu bringen und ein neues Leben anzufangen.

Jahrzehnte später, so sagt es eine Geschichtsquelle, wurde Zachäus Bischof der ersten christlichen Gemeinde in Cäsarea. Jetzt gehörte er zu einer Gruppe von Leuten aus verschiedenen Nationen. Ganz anders, als er gedacht hatte. Jesus hatte die Zwickmühle geknackt.

Albrecht Gralle

> Da rief er ein Kind herbei, stellte es in ihre Mitte und
> sagte: Amen, das sage ich euch: Wenn ihr nicht umkehrt
> und wie die Kinder werdet, könnt ihr nicht in das
> Himmelreich kommen.
>
> MATTHÄUS 18,2-3 (EINHEITSÜBERSETZUNG)

Ich sitze in Ostfriesland am Frühstückstisch meiner Gastgeber, und wir unterhalten uns über das Weltgeschehen. Das eineinhalbjährige Kind der Familie spielt im Wohnzimmer. Plötzlich zerbricht etwas. Kurze Zeit später kommt das Kind mit einem Teil einer kaputten Vase in die Küche und sagt mit einem überraschten Blick: »Da, da, da!«, als wenn es sagen wollte: »Guck mal, was ich gemacht habe, könnt ihr da was mit anfangen?« Spontan dachte ich, na, das lernt der Kleine auch noch, das, was er kaputt gemacht hat, nicht einfach so offen zu zeigen. So »dumm« und einfältig können nur Kinder sein. Was man kaputt macht, das muss man doch verstecken, das verheimlicht man doch. Das zeigt man nicht so offen.

Zur gleichen Zeit denke ich an die Aussage Jesu, der sagt: »Werdet wie die Kinder.« Die gehen ja ganz offen, unvoreingenommen und voll Vertrauen mit ihrem Versagen um, mit ihren »Scherben«. Und wenden sich an die, von denen sie Hilfe erwarten. Bis auch sie dann immer öfter die Erfahrung machen, dass sie bei Versagen eine Strafe bekommen. Es »setzt was« auf die Finger, auf den »Hosenboden«, im schlimmsten Fall mitten ins Gesicht. Leider auch heute noch oft genug.

Ist doch klar, dass dann das Vertrauen zerbricht und das große Verstecken beginnt. Gut, dass Gott auf unsere Schuld nicht brutal reagiert, losschlägt und anklagt oder sich eingeschnappt zurückzieht. Er wartet darauf, dass wir ihm die Scherben bringen, unser Versagen, unsere Schuld. Er ist der Fachmann für alle Brüche im Leben. Wer kann besser trösten, besser heilen, besser verbinden als er? Na, dann klettere ich doch auf Papas Schoß! Nur gut, dass er mich in den Arm nimmt und nicht in den Schwitzkasten. Nichts wie hin zu ihm, mit unseren ganzen Scherben!

Arno Backhaus

50 | Rückgängig

Wenn wir unsere Sünden bekennen, so ist er treu
und gerecht, dass er uns die Sünden vergibt und uns
reinigt von aller Ungerechtigkeit.
1. JOHANNES 1,9 (ELBERFELDER)

Oh nein! – Eine falsche Taste gedrückt, und schon ist die Arbeit der letzten halben Stunde dahin. Computer haben eben so ihre Tücken. Eine der wichtigsten und am häufigsten benutzten Funktionen meines Textverarbeitungsprogramms heißt »Rückgängig machen«. Mit einem Klick erscheint eine Liste mit allen Bearbeitungsvorgängen, die ich an einem Text vorgenommen habe: Eingabe, löschen, verschieben, formatieren ... Ich wähle aus, ab welchem Punkt meine Aktionen rückgängig gemacht werden sollen, und schon erscheint der ursprüngliche Text auf meinem Bildschirm.

Rückgängig machen – schon manches Mal habe ich mich dabei ertappt, die Rückgängig-Taste drücken zu wollen, obwohl ich gar nicht vor dem Computer saß. Da hatte ich eine Fußleiste an der falschen Stelle durchgesägt – Rückgängig!

Da war die letzte Zahl der Kontonummer auf der Überweisung falsch – Rückgängig!

Da war sie mir rausgerutscht, die kleine Lüge – Rückgängig!

Da hatte ich meine Tochter angeschrien – Rückgängig!

Rückgängig machen – es gibt sie leider im wirklichen Leben nicht, diese Taste. Was geschehen ist, ist geschehen, kann nicht zurückgeholt, kann nicht rückgängig gemacht werden. Ich kann zwar meine Tochter um Verzeihung bitten, aber ungeschehen machen kann ich meinen Ausraster nicht.

Eine andere Taste auf meiner Computertastatur trägt die Bezeichnung »Entfernen«. Auch sie benutze ich häufig: Einen Buchstaben falsch geschrieben, das falsche Wort gebraucht, einen ganzen Satz oder Absatz für überflüssig befunden – ich markiere und klicke auf »Entfernen«, und der Bildschirm zeigt mir den Text, als hätte es den Fehler nie gegeben.

Auch wenn eine verschnittene Fußleiste ärgerlich ist, das, was mir wirklich zu schaffen macht, ist mein Fehlverhalten gegenüber Menschen und gegenüber Gott. Und auch bei Gott gibt es sie, die Taste mit der Aufschrift »Entfernen«. Er bietet mir an, dass ich alles Fehlverhalten in meinem Leben, alle Schuld nicht mehr länger ignorieren oder schönreden muss. »Stell dich dazu und sprich mit mir darüber«, lädt er mich ein. »Ich will dir vergeben und deine Schuld wegnehmen.«

Das ist schon klasse. Aber das Beste kommt noch. Die Bibel versichert uns: Wenn Gott Schuld wegnimmt, dann ist sie wirklich weg. Als wenn er sie an der tiefsten Stelle des Ozeans versenkt hätte (Micha 7,19). Mein Computer kann Entferntes wieder sichtbar machen – rückgängig. Bei Gott gibt es diese Funktion nicht. Entfernt ist entfernt. Gott sei Dank!

Andreas Bürgin

Das Wort Gottes muss gepredigt werden in aller Welt!« ist eine der großen Aussagen von Jesus im Neuen Testament. Und gepredigt wird es! Bis in die hintersten Dschungel und in die letzte Großstadt. Alle hören es.

Aber Hören und Hören ist ein Unterschied. Die einen hören, wie man denn so hört unter den 1000 Geräuschen dieser Zeit, die so auf einen einstürmen. Die andern hören zu, das heißt, sie lassen das gehörte Wort zu. Eigentlich komisch: Wenn sie ihr Herz aufmachen, hören sie zu! Sie müssen es also »zulassen«. Dann kann es wirken, ähnlich wie sich der Samen im Boden entwickeln und wachsen kann. Das geht natürlich nicht, wenn ich es nicht zulasse, dass der Samen auch gesät wird. Aber dadurch erst wird der Samen seiner wahren Bestimmung übergeben. Dafür war er gedacht, ist er geschaffen worden. Sonst geht er an seiner Bestimmung vorbei.

Etwas zulassen kann sehr schmerzhaft sein. Normalerweise bin ich so, wie ich bin, will über mich selbst bestimmen und muss nichts zulassen. Zulassen hört sich irgendwie so schwach an. In dem Moment scheine ich passiv zu sein, ich muss etwas zulassen, was ich eigentlich gar nicht gewollt habe. Dabei bin ich doch autark, ich weiß, was ich will, ich muss gar nichts zulassen. Allein schon das Wort »muss«. Ich muss überhaupt nicht. Aber mir wird klar, dass der Moment, in dem ich sage: »Ich mach das schon, ich brauche niemanden zu fragen, ich bin erwachsen und kann meine Entscheidungen selbst treffen, ich brauch gar keinen Jesus«, dass genau das der Moment ist, in dem ich verliere. Dann bin ich wie ein Stein, der ins Wasser fällt, aber nur äußerlich nass wird. Innen ist er so trocken wie vorher, er hat es nicht zugelassen, dass er mehr als nur an der Oberfläche berührt wird.

Jeder Autofahrer weiß, dass er, um sein Auto legal fahren zu dürfen, eine Zulassung braucht. Der Wagen muss zugelassen sein. Ärgerlich, dass andere mir so reinreden und mir Vorschriften machen. Aber ohne dass ich es so richtig merke, hilft mir die Zulassung: Sie bestätigt, dass mein Wagen verkehrssicher ist. Dass die Bremsen und das Licht und all das zuverlässig funktionieren und ich sicher fahren kann. Und dass mein Wagen mir gehört. Habe ich die Zulassung, ist es mein Wagen. Wenn er mir gestohlen wird, beweist die Zulassung, dass er in Wirklichkeit mir gehört. Fahre ich ohne Zulassung, fahre ich illegal. Ich bin nicht versichert. Jeden Meter, den ich fahre, fahre ich auf volles eigenes Risiko gegen das Gesetz. Ich käme nicht auf den Gedanken, mein Auto ohne Zulassung zu fahren.

Gott hat mich nicht nur geschaffen, er lässt mich auch zu. Mit allem Drum und Dran. Lasse ich ihn auch zu? Oder fahre ich mein Leben lang ohne Zulassung? Das ist nicht nur dumm, sondern kriminell ...

Mike Depuhl

Ostern

Gott, siehst Du eigentlich wirklich alles?
Oder ist das nicht alles auch manchmal ein bisschen viel für Dich?

Diese Millionen Menschen, mit ihren Millionen Problemen ...

Da hast Du meine Tränen bestimmt auch schon mal übersehen.

Ist ja auch nicht schlimm, kann ja jedem mal passieren.

Vielleicht erzähl ich Dir deshalb auch immer alles dreimal,

nur für den Fall, dass Du vorher grad nicht zugehört hast.

Und wie ist das, wenn Dich jemand nicht lieben will,

tut dir das dann wirklich genauso weh wie mir?

Dein göttliches Herz kennt doch bestimmt auch nur göttliche Schmerzen.

Und die tun bestimmt ganz anders weh.

Und wenn Du dann doch zuhörst, interessiert es Dich denn wirklich?

Oder sind wir eher wie das Radio im Supermarkt, das man so mit halbem Ohr mithört?

Du hast ja bestimmt auch andere Sachen zu tun.

Du könntest zum Beispiel irgendwo noch 'ne andere Welt eröffnen,

noch mal ganz von vorne anfangen.

Wir sind ja auch wirklich nicht so toll geworden.

Das hast Du Dir sicher auch anders vorgestellt.

Ich an Deiner Stelle ... ich hätte die Menschen ein bisschen göttlicher gemacht,

netter und treuer.

Oder Du könntest ja den Menschen, die es versuchen, auch ein bisschen helfen, netter und treuer zu sein.

Es wäre halt alles ein bisschen einfacher, wenn die netten und freundlichen Menschen auch mal belohnt werden würden. Ich zum Beispiel. So gleich sind wir doch gar nicht.

Kotzt es Dich nicht manchmal an, hier auf die Erde zu gucken, mit dem ganzen Dreck und den Lügen und dem Geld?

Willst Du nicht manchmal noch so 'ne Flut schicken und alles wegwaschen?

Ich würd's machen an Deiner Stelle. Echt.

Das willst Du nicht? Dann ist mein einziger Trost, dass ich irgendwann sterbe und das alles hier nicht ewig ertragen muss. Danke, dass Du uns sterblich gemacht hast. Danke, dass Du stark genug bist, das alles auf der Erde hier von Anfang bis Ende zu ertragen.

Freddi Gralle

53 | Wie geht es dir?

In einem Interview sagte die rumänische Schauspielerin und Schriftstellerin Aglaja Veteranyi folgenden bemerkenswerten Satz: »Als ich schon erwachsen war, nach vielen Jahren, fragte mein Vater mich: ›Wie geht es dir?‹ Da hatte ich zum ersten Mal das Gefühl: ›Ich lebe!‹«

Ich frage mich, was sie damit bloß gemeint hat. Hieß das: Da ist jemand, der sich für dich interessiert, der, und sei es nur für einen Moment, alles andere zur Seite schiebt und sich dir zuwendet? Jemand, der dir in die Augen schaut und fragt: »Wie geht es dir?« Jemand, der dich als Mensch ernst nimmt? Der in anderen Worten fragt: »Wo bist du eigentlich? Wie sieht es in deiner Seele aus?« Nun sagen Sie nicht, ich würde zu viel in diesen einfachen Satz hineinlegen – immerhin hatte Frau Veteranyi zum ersten Mal das Gefühl zu leben! Alles andere, was das Leben so bietet, hatte wohl nicht ausgereicht, um das Gefühl zu haben: Du lebst.

Und genau so ist Gott. Er fragt: »Wie geht es dir?« Ich habe gehört, dass Gott mich liebt, aber mag er mich auch? Würde Er mit mir ins Kino gehen oder Eis essen?

Gott hatte schon Adam gefragt: »Wo bist du eigentlich? Wie geht es dir – ohne mich? Du hast meine Hand losgelassen und bist weggerannt. Du hast dich versteckt. Du bist jetzt ganz allein. Wie geht es dir?« Die Antwort können wir bis heute in jeder Tageszeitung lesen und in den Abendnachrichten sehen.

Auch der verlorene Sohn hatte sich bei den Schweinen gefragt: »Lebe ich eigentlich noch?« Und dann machte er sich auf und sagte: »Ich will zu meinem Vater gehen!« Unterwegs lernte er eine ganze Rede auswendig. (Nun ja, wenn man Papas Vermögen durchbringt, lernt man besser eine Rede auswendig.) Aber was antwortete der Vater, als sein Sohn wieder vor ihm stand? In anderen Worten nicht mehr als: »Mein lieber Sohn, wie geht es dir? Ich habe auf dich gewartet. Ich bin für dich da, ich vergebe dir alles, es kann alles wieder gut werden. Egal, was du gemacht hast, du bist immer noch mein Sohn.«

Eigentlich sagte der Vater nicht mehr als: »Wie geht es dir?« Und der Sohn wusste: Ich lebe!

Mike Depuhl

> Und als die Frau erkannte, wie lecker die Äpfel waren, die
> da an dem Baum hingen, und sie auch bemerkte, dass der
> Apfel sie schlau und intelligent machen würde, pflückte
> sie einen, biss einmal kräftig rein und gab ihn dann ihrem
> Mann. Der biss auch gleich zu ... Darum schmiss sie Gott
> aus dem Garten Eden raus, sie sollten ab jetzt alleine klar-
> kommen und für sich selber sorgen.
>
> 1. MOSE 3,6-7 (VOLXBIBEL)

Es hätte so schön sein können. Gott und die Menschen zusammen in einem Garten, keine Dunkelheit mehr, nie mehr frieren,
nie mehr hungern. Wenn da nicht plötzlich ein großes Problem da-
zwischengekommen wäre: die Sünde.

Sünde kommt von dem deutschen Wort »Sund«. Ein Sund ist ein
tiefer Graben, den man nicht mal eben so überspringen kann. Wer
dabei runterfällt, der krepiert. Sünde und Gott geht nicht zusammen, das ist wie Feuer und Wasser, wie Tag und Nacht, wie Bayern
und St. Pauli. Sünde trennt dich von Gott.

Und da, wo Gott nicht ist, da ist auch kein Leben! Da fehlt die
Hoffnung, da gibt es keine Heilung, da tröstet dich keiner. Dieser
Ort heißt auch Hölle. Wir Menschen haben es verbockt, so erzählt
uns die Bibel. Aus irgendwelchen Gründen haben wir uns dafür entschieden, vom Apfel zu essen und Gott nicht zu vertrauen, dass
dieser Apfel nicht gut für uns ist. Gott liebt die Menschen über
alles, aber er hasst die Sünde. Er möchte uns ganz nahe an sich
dranhaben, und darum findet er Sünde einfach zum Kotzen.

Ich hab keine Ahnung, wann du das letzte Mal von dem Apfel
abgebissen hast. Mir passiert das immer wieder. Irgendwas in mir
vertraut Gott oft einfach nicht. Ich will manchmal nicht glauben,

dass der Apfel mir wirklich Magenschmerzen macht, dass er nicht gut für mich ist. »Der sieht doch so lecker aus, Gott?« Sünde ist wie ein Krebsgeschwür. Es breitet sich im Leben aus, es wird immer größer, es zieht einen unaufhaltsam runter, immer tiefer, bis in den ewigen Tod. Hölle ist kein überdimensionaler Grill in der Unterwelt, wo Menschen geröstet werden. Hölle bedeutet ewiges Getrenntsein von Gott, ewige Einsamkeit, ewige Dunkelheit, das ist Hölle.

Ich bin so froh, dass Jesus dieses Problem aus der Welt geschafft hat. Es hat ihn alles gekostet, sein Leben, seine Gemeinschaft mit Gott, es war sehr, sehr hart für ihn. Er wurde zum Tode verurteilt, hingerichtet an einem Holzkreuz, an dem er unter großen Schmerzen verblutet ist. Aber so konnte diese Trennung, dieser Sund, geschlossen werden. Jesus hat unsere Rechnung dadurch bezahlt, er hat es ermöglicht, dass wir mit Gott wieder klarkommen können. Durch Jesus ist die Tür zum Paradies wieder offen, und hinter dieser Tür fängt das Leben an. Ein gutes Leben, wo es keine Dunkelheit mehr gibt, wo wir nicht mehr frieren müssen, wo es keinen Hunger mehr gibt.

Martin Dreyer

55 | Gastfreundschaft – und was Ostern damit zu tun hat

Ich habe herzlich danach verlangt, dies Passah mit euch zu essen, bevor ich leide.

LUKAS 22,15

Ich habe mich sehr danach gesehnt, dieses Passahmahl mit euch zu feiern, ehe ich leiden muss.

LUKAS 22,15 (HOFFNUNG FÜR ALLE)

Wenn ich von Freunden eingeladen werde, freue ich mich immer sehr. Entstehen bei einem schönen Essen gute Gespräche, fühle ich mich als Mensch gut und lebendig.

Der Bergsteiger Greg Mortenson berichtet in seinem Buch » Der Traum vom Frieden« davon, dass ihm pakistanische Freunde vor einer Fahrt nach Afghanistan einschärften, an die Gastfreundschaft der Paschtunen zu appellieren. Er wollte in einem von den Taliban beherrschten Gebiet Schulen bauen. Die Fahrt dorthin war lebensgefährlich. Um irgendetwas ausrichten zu können, waren offene Türen und offene Herzen ungemein wichtig. Als es ihm schließlich gelang, bei einem Mullah als Gast aufgenommen zu werden, hatte er damit gleichzeitig Schutz für Leib und Leben und die Zusage auf freies Geleit. Das sicherten ihm die Grundwerte eines der ältesten Völker dieser Erde, der Paschtunwali, zu.

Zur Gastfreundschaft gehört es, gemeinsam an einem Tisch zu sitzen und zu essen. Das verbindet Menschen immer auf ganz besondere Weise. Bevor Jesus seinen Leidensweg antrat, organisierte er noch ein Abendessen mit seinen Freunden. Als sie am gedeckten Tisch auf ihre Polster fielen, sagte Jesus zu ihnen: »Leute, ich hab mich mit allen Fasern meines Herzens darauf gefreut, mit euch zusammen zu sein und mit euch zu essen!« Für mich kommt dieser Satz ganz spontan aus der Tiefe des Herzens Jesu. Er drückt für mich aus: »Mensch, ich möchte so, so gerne mit euch zusammen sein!«

Wenn ich unter dem Vorzeichen dieser Einstellung Jesu alle überlieferten Berichte von dem ganzen Drama um Jesu Tod und Auferstehung sehe, dann bin ich zutiefst berührt: Jesus tut alles dafür, um nie mehr ohne mich zu essen! Er mag es, mit mir zusammen zu sein. Das ist ihm sogar sein Leben wert! Er wäscht mir die Füße, damit keine unangenehmen Gerüche das Zusammensein verderben. Er stirbt, um alle trennenden Dinge, die zwischen uns stehen, vom Tisch zu räumen.

Jesu Gastfreundschaft geht noch viel weiter als die der Pasch-tunen. Aber sie bedeutet auch Schutz für mein Leben. Mit Jesus am Tisch zu sein, Brot und Wein zu genießen, ist wirkliches Leben. Er besiegt den Tod, damit die Liebe des Vaters voll zu mir durchdringen kann. Um echte, ungetrübte Gemeinschaft zu haben, als wahre Freunde zusammen zu sein, um echt zu feiern – dafür tut er alles! Dem gilt seine ganze Leidenschaft.

Christiane Ratz

56 | Hauptgewinn

> Er hat den Schuldbrief getilgt, der mit seinen
> Forderungen gegen uns war, und hat ihn weggetan
> und an das Kreuz geheftet.
>
> KOLOSSER 2,14 (LUTHER 1984)

Der Tisch mit den Gewinnen sah bunt aus: Weingläser, Kerzenhalter, ein aufblasbares kleines Gummiboot. Auch Staubfänger wie Plüschengel, muffige Duftkerzen und überlagerter Billigkaffee Marke »Magenverätzer« waren darunter. So, wie es bei der Tombola zugunsten des Schulvereins üblich war. Alle kauften Lose für den guten Zweck.

Eine Bekannte von uns zog den Hauptgewinn. Das heißt, genau genommen *hätte* sie ihn gezogen: Ein cooles Skateboard und einen tragbaren CD-Player. Sie hatte die richtige Losnummer. Fröhlich verbrachte sie den Abend mit anderen Eltern beim Essen, Trinken und Austoben zur Musik des DJs. Spät in der Nacht ging sie. Erst am Montag fiel ihr ein, dass sie ihren Gewinn vor lauter Feierlust ganz vergessen und gar nicht abgeholt hatte. Ein Anruf im Schulsekretariat ergab: Die übrig gebliebenen Preise waren einem gemeinnützigen Zweck gestiftet worden. Es war zu spät. Ärgerlich! Wie ein Scheck, den man nicht eingelöst hat.

Und der Scheck über bezahlte Schuld, der für uns in Jesus Christus bereitliegt? Er hat die Schuld für dich und mich am Kreuz bezahlt. Vielleicht hast du schon oft davon gehört, daß er für dich gestorben ist. Vielleicht berührt dich das, vielleicht spornt dich das an, in der Bibel zu lesen, in die Kirche zu gehen und einen Gottesdienst zu besuchen. Aber letztlich ist das nur so, als ob du den Scheck nimmst und in die Tasche steckst. Die roten Zahlen bleiben. Oder, um auf die Tombola zurückzukommen: Solange du die Losnummer des Hauptgewinns nicht an der Gewinnausgabe vorlegst, hast du den Gewinn nicht.

Vielleicht ist es bei dir ganz persönlich an der Zeit, reinen Tisch zu machen. Leere die Taschen deiner Gedanken doch mal aus, lege alles vor deinem inneren Auge auf den Tisch und überlege, was dein Leben wert ist – was es Jesus Christus wert war. Vielleicht bemerkst du zum ersten Mal, dass er dich ganz persönlich meint. Nimm dir Zeit, darüber nachzudenken. Vielleicht ist jetzt der richtige Moment. Sag ihm, wenn du ein ganzes »Ja« zu ihm hast; wenn du seinen Scheck für die Bezahlung deines Lebensschuldscheins dankbar annimmst! Rede mit ihm! Der Scheck in der Hand ist nett, aber erst der eingelöste Scheck zählt!

Petra Piater

> In ihm – Jesus Christus – haben wir die Erlösung durch
> sein Blut, die Vergebung der Sünden, nach dem Reich-
> tum seiner Gnade, die er uns reichlich hat widerfahren
> lassen in aller Weisheit und Klugheit.
>
> EPHESER 1,7-8 (LUTHER 1984)

Du hast deine Position zum Schöpfer noch gar nicht richtig geklärt.

Dein Egoismus und deine Selbstsucht stehen dir immer wieder im Weg. Du merkst, dass da Dinge in deinem Leben sind, die auf die Reihe gebracht werden müssen.

Du brauchst Vergebung, um dieses Leben zu leben, ein Leben, das Veränderung bewirkt. Vergebung für die Dinge, die dich von einem Leben mit Gott trennen.

Das Kreuz, an dem Jesus für unser Versagen starb, sorgt für diese Vergebung. Du kannst dich für diese Vergebung entscheiden.

Viele haben das schon erlebt. Andere haben davon gehört und überlegen vielleicht, wie das eigentlich funktionieren soll. Deshalb an dieser Stelle ein »Grundkurs Vergebung« in einer Minute:

Gute Neuigkeiten:

Gott liebt dich und hat einen sinnvollen Plan für dein Leben! Und er hat sich dafür entschieden, dein Freund zu sein. (Zum Nachlesen: Johannes 15,13-15.)

Üble Neuigkeiten:

Trotz des guten Planes Gottes für seine Geschöpfe ist es passiert, dass du und ich sehr selbstgerechte, egoistisch veranlagte, rebellische und sündige Menschen geworden sind. Diese Haltung trennt uns von Gott und zerstört ganz grundsätzlich die Chance auf eine Beziehung zu ihm – genau wie die Möglichkeit, die Ewigkeit zusammen mit ihm zu verbringen, an einem Ort, den man Himmel nennt. (Zum Nachlesen: Römer 6,23 und Römer 7,18)

Fast unglaubliche Neuigkeiten:

Gott ist ein Gott der Gnade. Er sah das Dilemma seiner Geschöpfe – auch unser Dilemma – und entschied sich, seinen einzigen Sohn Jesus Christus auf diese Erde zu schicken. Dieser Jesus starb am Kreuz und nahm die Strafe für jede Sünde auf sich, für die Menschen um Vergebung bitten. Dieser Umstand erlaubt mir, mich Gott als eine Person zu nähern, der zu 100 % vergeben wurde. Eine Person, die vor Gott und Menschen keine Rolle mehr spielen muss.

»Denn Gott hat die Welt so sehr geliebt, dass er seinen einzigen Sohn hingab, damit jeder, der an ihn glaubt, nicht zugrunde geht, sondern das ewige Leben hat« (Johannes 3,16).

Was jetzt tun?

Es ist eine Sache, all dies zu wissen. Aber es ist lebenswichtig, dieses Geschenk anzunehmen, Jesus zu bitten, dir zu vergeben und die Leitung deines zukünftigen Lebens zu übernehmen. Und ihn zu bitten, dir dabei zu helfen, so zu sein, wie er dich geschaffen hat. Das einfach auszusprechen. Mehr ist da nicht zu tun.

»Wenn wir aber unsere Sünden bekennen, so ist er treu und gerecht, dass er uns die Sünden vergibt und reinigt uns von aller Untugend« (1.Johannes 1,9).

Jeder Heilige hat eine Vergangenheit. Jeder Sünder hat eine Zukunft! Willkommen im Club?

Thomas Klappstein

Maria hielt Jesus für den Gärtner und fragte deshalb:
»Hast du ihn weggenommen? Dann sag mir doch, wohin
du ihn gebracht hast. Ich will ihn holen.« »Maria!«, sagte
Jesus nun. Sie wandte sich ihm zu und rief: »Rabbuni!«
Das ist Hebräisch und heißt: »Mein Meister.«

JOHANNES 20,11-16 (HOFFNUNG FÜR ALLE)

Maria aus Magdala ist allein im Garten. Ihre Gefährten sind
enttäuscht nach Hause gegangen, weil Jesu Leichnam auf
mysteriöse Weise abtransportiert worden ist. Maria bleibt hilflos
und trauernd über den offenen Fragen der letzten Tage zurück. Ihr
Retter und guter Freund, Jesus von Nazareth, ist überraschend hingerichtet worden; all ihre Hoffnung auf eine Befreiung des jüdischen Volkes ist dahin. Gott hat einen unerträglich langen Tag geschwiegen – jedenfalls ist für den Ostersamstag nichts überliefert.
Als sie sich nun ein letztes Mal vergewissern will, sind da plötzlich
Engel in der Gruft. Und noch bevor sie ihnen ihr ganzes Leid klagen
kann, erscheint ein Mann.

Vielleicht waren es die Tränen in Marias Augen, die ihr den Blick
trübten, oder vielleicht war es auch die Erde an den Händen des
Mannes – auf jeden Fall hält Maria ihn für den Friedhofsgärtner.

Der Sohn Gottes, der gedemütigt, getötet und begraben wurde
und nun, auf wundersame Weise, wiederauferstanden ist, spricht
zum ersten Mal. Aber die Worte dieser neuen Ära der Menschheitsgeschichte sind keine herrschaftliche Proklamation seiner Macht.
Jesus stellt eine einfache, mitfühlende Frage an eine verzweifelte
Frau: »Warum weinst du?« Sie fängt gerade an, ihm die Spitze des
Eisberges ihrer Probleme zu erklären, da sagt er einfach nur: »Maria!« Und dann erkennt sie ihn. Weil er ihren Namen gesagt hat,

wie niemand sonst es je getan hat. Weil sie in seiner Stimme die Liebe hört, nach der sie sich ihr ganzes Leben lang gesehnt hat. Und vergisst für den nächsten Moment alles andere. »Mein Meister!« Auch sie nennt seinen Namen und trifft seinen Kern.

Als sie ihn stürmisch umarmen und festhalten will, weicht er zurück. Als »Noli me tangere« wird dieser Moment auf Latein beschrieben, und man findet unzählige Gemälde aus allen Epochen unter diesem Titel. Jesus betritt als einfacher Gärtner die Weltbühne, stellt einfache Fragen, weicht zurück. Es ist nicht das beeindruckendste Comeback, das ein Messias hinlegen könnte. Aber wie kann man da nicht Fan von einem Gott werden, der so geerdet und bescheiden zugleich ist?

Freddi Gralle

59 | Begegnung mit dem Auferstandenen

Was sucht ihr den Lebendigen bei den Toten?
LUKAS 24,5 (NEUE GENFER ÜBERSETZUNG)

Grabesstille am Ostermorgen. Bevor die Stadt Jerusalem erwacht, hasten einige Frauen durch die Morgendämmerung. Sie haben Salben bei sich, wie man sie in Israel für Verstorbene verwendet. Die Beerdigung Jesu am Freitagnachmittag musste so schnell gehen, dass sie den Ansprüchen an eine würdige Bestattung nicht genügen konnte. Aber ihr toter Herr verdiente eine bessere Behandlung, deshalb wollen sie ihre letzte Freundespflicht an dem geliebten Meister erfüllen. Dann ist der Abschied endgültig. Dann wird das Kapitel Jesus von Nazareth für sie beendet sein.

Doch ihre fromme Trauer wird erschüttert durch eine Provokation, die die Grabesstille zerreißt: »Was sucht ihr den Lebendigen bei den Toten?« Fassungslos versuchen die Frauen, die Worte zu verstehen. Jesus ist nicht tot? Jesus ist nicht hier? Die Auferstehung erwischt sie am Ostermorgen wie ein kalter Guss. Ein kalter Guss, den sie dringend nötig hatten, um wieder klar zu sehen. Jesus ist nicht tot. Er ist auferstanden! Ihr seid nicht die Grabhüter eines gescheiterten Predigers, sondern die Jünger dessen, der den Tod besiegt hat.

Darf Ostern uns aufwecken? Darf der Geist Gottes uns fragen: Was sucht ihr Jesus in vergangenen geistlichen Erfahrungen? Wisst ihr nicht, dass er heute Neues für euch tun will? Was sucht ihr Jesus in euren Traditionen und Theologien? Wisst ihr nicht, dass seine lebensschaffende Kraft eure Erkenntnis immer wieder auf den Kopf stellen will? Was sucht ihr Jesus in eurer eigenen Kraft? Wisst ihr nicht, dass seine Kraft alle eure Möglichkeiten übersteigt?

Es ist nicht unbedingt bequem, dem Auferstandenen zu begegnen. Es kann sogar unser Leben durcheinanderbringen. Aber wir brauchen es immer wieder, dass die Botschaft der Auferstehung uns durchschüttelt und aufweckt.

Christoph Müller

Auf dem Weg nach Emmaus

60 | Er ist anders

Am selben Tag gingen zwei, die zu den Jüngern von Jesus
gehört hatten, nach dem Dorf Emmaus, das zwölf Kilometer
von Jerusalem entfernt lag. Unterwegs unterhielten sie
sich über alles, was geschehen war.

LUKAS 24,13-14 (GUTE NACHRICHT)

Weißt du noch, letzte Woche, als wir den Esel für ihn geklaut
haben? Er ist in die Stadt geritten wie ein König. Alle haben
geschrien: ›Hosianna, gepriesen sei der Herr!‹ Das waren doch Tausende von Menschen. Die meisten Popstars haben nicht so viele
Fans wie er. Als er dann auf den Berg geritten ist, hab ich die ganze
Zeit darauf gewartet, dass er sich umdreht und zum Volk spricht.
Stell dir vor, er hätte es getan. Stell dir vor, er hätte sich zum Anführer gemacht. Kein anderer auf der Welt hätte es schaffen können,
so viele unterschiedliche Menschen hinter sich zu vereinen. Stell dir
vor, er hätte sich umgedreht. Die Menge wäre still geworden.

Dann hätte sich seine Stimme in die Stille hinein erhoben: ›Männer von Israel, lassen wir uns nicht länger unterdrücken! Wir sind ein
freies Volk. Niemand hat das Recht, uns zu mobben. Niemand hat
das Recht, uns zu schlagen. Niemand hat das Recht, uns unser Geld
wegzunehmen, und niemand hat das Recht, in unserem Land zu

wohnen, es sei denn, wir wollen es. Wollt ihr euch das länger gefallen lassen? Wollt ihr mit mir kämpfen?‹ Ich wette mit dir, die Männer hätten so laut ›Jaaaa‹ geschrien, dass die Römer vor Schreck umgefallen wären. An jeder Biegung vom Weg hab ich gedacht: ›Hier wäre eine gute Stelle.‹ Aber er ist immer weiter den Berg hochgeritten. Mit so einem sentimentalen Ausdruck in den Augen. Ich hab nur gedacht: ›Oh nein ... Nicht jetzt. Das ist dein Moment, das ist dein Tag, heute geht es los. Bitte fang jetzt nicht an zu weinen.‹

Als wir oben angekommen waren, hat Jesus auf die Stadt geguckt und angefangen zu flennen. Er hat sich überhaupt nicht für die Männer interessiert. Klar, dass die Gruppe immer kleiner geworden ist. Er hat so lange geweint, bis auch der Letzte verschwunden war. Das war der Anfang vom Ende. Er hätte uns alle retten können. Und am Ende konnte ihn keiner retten. Was ist da eigentlich falsch gelaufen?

Einer der beiden Männer, die da unterwegs nach Emmaus sind, das bin ich! Viel zu oft gehe ich fort, weil Gott wieder einmal nicht meinen Erwartungen und meinem Gottesbild entsprochen hat. Könntest du die andere Person sein? Und sag mal: Unterhalten wir uns eigentlich gerade?

Joachim Zwingelberger

61 | Sein Plan ist anders

> Am selben Tag gingen zwei, die zu den Jüngern von Jesus gehört hatten, nach dem Dorf Emmaus, das zwölf Kilometer von Jerusalem entfernt lag. Unterwegs unterhielten sie sich über alles, was geschehen war.
>
> LUKAS 24,13-14 (GUTE NACHRICHT)

Dass die sogar Leichenschändung betreiben.« – »Die haben auch wirklich vor gar nichts Respekt.« – »Wenn ich wüsste, wer das war. Ich würde ihm die Kehle aufschlitzen, ich würde ihn fertigmachen, ich würde ...«

»Worüber redet ihr?«, hören sie plötzlich eine fremde Stimme an ihrer Seite. »Wie viel hast du bisher mitbekommen?« »Nicht viel ... Irgendwas von Leichenschändung und Kehle aufschlitzen. Das sind nicht gerade gewöhnliche Themen für eine Unterhaltung. Worum geht's?«

»Mensch, du bist wahrscheinlich der Einzige in Jerusalem, der von der ganzen Sache nichts mitbekommen hat. Unser bester Freund, Lehrer und Anführer ist am Wochenende in Jerusalem hingerichtet worden. Heute Morgen sind ein paar Frauen zum Grab gegangen. Der Leichnam war weg. Irgendjemand hat ihn geklaut.« – »Er hätte der Führer der Revolution werden können. Er hätte die Macht gehabt, uns von der Römern zu befreien. Wir haben gedacht, er sei der Sohn Gottes, der von Gott versprochene Retter. Aber wir haben uns getäuscht.« – »Wenn er der Retter gewesen wäre, dann wäre Gottes Plan ganz schön schiefgegangen.«

Der Mann sieht sie an und wirft ein: »Aber in den Aufzeichnungen von Jesaja steht doch, weil er sein Leben als Opfer für die Schuld der anderen dahingab, wird er wieder zum Leben erweckt und wird Nachkommen haben. Durch ihn wird der Herr das Werk vollbringen, an dem er Freude hat. Das steht doch schon seit 700 Jahren in den alten Schriften unseres Volkes!« »Du meinst also, dass Jesus vielleicht wirklich der Sohn Gottes ist, auch wenn er uns nicht von den Römern befreit hat?« »Ja!« »Und meinst du auch, dass er wirklich von den Toten auferstanden ist?« »Ja!«

»Das ist doch unmöglich!«

»Wir sind gleich zu Hause. Willst du nicht mit zu uns kommen und uns das genauer erklären?« »Ach Jungs, ich muss eigentlich weiter, und ihr habt doch bisher auch nicht so genau nachgelesen. Warum sollte euch das jetzt interessieren?« »Es interessiert uns! Wir lassen dich auf keinen Fall gehen. Du musst uns das mit Gott genauer erklären.«

Interessiert es dich? Oder bist auch du mit (einer momentanen) »Emmaus-Blindheit« geschlagen? Gottes Plan ist oft anders, als wir uns das vorstellen. Ist ja schließlich auch sein Plan und nicht unser Plan. Aber Gott hat eine Menge mehr drauf, als wir uns vorstellen können. Ich will heute mal etwas genauer hinsehen und hinhören. Was ist, machst du mit?

Joachim Zwingelberger

62 | Licht im Herzen

> Inzwischen waren sie in die Nähe von Emmaus gekommen. Jesus tat so, als wollte er weitergehen. Aber sie ließen es nicht zu und sagten: »Bleib doch bei uns! Es geht schon auf den Abend zu, gleich wird es dunkel!« Da folgte er ihrer Einladung und blieb bei ihnen.
>
> LUKAS 24,28-29 (GUTE NACHRICHT)

Es wurde Abend, und es war der nächste Tag. Der neue Tag fing damals an, wenn die Sonne unterging. Aber es wurde nicht richtig dunkel an diesem ersten Tag nach den schweren Tagen in Jerusalem. Na ja, eigentlich wurde die Welt schon dunkel, aber in den Herzen dieser zwei Männer wurde es nicht dunkel. Denn an diesem ersten Tag der neuen Zeitrechnung ging der Welt ein Licht auf.

Die beiden Freunde merken es erst gar nicht, dass sich in ihrem Leben etwas verändert hat. Aber in ihrem Haus ist etwas anders, als sie so zu dritt am Tisch sitzen, um zu Abend zu essen. Anders, als es vorher immer war. Der Gast hat die Hausherrschaft übernommen. Er setzt sich an den Tisch und sagt: »Kommt, lasst uns vor dem Essen noch beten.« In diesem Moment, als sie dem Fremden zum ersten Mal gegenübersitzen, als sie zum ersten Mal genau hinhören und genau hinsehen, da erkennen sie, wer sich da mit ihnen den Weg geteilt hat. Da erkennen sie, wer ihnen die Augen geöffnet hat. Sie erkennen, wer ihnen die Welt erklärt hat. Obwohl sie vor diesem Essen schon eine Stunde mit ihm unterwegs waren, fällt es ihnen erst jetzt wie Schuppen von den Augen.

Jesus – du bist es wirklich! Und genau in dem Moment ist er weg. Aber es ist ihnen egal, denn sie sind ihm begegnet. Er war ihnen nahe. Er hat das Licht in ihr Leben gebracht. An Tag eins nach dem Mist, der ihr ganzes Leben durcheinandergewürfelt hatte, war er mit ihnen unterwegs. Das müssen alle wissen. Die beiden waren den ganzen Tag unterwegs gewesen, von Jerusalem nach Emmaus. Jetzt laufen sie den ganzen Weg wieder zurück. Sie müssen den anderen davon erzählen. Sie müssten müde sein, aber sie laufen, denn sie freuen sich. Es ist stockdunkel, aber sie laufen, denn sie haben ein Licht in ihren Herzen.

Sie können die Geschichte fast selbst nicht glauben, aber sie müssen sie erzählen. Sie kommen zu dem Haus, in dem sich die Freunde von Jesus aufhalten. Völlig außer Atem und mit letzter Kraft reißen sie die Tür auf: »Der Herr ist auferstanden!«

Er ist wahrhaftig auferstanden. Er sitzt dir gerade gegenüber. Geht dir ein Licht auf?

Joachim Zwingelberger

Thomas, der Zweifler

»Wir haben den Herrn gesehen!« Doch Thomas zweifelte: »Das glaube ich nicht! Ich glaube es erst, wenn ich seine durchbohrten Hände gesehen habe.«

JOHANNES 20,25 (HOFFNUNG FÜR ALLE)

Meine Frau Loretta und ich fuhren auf der wunderschönen Küstenstraße entlang der »Sunshine Coast« im äußersten Westen Kanadas, die uns zur Fähre nach Vancouver führte. Trotzdem gab es wenig Grund zur Freude. Ich hatte gerade mein Neues Testament durch unseren Truck geschleudert und verkündet, dass Christsein sowieso nicht funktioniert, dass ich endlich aufhören würde, Gottesdienste zu besuchen, und dass ich nicht mehr in einem Buch lesen wollte, dass mit meiner Lebensrealität rein gar nichts zu tun hatte.

Nach 15 Jahren Dienst als Pastor – die meiste Zeit davon in Sechelt, an der Sunshine Coast – hatte ich gekündigt, war tief enttäuscht und wollte nicht mehr zurück. Meine arme Frau war in diesem Moment ziemlich überfordert mit meiner Glaubenskrise: »Aber das geht doch nicht! Wir haben drei Kinder. Du kannst ihnen doch damit nicht auch den Glauben kaputt machen!« Im Prinzip riet mir meine Frau dann, so lange meinen Glauben vorzuheucheln, bis ich wieder glauben konnte.

Ich weiß nicht, ob dieser Rat für andere funktioniert hätte. Ich konnte damit überhaupt nichts anfangen. Aber wie geht man richtig damit um, wenn einer auf einmal nicht mehr glauben kann, was allen anderen scheinbar so einleuchtend ist? Das ist doch für alle irgendwie schwierig. Kann man überhaupt helfen? Glaubenskrisen beinhalten zwar immer auch Chancen, aber oft tun sie erst einmal nur richtig weh.

In dieser Zeit, als von mir geheuchelter Glaube erwartet wurde, habe ich eine Geschichte von einem Pastor gelesen, der eines Morgens von der Kanzel verkündete, dass er leider sein Amt niederlegen müsse, weil er sein Vertrauen in einen gerechten Gott verloren habe. Alle waren ziemlich geschockt, da der Pastor schon so vielen in der Gemeinde geholfen hatte. Ein paar Tage später gab es ein Treffen, in dem die Mitglieder der Gemeindeleitung ihn zum Bleiben überreden wollten. »Aber was soll ich denn den Menschen jeden Sonntag erzählen, wenn ich das alles nicht mehr glauben kann?« Auf diese Frage war die Gemeindeleitung vorbereitet. »Wir lieben dich als Mensch. Wenn du nicht mehr glauben kannst, dann teile einfach jeden Sonntag deinen Unglauben mit uns. Wir halten das aus!«

Und dann hat der gute Mann tatsächlich jeden Sonntag erklärt, warum er von Gott enttäuscht war. Und die Leute haben das tatsächlich ausgehalten, weil ihnen die Beziehung wichtiger war als das, was ihr Pastor glaubte. Das Ganze dauerte ungefähr ein Jahr, bis der Pastor eines Morgens freudestrahlend von seinem wiedergefundenen Glauben berichtete. Ich hab diese Geschichte damals für Utopie gehalten. Ist das wirklich möglich? Zuzulassen, dass andere für mich glauben dürfen und ich ehrlich sein kann? Es war übrigens keine Utopie.

Aber gibt es eine richtige und eine falsche Reaktion, wenn einer anfängt, an allem zu zweifeln? Genau darum soll es in den nächsten vier Beiträgen gehen, die allesamt auf einem Seminar entstanden sind, das von einem guten Freund und mir geleitet wurde und in dem es um das Erstellen von Andachten ging.

Frank Bonkowski

64 | Ich glaub' das nicht ...

»Wir haben den Herrn gesehen!« Doch Thomas zweifelte: »Das glaube ich nicht! Ich glaube es erst, wenn ich seine durchbohrten Hände gesehen habe.«
JOHANNES 20,25 (HOFFNUNG FÜR ALLE)

Thomas setzte sich gerade hin und streckte seine Beine etwas, um ein bisschen zu entspannen, denn die letzten Tage waren schon sehr anstrengend und erlebnisreich gewesen. Auch das Treffen mit den anderen Jüngern hatte er sausen lassen, er war einfach zu fertig. Plötzlich kam Petrus mit ein paar anderen hereingestürmt: »Mensch, Thomas, wo warst du denn? Du glaubst nicht, was gerade passiert ist! Jesus war bei uns! Er ist von den Toten auferstanden!«

Thomas, der kerzengerade auf seiner Couch saß, den Schrecken noch ins Gesicht geschrieben, konnte das aber nicht glauben. »Das nehme ich euch jetzt echt nicht ab«, sagte er. »Ich habe zwar viele Wunder gesehen, die Jesus vollbracht hat, aber von den Toten aufzustehen, das ist wohl selbst für ihn eine Nummer zu groß.« Die Jünger wunderten sich, dass Thomas einfach nicht glauben konnte, was sie, seine Freunde, doch mit eigenen Augen gesehen hatten. Aber sie begriffen schnell, dass er sich durch ihre Worte nicht überzeugen ließ, und so zogen sie weiter und ließen Thomas allein.

Ganze acht Tage später, Thomas glaubte schon gar nicht mehr daran, noch mal etwas von den anderen Jüngern zu hören, kamen sie doch noch zu Thomas auf einen Schnack. Wieder versuchten sie, ihn zu überzeugen, und ließen nicht locker. Als sie so im Kreis zusammensaßen, in diesem kleinen dunklen Raum, stand plötzlich ein Kerl in ihrer Mitte. Thomas sprang auf und bekam richtig Schiss: »Oh Mann, nun haben sie uns erwischt!«

»Friede sei mit euch«, sagte der Kerl. Moment mal, das konnte doch nicht sein. »Jesus«, rief Thomas. Jesus zeigte ihm seine Wunden, sodass Thomas ihn sehen und fühlen konnte, und er glaubte wieder.

Sie standen sich gegenüber, und der Jünger schämte sich, dass er an seinem Lehrer gezweifelt hatte. Hätte er sich in seinem Zweifel doch nur ein wenig Zeit genommen, daran zu denken, was er schon alles mit Jesus erlebt hatte, was für Wunder Jesus vor seinen Augen vollbracht hatte – dann hätte er vielleicht auch an dieses Wunder glauben können.

Daniel Johannsen / Frank Bonkowski

65 | Thomas' Gedanken

»Wir haben den Herrn gesehen!« Doch Thomas zweifelte: »Das glaube ich nicht! Ich glaube es erst, wenn ich seine durchbohrten Hände gesehen habe.«

JOHANNES 20,25 (HOFFNUNG FÜR ALLE)

Nein! Nein, das glaub ich einfach nicht! Erzähl mir keinen vom Pferd! Jesus lebt, wie soll das denn gehen? Er ist tot! Gekreuzigt! Johannes war dabei. Begraben, Grab zu – aus, vorbei! Doch die anderen redeten weiter auf mich ein: »Wir haben Jesus gesehen, er war hier, plötzlich stand er mitten im Raum.« Das konnte einfach nicht sein. »Ich glaube es erst, wenn ich seine durchbohrten Hände gesehen habe. Mit meinen Fingern will ich sie fühlen, und meine Hand will ich in die Wunde an seiner Seite legen«, antwortete ich ihnen. Die anderen versuchten, mich zu überzeugen, aber irgendwann gaben sie es auf.

Die Tage danach waren schlimm. Es war, als ob die anderen auf etwas warteten. Ich fühlte mich ausgeschlossen. Manchmal versuchte einer ein Gespräch mit mir, aber ich merkte, dass sie über mich redeten, mich belächelten oder bemitleideten. Schließlich ließen sie mich in Ruhe.

Oh, das war nicht fair! Wie immer kriegte ich nichts mit, und jetzt stand ich auch noch blöd da! Doch dann stand er plötzlich da. Es war genau, wie die anderen gesagt hatten. Er war plötzlich da, sah uns an und sagte: »Friede sei mit euch.« Na, von Frieden merkte ich nicht viel, denn in mir tobte es seit dem Passah ohne Ende! Da sah Jesus mich an, ging zwischen den anderen hindurch und blieb vor mir stehen. »Thomas«, sagte er und sah mich an. Und es war, als sähe er meine ganze Not, meinen ganzen Schmerz. Dann reichte er mir seine Hände und sagte: »Komm, gib mir deine Hand und fühle meine Wunden.« Ich sank auf die Knie – ich konnte nicht anders – und sah seine Hand, die Hand, die so viele geheilt hatte, den Blinden, die Lahmen; die Hand, die Petrus aus dem Wasser gezogen hatte, die uns noch vor zehn Tagen das Brot gebrochen hatte.

Und ich sah seine Augen, die zu sagen scheinen wollten – eigentlich schien alles an ihm sagen zu wollen: Kommst du, oder kommst du nicht? Willst du mir vertrauen oder in deiner Angst stecken bleiben? Willst du dich auf mich einlassen oder weggehen? Und ich sank vor ihm nieder und stammelte nur: »Mein Herr und mein Gott!« Da reichte er mir seine Hand, richtete mich auf und sagte: »Thomas, weil du mich gesehen hast, glaubst du. Freuen dürfen sich diejenigen, die mir vertrauen, auch dann, wenn sie nichts sehen.«

Thomas hat daran zu knacken gehabt. Ich buchstabiere es seit Jahren. Wer macht sich mit mir auf den Weg?

Kathrin Brösicke / Frank Bonkowski

66 I Die Reaktion der Nichtzweifler

»Wir haben den Herrn gesehen!« Doch Thomas zweifelte: »Das glaube ich nicht! Ich glaube es erst, wenn ich seine durchbohrten Hände gesehen habe.«

JOHANNES 20,25 (HOFFNUNG FÜR ALLE)

An einem dunklen Ort, wenige Tage nach Ostern ...

Jünger 1: Mensch, da hat sich der Thomas ja mal wieder 'n Ding geleistet. Der lässt auch echt kein Fettnäpfchen aus!

Jünger 2: Hm ... Das habe ich im ersten Moment wohl auch gedacht. Da verlangt der doch tatsächlich, seine Hände in Jesu Wunden zu legen. Und dann meint er noch: »Vorher glaub' ich das auf keinen Fall!« Ein bisschen unverschämt ... Aber wenn wir mal ehrlich sind, wollten wir es doch auch erst nicht glauben.

Jünger 1: Wieso? Klar habe ich mich auch erschrocken, als Jesus da auf einmal vor uns stand. Aber mir hat es gereicht, seine Wunden zu sehen. Da musste ich ihn nicht auch noch anfassen.

Jünger 2: Jesus hat ja noch mehr zu Thomas gesagt: »Glücklich sind, die nicht sehen, aber dennoch glauben.« Ich bin mir gar nicht mehr so sicher, ob ich das gekonnt hätte ...

Etwas später in einer anderen Jüngergruppe:

Jünger 1: Jaja, jetzt kann er's glauben, jetzt, wo er die Wunden selbst berührt hat. Hätte doch reichen müssen, wenn wir, seine besten Freunde, ihm sagen, dass Jesus auferstanden ist! Jesus selbst hat doch gesagt: »Glücklich sind, die nicht sehen, aber dennoch glauben.« Das ist ja gerade der Unterschied zwischen Wissen und Glauben!

Jünger 2: Hm, ich kann schon irgendwie verstehen, dass er einen Beweis dafür brauchte. Immerhin war er nicht dabei, als Jesus uns neulich begegnet ist.

Jünger 3: Hey Leute, überlegt doch mal: Vielleicht haben wir das alles auch nur geglaubt, weil wir es gesehen haben. Jeder zweifelt mal – wir auch! Wir verstecken uns hier in abgeschlossenen Räumen, das war doch früher anders! Mal unter uns: Glaubt ihr wirklich, ihr hättet das geglaubt, ohne es zu sehen?

Wie hättest du versucht, Thomas zu helfen? Und wenn du selbst eine Glaubenskrise hättest, welchen dieser Jünger hättest du am liebsten als Freund?

Kathrin Böhm / Stephanie Ehle / Annik und Finn Kruse /
Laura Nadolny / Astrid Brösicke / Frank Bonkowski

67 | Die Reaktion von Jesus

»Wir haben den Herrn gesehen!« Doch Thomas zweifelte: »Das glaube ich nicht! Ich glaube es erst, wenn ich seine durchbohrten Hände gesehen habe.«

JOHANNES 20,25 (HOFFNUNG FÜR ALLE)

Als ich mich das letzte Mal meinen Jüngern zeigte, da war Thomas nicht dabei. Irgendwie hat er schon immer eine Sonderrolle gespielt – und dabei einen Hang zum Dramatischen! Als ich mich entschloss, nach Jerusalem zu gehen, obwohl mir die Steinigung drohte, da forderte er die anderen auf: »Kommt, lasst uns mit ihm gehen, um mit ihm zu sterben!«

Neulich, nach meiner Auferstehung, da habe ich mich meinen Jüngern gezeigt, aber Thomas war nicht dabei. Und wie Thomas so ist: Als er sich wieder mit den anderen traf, da wollte er handfeste Beweise: die Wunden sehen, die durch die Nägel in meiner Hand entstanden sind, meine Nägelmale, und seine Hand in meine Seite legen. Typisch Thomas. Aber so mag ich ihn.

Morgen treffen sich meine Jünger wieder. Thomas wird dabei sein, und ich werde ihn überraschen, indem ich auf seine Forderung eingehe. Thomas ist mir zu wichtig, als dass er nicht glaubt, dass ich wirklich auferstanden bin! Dann bekommt er eben handfeste Beweise. Er soll einfach nicht ungläubig bleiben. Schließlich soll er das Evangelium doch bis nach Indien tragen! Weiß er zwar noch nicht, aber ...

Matthias Born / Frank Bonkowski

Gnade

Die Jünger hatten vergessen, bei der Abfahrt Brote mitzunehmen; nur ein einziges hatten sie dabei. Und er warnte sie: Gebt acht, hütet euch vor dem Sauerteig der Pharisäer und dem Sauerteig des Herodes! Sie aber machten sich Gedanken, weil sie kein Brot bei sich hatten. Als er das merkte, sagte er zu ihnen: Was macht ihr euch darüber Gedanken, dass ihr kein Brot habt? Begreift und versteht ihr immer noch nicht?

MARKUS 8,14-17 (EINHEITSÜBERSETZUNG)

K nrrrr« – alles, was man hören kann, ist ein ohrenbetäubendes Magenknurren. Jesus sagt es noch einmal etwas lauter: »Ich will die Leute nicht hungrig nach Hause schicken. So, wie denen der Magen knurrt, hab ich Angst, die könnten mir auf halbem Wege wegklappen.« Die Jünger haben vor ein paar Wochen erst erlebt, wie Jesus 5000 Männer satt gemacht hat, und schon wieder werden alle satt. Als alle weg sind, sagt Jesus: »Ich muss noch mal in die Stadt. Vergesst das Brot nicht, wenn ihr nachher rüberfahrt.«

In der Stadt wird Jesus von einigen Pharisäern angesprochen: »Beweise uns doch, dass du der Sohn Gottes bist.« Jesus hat genug vom Beweisen: »Euer Denken, das sich nur um Taten und Beweise dreht, ist einfach falsch. So, wie ihr Beweise wollt, so wollt ihr auch Gott etwas beweisen. Das, was ihr den Menschen erzählt, kriegt man aus den Köpfen fast nicht wieder raus. So wie eine Handvoll Sauerteig. Da kann man 50 kg Mehl draufkippen, und zum Schluss ist doch alles durchsäuert.«

Währenddessen sind die Jünger mit dem Boot auf dem Weg zur anderen Seite des Sees. Nach einiger Zeit packt Petrus etwas genervt die Angel weg, die er schon nach wenigen Metern ausgeworfen hatte. »Na gut, wenn die Fische nicht beißen wollen, dann gibt es halt nur ...« In dem Moment fällt ihm siedend heiß ein, was sie am Ufer haben liegen lassen: »Mist, wir haben das Brot vergessen.« Auf dem Rest des Weges ist die Stimmung nicht besonders gut, und auch als die Jünger ankommen und das Lagerfeuer anzünden, wird sie nicht besser. »Wenn wir wenigstens Teig hätten, dann könnten wir Stockbrot machen.«

Sie sind auch noch nicht besser drauf, als Jesus wieder zu ihnen stößt. Er ist immer noch verärgert: »Hütet euch bloß vor dem Sauerteig der Pharisäer.« Den Jüngern läuft das Wasser im Mund zusammen: »Bei den Pharisäern gibt es Sauerteig?« Das wäre ein leckeres Stockbrot. Aber hat Jesus gesagt, wir sollen da keinen Teig holen? »Wo können wir sonst Brot herbekommen?« Jesus weiß nicht, ob er lachen oder weinen soll. »Ist denn wirklich eure einzige Sorge, wo ihr was zu essen herbekommt? Es geht nicht um Brot. Für die materiellen Dinge sorge ich schon. Es geht um das, was die Typen euch einreden wollen. Die sagen, du bist dann gut und du bist dann ein guter Christ, wenn das, was du tust, gut aussieht. Aber Gott liebt die Menschen erst mal vorbehaltlos, egal, was sie getan haben, an welchem Punkt sie stehen.«

Joachim Zwingelberger

Es ist doch so: Wenn ich eine Arbeit leiste, habe ich
Anspruch auf Lohn. Er ist kein Geschenk, sondern ich
habe ihn mir verdient. Aber bei Gott ist das anders.
Bei ihm werde ich nichts erreichen, wenn ich mich
auf meine Taten berufe. Nur wenn ich Gott vertraue,
der den Gottlosen von seiner Schuld freispricht, kann
ich vor ihm bestehen.

RÖMER 4,4-5 (HOFFNUNG FÜR ALLE)

Mose hat uns im Gesetz geboten, solche Frauen zu steinigen«,
behaupten einige Männer, als sie eine Ehebrecherin vor Jesus in den Staub stoßen (Johannes 8). Und formal haben sie recht,
jedenfalls nach Gesetzeslage der Zeit, in der diese Begebenheit
stattfand. Auch wenn sie geflissentlich übersehen, dass zum Ehebruch zwei gehören. Aber nicht die Ehebrecherin, sondern Jesus
möchten sie eigentlich umbringen. Sie wollen ihn herausfordern,
etwas Falsches zu tun oder zu sagen, damit sie ihn hinrichten können. Aber Jesus, der »voller Gnade und Wahrheit ist«, sagt einfach:
»Wer von euch ohne Sünde ist, werfe den ersten Stein!« Und langsam löst sich die Gruppe der Ankläger auf. Gibt es hier einen Menschen, der nicht auf Gottes Gnade angewiesen ist?

»Wenn du nicht artig bist, kommt das Christkind nicht«, haben
schon manche Kinder vor Weihnachten zu hören bekommen. Das
ist Lästerung der Gnade Gottes, der zu uns kam, nicht weil wir artig,
sondern weil wir sündig sind.

Die guten Werke, nicht die bösen Taten, werden sich am Ende
für viele als die eigentliche Blockade erweisen, in den Himmel zu
kommen – weil sie damit rechnen, damit ihr Ticket für den Himmel
bezahlen zu können. Aber gute Taten sind die falsche Währung. Im

Blick auf das Reich Gottes müssen wir umdenken. Den Himmel gibt es nur als Geschenk. Mehr noch, mit der eigenen Leistung vor Gott anzugeben ist nicht nur unnütz, sondern auch eine Beleidigung des gnädigen Gottes. Was wäre es für eine Beleidigung guter Freunde, wenn man versuchen würde, ihnen den gemütlichen Abend und das gemeinsame Essen in Euro und Cent zu bezahlen!

»Also steht fest: Nicht wegen meiner guten Taten werde ich von meiner Schuld freigesprochen, sondern erst, wenn ich mein Vertrauen allein auf Jesus Christus setze« (Römer 3,28). Wo uns die Sünde wieder von Gott fortreißen will, erweist sich die Gnade als viel mächtiger und bringt uns immer wieder zu Gott zurück.

Manfred Vetter

70 | Gnade in einer gnadenlosen Zeit

> Denn das Gesetz ist durch Mose gegeben; die Gnade
> und Wahrheit ist durch Jesus Christus geworden.
>
> JOHANNES 1,17 (LUTHER 1984)

Welche Stichworte fallen dir zum Thema Christsein ein? Bei vielen kommt wie aus der Pistole geschossen »Glaube, Liebe, Hoffnung«. Vielleicht auch die »Zehn Gebote« oder »Gebet«. Ungenannt bleibt oft ein Hauptwort im Munde Jesu: »Gnade«. Gnade – ungenannt und unbekannt?

Immer waren es Sternstunden der Christenheit, wenn die Gnade neu entdeckt wurde. Die Herrlichkeit Jesu besteht in seiner Gnade. Die will er geben. Und wir sollen sie nehmen und weitergeben. »Gnade um Gnade.«

Wir leben in einer gnadenlosen Zeit. Unsere Gesellschaft ist lohn- und leistungsorientiert. Wer etwas geschenkt bekommt, behauptet: »Das wäre doch nicht nötig gewesen.« Wir sind stolz darauf, nicht auf irgendjemandes Gnade angewiesen zu sein. Und wer doch darauf angewiesen ist, über den sagt man: »Der hat keine Gnade verdient.« Als ob man sich Gnade je verdienen könnte. Gnade ist in unserer Welt zur Karikatur geworden.

Und Gottes Gnade? Welche Rolle spielt sie in deinem Leben?

Manfred Vetter

71 | Das Risiko der Gnade

Denn die Sünde wird nicht herrschen können über euch, weil ihr ja nicht unter dem Gesetz seid, sondern unter der Gnade.

RÖMER 6,14 (LUTHER 1984)

Wo Gnade ohne Wenn und Aber gepredigt wird, löst das zwei gegensätzliche Reaktionen aus. Die einen ziehen aus der bedingungslosen Predigt der Gnade die Konsequenz, daraufhin lustig und vor allem gefahrlos weitersündigen zu können. Deshalb entrüsten sich die anderen: »Das ist zu einseitig.« Und sie zitieren die Bibel: »Ohne Heiligung wird niemand den Herrn sehen ... Schaffet, dass ihr selig werdet, mit Furcht und Zittern ...« Sie meinen, wenn man den Menschen nicht mehr Strafe und Gericht Gottes predigt, wird die Sünde sie wieder beherrschen. »Wenn du nicht gehorchst, wird Gott dich verstoßen.« Und das Gesetz ist wieder eingesetzt und die bedingungslose Gnade abgesetzt. Was tun? Von der bedingungslosen Gnade schweigen, weil sie missverstanden werden könnte?

Als Menschen würden wir argumentieren: Dem Bösen kann man doch nur Herr zu werden versuchen, wenn man die Menschen unter Gesetz und Strafandrohung stellt. Wo kämen wir hin auf unseren Straßen, wenn Bußgeldkatalog und Verkehrssünderkartei abgeschafft würden? Aber bei Gott ist das anders. Freiheit zu lieben gibt es nicht unter dem Gesetz, sondern nur unter der Gnade. Denn nur sie verbindet uns mit Jesus und seiner Kraft zu lieben.

»Die echte Verkündigung des Evangeliums als Errettung allein durch Gnade bringt immer das Risiko des Missverständnisses mit sich. Es gibt keinen besseren Test dafür, ob jemand wirklich das neutestamentliche Evangelium der Errettung predigt, als diesen, dass manche die Botschaft falsch verstehen ...« (Martyn Lloyd-Jones).

Manfred Vetter

72 | Gnade kontra Gesetzlichkeit

Wie könnt ihr nur so blind sein! ... Ich frage euch darum noch einmal: Warum schenkt Gott euch seinen Geist und lässt Wunder bei euch geschehen? Weil ihr das Gesetz erfüllt oder weil ihr von Christus gehört habt und an ihn glaubt?

GALATER 3,3 UND 5 (HOFFNUNG FÜR ALLE)

Die meisten Zeitgenossen empfinden einen Gegensatz zwischen Gott, Kirche und Freiheit. In der Tat, die christliche Gemeinschaft ist ein Ort, wo man wirkliche Freiheit leicht verlieren kann, aber nach Gottes Plan ist sie der Ort, wo wir sie zuallererst entdecken sollten. Unser Gott ist ein Liebhaber der Freiheit. Die Bibel ist voller Freiheitsgeschichten. Abraham wird aus den Traditionen seines Vaterhauses befreit, das Volk Israel aus der Sklaverei Ägyptens, und Jesus will alle Welt in die herrliche Freiheit der Kinder Gottes hineinführen. Wahre Freiheit wird nicht nur durch die Sünde, sondern auch durch den Rückfall in die Gesetzlichkeit bedroht.

Im Blick auf die biblischen Gebote gilt: Sie können nicht länger Motor unserer Gottesbeziehung sein. Im Himmel werden Menschen sein, die die Gebote tausendmal übertreten, aber Gottes Gnade empfangen haben. In der Hölle werden hochanständige Selbstgerechte sein, die mit Jesus nichts zu tun haben wollten. Die Gebote der Bibel sind nicht Motor, wohl aber Lenkrad für Jesu Nachfolger. Streng davon zu unterscheiden sind menschliche, selbst gemachte Gesetzlichkeiten wie: »Ein Christ darf nicht rauchen, nicht trinken, nicht tanzen, keine gemischte Sauna besuchen, keine Luxusgüter besitzen, nicht zum Wehrdienst gehen, keine Reizwäsche tragen, keinen Kaffee trinken, kein autogenes Training machen, sich nicht die Haare färben ...« Jeder darf für sich über diese Themen vor Gott eine Entscheidung treffen und sich seiner Meinung gewiss sein, aber wehe, er gibt seine Sicht der Dinge als Gebot Gottes aus und legt sie anderen als Last auf, indem er behauptet: »Wer dies tut oder nicht tut, kann nicht gerettet werden.« Dem schmettert Paulus im Galaterbrief sein »kein anderes Evangelium« entgegen.

Schon damals wurde klargestellt: Keiner muss das Gebot der Beschneidung befolgen, um Christ zu werden, und noch viel weniger die Fülle der jüdischen kulturellen Vorschriften und der selbst gemachten Gesetzlichkeiten beachten. Wie viele Menschen werden aus den frommen Kreisen unserer Tage herausgedrängt (oder gar nicht erst in sie aufgenommen), weil sie andere kulturelle Gepflogenheiten haben als die Frommen? Wie viele sind wieder aus der

Gnade Gottes herausgefallen, nicht deshalb, weil sie der Versuchung zur Sünde nicht widerstehen konnten, sondern weil Gesetzlichkeit ihnen die Gnade Gottes verdunkelt hat?

Manfred Vetter

73 | Gnade üben – Freiheit gewähren

> Wer bist du, dass du einen fremden Knecht richtest?
> Er steht oder fällt seinem Herrn. Er wird aber stehen
> bleiben; denn der Herr kann ihn aufrecht halten.
>
> RÖMER 14,4 (LUTHER 1984)

Wie vielen jungen Christen geht es bei der Begegnung mit älteren Christen wie beim Passieren einer Polizeikontrolle: »Fahre ich zu schnell? Habe ich meinen Führerschein dabei? Sollte ich zur Zeit in der Bibelstunde sitzen? Habe ich gerade etwas Ungehöriges gesagt oder getan?«

Erst wenn ich dem anderen in den Bereichen, die die Bibel offen lässt, keine menschlichen Vorschriften mehr mache, gebe ich Gott die Möglichkeit, ihn in Freiheit zu führen. Aber genau darauf wollen viele Christen nicht vertrauen. Um den anderen auf dem richtigen Weg zu halten, trauen sie gesetzlichen Vorschriften mehr zu als der Macht des gnädigen Gottes.

Gerade die Gemeinde sollte der Ort sein, an dem man nicht nur einen gnädigen Gott findet, sondern auch gnädige Mitchristen. Menschen, die einander akzeptieren, wie sie sind, und die die Andersartigkeit des anderen nicht als Bedrohung, sondern als Reichtum betrachten. Menschen, die sich nicht zu Richtern über die Freiheit des anderen machen. Menschen, die einander der Gnade Gottes überlassen.

Noch mal: Gottes Gnade? Welche Rolle spielt sie in deinem Leben?

Manfred Vetter

74 | Zur Freiheit befreit

> Zur Freiheit hat uns Christus befreit! So steht nun
> fest und lasst euch nicht wieder das Joch der Knecht-
> schaft auflegen!
>
> GALATER 5,1 (LUTHER 1984)

Freiheit ist ein Zauberwort und hat auf Menschen eine elektrisierende Wirkung. Jeder hat den heimlichen Traum, einfach mal auszubrechen aus den Zwängen des Alltags. Die Tourismusindustrie lebt ganz gut von diesem Wunsch. Nur für einige Tage oder Wochen vom Alltag mit all seinen Verpflichtungen befreit zu sein. Sich einfach in den Flieger zu setzen, um irgendwo das Leben zu genießen. Fantastisch!

Merkwürdig ist nur, wie schnell aus dem Urlaub neuer Stress werden kann. Die Sehnsucht nach dem blauen Mittelmeer führt viele auf direktem Weg in den endlosen Stau des Rhônetals. Auch die vielen Angebote am Urlaubsort lösen neue Anspannung aus, wenn wir atemlos von einem Event zum anderen jagen. Wer an diesem Punkt angelangt ist, weiß, dass Freiheit in jeder Situation und an jedem Ort gefährdet ist.

Paulus zeigt, dass auch Christen hier aufpassen müssen. Er schreibt an die Galater: Wer durch Jesus Christus von der Sünde und den vielen Ängsten befreit ist, der muss aufpassen, sich nicht wieder neu binden zu lassen. Gerade das fromme Leben trägt auch die Gefahr zu Bindungen in sich. Die Mitarbeit in der Gemeinde und viele Verpflichtungen bestimmen plötzlich den Tag. Diese Dinge sind ja an sich gut, aber plötzlich heißt es dann nicht mehr »du darfst«, sondern »du musst« oder zumindest »du solltest«. Viele diese Verpflichtungen ergeben sich aber aus unserer heutigen Sicht des Christenlebens und nicht aus der Bibel.

Klar, die Nachfolge Jesu fordert unseren Gehorsam. Aber für diese Nachfolge müssen wir wirklich frei sein und uns nicht wieder aufs Neue fesseln mit Regeln, die wir selbst aufgestellt haben.

Christoph Müller

75 | Widersprüche

Liebe Brüder, ich freue mich deshalb, dass ihr immer sowohl in meiner Gegenwart wie auch in meiner Abwesenheit gehorsam wart; nun seid es weiter und tut mit Furcht und Zittern alles für eure Errettung, da Gott es ist, der nach seinem Wohlgefallen in euch das Wollen und Vollenden wirkt.

PHILIPPER 2,12-13

Es hat mal jemand gesagt: »An der Bibel regt mich nicht das auf, was ich nicht verstehe, sondern das, was ich verstehe.« Vielleicht gibt es Widersprüche in der Bibel, vielleicht ist aber auch mein Verstand zu begrenzt, sodass ich manche Zusammenhänge nicht verstehe oder verstehen kann oder verstehen will.

Es gibt auf jeden Fall eine Menge scheinbarer Widersprüche, wie in diesem Vers aus dem Philipperbrief. Hier kommt die Spannung zwischen Demut und Selbstbewusstsein ganz extrem zum Ausdruck. Aber diese scheinbare Widersprüchlichkeit hält mich auch lebendig und fordert mich konstruktiv heraus, weder auszurasten noch einzuschlafen.

Einerseits sind wir gefragt, wenn es heißt: »... tut mit Furcht und Zittern alles für eure Errettung ...«. Wir sollen alles in unserer Macht stehende für unsere Errettung tun, und das nicht so locker flockig, sondern mit allem Ernst. So als ob es nur auf unseren Einsatz ankäme. Ich muss hellwach bleiben, hoch motiviert und total konzentriert auf meine Errettung.

Andererseits folgt noch im gleichen Satz, gleich anschließend, der Widerspruch: »... da Gott es ist, der nach seinem Wohlgefallen in euch das Wollen und Vollenden wirkt«. Wir können gar nichts tun, weil Gott es ist, der das Wollen in uns bewirkt. Ich kann entspannen, Stress und Hektik loslassen, ruhig bleiben. Gott macht mir überhaupt keinen Druck, sondern hilft mir, Gelassenheit einzuüben.

Genau zwischen diesen beiden Polen findet lebendiges Christsein statt! Wenn ich in dieser Spannung mein Christsein gestalte, zwischen Demut und Selbstbewusstsein, bleibt mein Glaube lebendig. Dann stehe ich nicht in der Gefahr eines frommen Burn-outs, aber auch nicht in der Gefahr, als fauler Luschi-Christ zu enden.

Arno Backhaus

Vertrauen

Wo ist euer Glaube?

LUKAS 8,25 (LUTHER 1984)

Die Bootsleute waren sich einig: Die Lage war wirklich dramatisch. Sie hatten gemeinsam schon einige Krisen gemeistert, aber aus dieser gab es kein Entkommen. Nach menschlichem Ermessen würden sie ihr Vorhaben mit dem Leben bezahlen. Welche Lösung hatte eigentlich der, der sie in diese Lage gebracht hatte? Wie bitte, der schlief? Auch das noch! Voller Panik lief einer hinüber und weckte den schlafenden Jesus. Als der in die Mitte seines Teams trat, sah er Todesangst in den Gesichtern. Ruhig wendete er sich den tobenden Wellen zu und gebot dem Sturm, still zu sein. Schlagartig war das Unwetter vorbei.

Eine Zeit lang blickte Jesus seine Männer stumm an. Durch seinen Kopf schossen die Gedanken: Was hatten sie eigentlich verstanden? Glaubten sie wirklich, in irgendeiner Situation würde er die Kontrolle verlieren, würde er nicht mehr helfen können? Ärger und Trauer kämpften in seinem Herzen. Sollte er sie anschreien, schütteln, ihnen die Freundschaft aufkündigen? Aber er hatte doch noch so viel vor mit ihnen. Während er verständnislos seinen Blick von einem zum andern wandern ließ, hörten sie halblaut die Worte: Wo ist euer Glaube?

Verstehen wir die Enttäuschung Jesu, oder finden wir sie zu hart? Es ging doch um Leben und Tod, da haben Menschen eben Angst. Das muss Jesus doch verstehen. Nein, Jesus scheint es nicht zu verstehen. Er erwartet, dass seine Jünger sagen: Mit dir kann uns nichts wirklich Schlimmes geschehen. Mit dir werden wir immer durchkommen, selbst wenn der Weg anders ist als gedacht. Aber er versteht nicht, wie wir zweifeln können, wenn wir doch alle Zusagen Gottes auf unserer Seite haben.

Ob es uns in Zukunft gelingt, uns in jeder Situation an die Zusagen Jesu zu erinnern und unsere Gefühle und Ängste mit dem Vertrauen auf ihn zur Ruhe zu bringen? Jesus würde sich freuen, und uns würde es stärker und freier machen.

Christoph Müller

77 | Ungehorsame Frauen

Aber die Hebammen fürchteten Gott und taten nicht,
wie der König von Ägypten ihnen gesagt hatte, sondern
ließen die Kinder leben. Da rief der König von Ägypten
die Hebammen und sprach zu ihnen: Warum tut ihr das,
dass ihr die Kinder leben lasst? Die Frauen antworteten
dem Pharao: Die hebräischen Frauen sind nicht wie die
ägyptischen, denn sie sind kräftige Frauen. Ehe die
Hebamme zu ihnen kommt, haben sie geboren. Darum
tat Gott den Hebammen Gutes. Und das Volk mehrte
sich und wurde sehr stark. Und weil die Hebammen Gott
fürchteten, segnete er ihre Häuser.

2. MOSE 1,17-21 (LUTHER 1984)

Wir befinden uns in Ägypten. Um das Jahr 1300 v. Chr. herum. Das hebräische Volk lebt schon seit Jahrzehnten als Minderheit hier, wird unterdrückt und ausgebeutet. Sklaverei eben. Gott ist kurz davor, das Schicksal seines Volkes für immer zu wenden. Seit Adam und Eva wird sich Gott wieder mit einem Menschen unterhalten wie mit einem Freund, mit Wörtern aus Feuer. Aber das weiß zu diesem Zeitpunkt natürlich niemand. Denn Gott fängt sein großes Abenteuer ganz woanders an. Bei zwei absoluten Anti-Helden: zwei Frauen, dazu noch Sklavinnen und frech.

Der Pharao ist gerade dabei, seine neueste Schikane durchzusetzen. Aus Angst vor einer hebräischen Überbevölkerung lässt er den kräftigen männlichen Nachwuchs seiner Sklaven ertränken. Das macht er natürlich nicht selber, dafür hat er seine Sklaven. Die Bibel stellt uns zwei dieser Frauen namentlich vor: Pua und Schifra. Wir wissen nichts über sie, außer dass sie sich ganz dreist der Anweisung des Pharaos widersetzt haben. Sie haben erstens die Kinder leben lassen, zweitens den Pharao angelogen und sich drittens wahrscheinlich ins Fäustchen gelacht. Ich stelle mir jedenfalls vor, dass sie spät am Abend bei Tee zusammensaßen und den anderen Frauen die neuesten Geschichten aus dem Kreißsaal erzählten, von Versteckspielen und Notlügen, Ausreden und Verkleidungsaktionen.

Und was macht Gott? Er klopft ihnen auf die Schulter. Ganz recht. Gott segnet da zwei Lügnerinnen. Weil die Hebammen Gott fürchteten, segnete er ihre Häuser (Vers 21). Wegen dieser beiden mutigen Rebellinnen landete der kleine Mose dann im Weidenkörbchen, wurde von der Schwester des Pharaos aufgezogen, und der Rest ist Geschichte. Gott geht wieder einmal auf Risiko, geht die kleinen, gewundenen Straßen, die ein bisschen länger brauchen, aber eben eine viel spannendere, lustigere, berührendere Geschichte erzählen.

Freddi Gralle

Sofort streckte Jesus seine Hand aus, fasste Petrus
und sagte: »Du hast zu wenig Vertrauen! Warum hast du
gezweifelt?«

MATTHÄUS 14,31 (GUTE NACHRICHT)

Wo ist die Hand? Es gibt Situationen, in denen alles, aber auch alles unlösbar erscheint. In solch einer Situation befinden sich Jesus und seine Jünger. Ein guter Freund von ihnen ist tot. Erst Rufmord, dann Hinrichtung. Jesus und seine Jünger sind ratlos, wütend, ohnmächtig und in tiefer Trauer. Sie wollen alleine sein, deshalb fahren sie zur unbewohnten Seite des Sees, an dem sie leben. Dort können sie ungestört über ihre kleine, ungerechte Welt nachdenken.

Doch die Welt ist größer als der kleine Ausschnitt, den die Männer im Blick haben. Die Menschen wollen Jesus sehen, sie wollen hören, was er zu sagen hat. Zu Tausenden laufen sie um den See. Egal, wie müde Jesus ist, er nimmt sich Zeit für die Leute. Seinen Jüngern ist das zu viel. »Wir haben doch kein Essen für all die Leute und mit uns allein schon genug zu tun.« Sie sind zu schwach, um Jesus zu vertrauen. Doch Jesus übertrifft all ihre Erwartungen. Sie erleben ein unvorstellbares Wunder. Jesus macht aus fünf Broten und zwei Fischen so viel Essen, dass alle Menschen satt werden. Jetzt sind die Jünger begeistert. Sie schöpfen neue Kraft. Ab ans andere Ufer. Zurück ins Leben. Jesus will später nachkommen.

Hoch motiviert sitzen die Jünger im Boot, als auf einmal ein Sturm über sie hereinbricht. Es geht um ihr Leben. Vergessen sind die guten Gefühle, mit denen sie zu der Überfahrt aufgebrochen sind. Dann sehen sie den Geist, von dem jeder Seemann weiß, dass er kommt, um die Untergehenden zu holen. Das Leben ist zu viel für sie. Doch neue Hoffnung keimt auf. Der Geist behauptet, er sei Jesus. Kann das sein? Ist diese Situation nicht schon zu verfahren, um noch gerettet zu werden? Petrus will es wissen: »Wenn du es bist, dann lass mich zu dir kommen.« Und Jesus sagt: »Komm.«

Petrus macht einen vorsichtigen Schritt auf das Wasser. Es trägt. Da ist die Begeisterung wieder. In der Nähe von Jesus geht alles. Er sieht sich um. Als er den Blick von Jesus wendet, ist er sich da plötzlich nicht mehr so sicher. Er nimmt die Wellen und das schwarze Wasser wahr. In dem Moment wird er nass. Er sinkt. Er schluckt Wasser. Wo ist die Hand? Doch Jesus ist da und zieht ihn ins Boot. Jetzt folgt der Anschiss: »Warum hast du gezweifelt? Du Kleingläubiger!« Aber Petrus ist schon wieder begeistert. »Du bist wirklich Gottes Sohn!«

Auf jede schwere Zeit folgt eine gute. Wenn es heute mal wieder schwer ist, dann erinnere dich an die guten Momente mit Jesus.

Joachim Zwingelberger

79 | Angst essen Seele auf ...

Der Herr selbst geht vor dir her. Er steht dir zur Seite und verlässt dich nicht. Immer hält er zu dir. Hab keine Angst, und lass dich von niemandem einschüchtern!
5. MOSE 31,8 (HOFFNUNG FÜR ALLE)

Was würdest du tun, wenn du keine Angst hättest? Dieser Satz aus einem Managerhandbuch sprang mir ins Auge. Er beschäftigte mich. Morgen zur Arbeit gehen und mich angstfrei verhalten – das wäre schön. Ich wusste, die eiserne Klaue der Angst hatte mich fest im Griff. Ich sehnte mich so danach, angstfrei zu sein.

Eigentlich bin ich kein ängstlicher Typ. Ich kenne keine Phobien, weder vor Spinnen noch vor engen Räumen. Es fiel mir schwer, mir einzugestehen, dass mein Handeln im Büro immer mehr von Angst bestimmt wurde.

Angefangen hatte es mit dem neuen Job. Nach Jahren des Hausfrauendaseins versuchte ich in einem völlig neuen Beruf den Wiedereinstieg. Mutig und begeistert packte ich an, freute mich drüber, die Chance meines Lebens bekommen zu haben. Nie hätte ich gedacht, einmal Geld verdienen zu können mit etwas, das mir so viel Spaß machte. Mir war klar, dass ich nicht alles sofort können würde. Hart arbeiten und lernen war selbstverständlich. Aber dass es mir so schwerfallen würde, dem Druck der Arbeitswelt stand-zuhalten? Oft begegneten mir Spott, Arroganz und ungerechte An-schuldigungen. Um das zu kompensieren, arbeitete ich härter, strengte mich mehr an. Wie nie zuvor sehnte ich mich danach, aner-kannt zu werden. Damit jedoch geriet ich in einen hässlichen, alles bestimmenden Kreislauf der Angst.

Was würdest du tun, wenn du keine Angst hättest? Als ich die-sen Satz las, spürte ich: Durch mein ängstliches Bemühen, perfekt zu sein, nicht kritisiert zu werden, hatte ich mich regelrecht abhän-gig gemacht. Die Bibel analysierte mein Verhalten so: »Wenn die Liebe uns ganz erfüllt, vertreibt sie die Angst. Wer sich also fürchtet und vor der Strafe zittert, der kennt wirkliche Liebe noch nicht« (1. Johannes 4,18). Jesus liebte mich; er wollte nicht, dass mein Leben von der Angstpeitsche bestimmt wird.

Konnte ich einfach beschließen, keine Angst mehr zu haben? Das nicht, aber ich konnte beten. Jeden Morgen, wenn ich das Büro betrat, betete ich: »Danke, Jesus, dass du vor mir da reingehst.« Damit wendete ich meinen Blick von der Angst ab und wurde immer sicherer. Schließlich lag alles in der Hand eines Größeren! Auf diese Weise verlor die Angst ihre Macht. Ich musste nicht mehr krampfhaft um Anerkennung kämpfen. Jesus breitete sich in mir aus und ließ mich Freiheit erleben.

Christiane Ratz

Pfingsten

Als sie an einem dieser Tage miteinander aßen,
sagte Jesus zu seinen Jüngern:
»Verlasst Jerusalem nicht! Bleibt so lange hier,
bis in Erfüllung gegangen ist, was euch der Vater
durch mich versprochen hat.«

APOSTELGESCHICHTE 1,4 (HOFFNUNG FÜR ALLE)

Wartet!« Das war ein besonderer Augenblick für die Freunde von Jesus, als er diese Ansage machte. Er erklärte, dass er jetzt zum Vater gehen muss, aber dass da noch was kommt, etwas, das ihnen nie mehr genommen werden würde. Eine Kraft, die direkt in sie einziehen würde, eine besondere Kraft: seine Kraft, der Heilige Geist. Das hatte Gott so versprochen.

Jesus war klar, dass seine Leute es nicht alleine packen. Sie hätten von sich aus nicht die Kraft, um es wirklich durchzuziehen, wenn er nicht mehr als Mensch bei ihnen sein würde. Es waren ja schon vorher fast alle schwach geworden, sogar als Jesus im Park verhaftet wurde! Sie brauchten etwas, das sie führte und ihnen half, eine Verbindung herzustellen, die immer da ist. Eine Energie, eine Kraft, ihn selbst.

»Wartet!« Und dann kam dieser Geist. Als der Heilige Geist

auf bzw. über die Freunde kam, wurden sie so abgefüllt mit Gott, dass sie einfach loszogen und von Jesus erzählten. Und es wurden nicht mal eben drei Leute Christen, nein, es waren gleich Tausende! Heftige Wunder passierten, todkranke Menschen wurden geheilt, Dämonen ausgetrieben. Einfach Hammer!

»Wartet!«, sagte Jesus vorher zu ihnen. Sie sollten warten, bis sie dieses Versprechen von seinem Vater bekommen hatten. Nicht vorher losziehen und Aktionismus betreiben. Das wäre bestimmt nach hinten losgegangen. Ich vermute, dass Jesus auch heute noch von Zeit zu Zeit zu seinen Leuten sagt: »Wartet!« Wenn wir wieder losziehen wollen ohne seine Kraft, ohne seinen Geist.

Dieser Geist hat es in sich! Er gibt uns die Kraft, die wir brauchen, um es in dieser Welt mit Jesus wirklich durchziehen zu können. Denn erst als der Heilige Geist kam, ging es wirklich los mit der Kirche. Das war der Startschuss. Sachen zu machen ohne den Heiligen Geist ist echt anstrengend. Es ist mühsam und macht auch oft keinen Spaß, es ist krampfig. Aber mit dem Heiligen Geist, da geht es richtig ab!

Martin Dreyer

81 | Geistesgaben

> Da wir aber verschiedene Gnadengaben haben nach
> der uns gegebenen Gnade, so lasst sie uns gebrauchen.
> RÖMER 12,6 (ELBERFELDER)

Alle Geistesgaben sind Geschenke. Das sagt schon ihr Name, »Charismen«, was im Ursprung »wohlwollend gespendete Gabe« heißt, also Geschenk. Weil sie ein Geschenk von Gott sind, kann man sich für sie nicht qualifizieren! Das sollte man sich ganz groß übers Bett hängen oder vorne in seine Bibel reinschreiben. Man kann sich für die Geistesgaben nicht durch Gutsein, Fasten, Reife oder sonst irgendetwas qualifizieren. Dann wären es ja keine Geschenke mehr, sondern verdiente Belohnungen. Charismen sind aber unverdiente Gnadengeschenke (»charis« = Gnade).

Solange wir noch denken, dass Charismen nur etwas für »die Großen« sind, gehen wir an der realen Gnade Gottes vorbei. Charismen sind für Christen ganz normale Werkzeuge, die Gott uns in die Hand drückt, um seine übernatürlichen Ziele zu erreichen. Den Einsatz einer Geistesgabe muss man dabei nicht unbedingt spüren. Die Charismen legitimiert nämlich nicht das Faszinosum des Übernatürlichen, sondern die Erbauung der Gemeinde. So haben wahrscheinlich schon sehr viel mehr Christen charismatisch gehandelt, als sie sich dessen bewusst sind. Die Auswirkung bzw. Frucht ist ein wichtiges Merkmal, um zu erkennen, ob man eine Geistesgabe ausgeübt hat. Jede Gabe bewegt sich abhängig von den jeweiligen Lebensherausforderungen in einem Spektrum und wird in unterschiedlichem Maße von jedem Christen angewendet.

Die Geistesgaben sind im Neuen Testament nicht an einer Stelle ein für alle Mal und für alle verstehbar systematisch gegliedert und vorgestellt. Wir finden sie an verschiedenen Stellen, und es ist unmöglich, eine vollständige Liste zu erstellen. Die bekanntesten Charismen finden sich aber in 1. Korinther 12. Die Fähigkeit, Jesus den Herrn zu nennen und es auch so zu meinen, ist dort die erste Geistesgabe. Das kann man nur im Heiligen Geist tun. Wenn ich diese Gabe anwende, unterstelle ich mich und all mein Tun dem Herrn. Das klingt banal, ist aber im Alltag gar nicht so einfach. Man aktiviert diese Gabe bei jedem Gebet, bei jedem Opfer um Jesu willen oder auch bei ersten Schritten in eine neue geistliche Herausforderung. Und das letzte Charisma schließlich ist die Liebe. Sie ist Ursprung und Ziel aller anderen Charismen.

Mickey Wiese

82 | Was hat Jesus mit dem Kauf meiner Hosen zu tun?

Plötzlich kam vom Himmel her ein Brausen wie von einem gewaltigen Sturm und erfüllte das ganze Haus, in dem sie sich versammelt hatten. Zugleich sahen sie etwas wie züngelndes Feuer, das sich auf jedem Einzelnen von ihnen niederließ. So wurden sie alle mit dem Heiligen Geist erfüllt und redeten in fremden Sprachen, jeder so, wie der Geist es ihm eingab. ... Bestürzt und ratlos fragte einer den anderen: »Was soll das bedeuten?«
APOSTELGESCHICHTE 2,2-4 UND 12 (HOFFNUNG FÜR ALLE)

... Sie fragten Petrus und die anderen Apostel: »Brüder, was sollen wir tun?« »Kehrt um zu Gott!«, forderte Petrus sie auf. »Jeder von euch soll sich auf den Namen Jesu Christi taufen lassen, damit euch Gott eure Sünden vergibt und ihr den Heiligen Geist empfangt. ...«
APOSTELGESCHICHTE 2,37-38 (HOFFNUNG FÜR ALLE)

Diese Frage stellte mir ein junges Mädchen in einer Bibelarbeit zu den oben genannten Versen. Wo fängt es an, und wo hört es auf, das »Hören« auf den Heiligen Geist? Er ist der von Gott gesandte Tröster. Aber wie schnell reiben sich Christen an ihm: in Grabenkämpfen um Zungenreden, Hände heben, Heilungen und so vieles mehr. Dann kommt das Pfingstfest, und alle freuen sich und betonen, dass man ihn aber bitte nicht überbetonen soll – und schon ist wieder Alltag.

Während meiner Zeit in den USA hatte ich diesbezüglich ein »Aha-Erlebnis«, und zwar – ich gestehe – in der Vorbereitung einer Kinderstunde. Was für griffige Bilder gibt es für das Wirken des Heiligen Geistes? Ein Physiklehrer vermittelte Kindern anhand von Beispielen aus der Naturwissenschaft geistliche Wahrheiten. Für Pfingsten nahm er einen Föhn in die Hand. Das war Gott. In der anderen hielt er einen Tischtennisball. Das war ein Christ. Der Christ wollte mit Gott in Verbindung stehen, fiel aber bei jeder Bewegung vom Föhn hinunter. Damit die Verbindung stand, gab Gott ihm den Heiligen Geist – der Physiklehrer schaltete den Föhn ein. Der Tischtennisball, also der Christ, wurde von der warmen Luft getragen. Bewegte man den Föhn leicht hin und her, fiel der Ball nicht herunter, sondern wurde von der Luft getragen. Der Geist Gottes will uns sanft leiten, wie dieser Luftstrom. Er vermittelt uns die Wärme und Liebe Gottes, er kann aber auch so heftig in uns wehen, dass wir unwillkürlich eine andere Richtung einschlagen. Das ist großartig, und genau darum geht es beim Pfingstfest!

Und der Kauf der Hose? Auch der steht unter der Autorität Gottes. Wie viel Geld gebe ich für eine Hose aus, und was könnte ich mit dem Rest noch geistlich Geistreicheres anstellen? Ich kann beim Kauf darauf achten, dass bei der Herstellung keine Kinder in der Dritten Welt beteiligt waren. Ich kann auch einfach sagen: Meine Zeit ist mir zu schade, um Stunden mit dem Kauf einer einzigen Hose zu vergeuden. Es gilt, das leise Reden des Geistes beständig wahrzunehmen. Den Blick nach Gottes Maßstäben zu schulen. Das Säuseln im Alltagslärm zu hören. Vielleicht erinnert dich das Einschalten eines Föhns das nächste Mal genau daran!

Petra Piater

> Denn der Geist Gottes, den ihr empfangen habt, führt
> euch nicht in eine neue Sklaverei, in der ihr wieder Angst
> haben müsstet. Er macht euch vielmehr zu Gottes Kindern.
> Jetzt können wir zu Gott kommen und zu ihm sagen:
> »Vater, lieber Vater!« Gottes Geist selbst gibt uns die innere
> Gewissheit, dass wir Gottes Kinder sind.
>
> RÖMER 8,15-16 (HOFFNUNG FÜR ALLE)

Nachts auf der Autobahn. Ich möchte nicht zu spät nach Hause kommen und beeile mich. Es regnet, und der Scheibenwischer drückt unermüdlich die Wassermassen zur Seite. Viele Autos sind um diese Zeit nicht mehr unterwegs, und es macht sich eine gewisse Eintönigkeit breit. Ich könnte das Radio anstellen, aber lasse es dann doch bleiben.

Meine Gedanken gehen beim Fahren zurück zu den Leuten, die ich eben getroffen habe. Ihre ungelösten Fragen und Nöte gehen mir durch den Kopf. Ihre Gebete, die nie erhört worden sind, stehen im Raum, und ich frage mich, ob der Glaube an Gott wirklich zum Leben hilft oder ob das nicht alles nur Einbildung ist.

Während ich durch den Regen starre, merke ich, dass in meinem Inneren ohne Vorwarnung und ohne dass ich es beabsichtigt habe, eine Gewissheit entsteht, die jenseits aller Gefühle liegt. Plötzlich weiß ich wieder, dass Gott existiert, dass ich von ihm geliebt bin und meine Fragen bei ihm aufgehoben sind. Dieser Eindruck ist so massiv, dass Zweifel geradezu lächerlich wirken.

Das ist keine Gefühlsduselei, sondern ein Erlebnis, das ich nicht machen oder herbeiführen kann und das wie ein tiefer Akkord meinen Geist dort berührt, wo ich nicht hinreiche. Was ich auf der Autobahn erlebe, ist nicht neu. Ich habe diese gewaltige Gewissheit schon oft in meinem Leben erfahren und weiß, was es ist. Es ist die Erfahrung des Heiligen Geistes, der denen versprochen ist, die ihr Leben mit Gott verbinden und die dadurch zu Söhnen und Töchtern Gottes werden. Die Schnittstelle zwischen Gott und uns ist der Bereich, in dem der Heilige Geist arbeitet. Das müsste man eigentlich feiern, dass es so etwas gibt. Richtig, dafür ist ja Pfingsten da! Seit 2000 Jahren steht diese heilige Gotteskraft allen zur Verfügung, die sie brauchen. Also: Frohe Pfingsten!

Albrecht Gralle

84 | Freiheitsbringer

> Der Herr ist der Geist; wo aber der Geist des Herrn ist, da ist Freiheit.
>
> 2. KORINTHER 3,17 (LUTHER 1984)

Freiheit! Es gibt wenige Worte, die in der Menschheitsgeschichte ihren Glanz nicht verloren haben. Freiheit ist eines davon. Hoffnung und Ansporn für Völker und Gesellschaften, sich gegen Unterdrücker zur Wehr zu setzen. Sie gehört mit zu den festgeschriebenen Grundrechten in den Verfassungen vieler Staaten. Für viele ist die garantierte Freiheit Grundlage zum Leben.

Aber es gibt viele Feinde des Lebens: Angst, Enge, Leere und Abhängigkeiten gehören dazu. Alle Feinde haben eines gemeinsam: Sie wollen mich unfrei machen. Sie drücken mich nieder. Dass Leben in Freiheit trotz aller Feinde und Hindernisse möglich ist, zeigt die Bibel, vor allem im Neuen Testament, an vielen Beispielen auf. Der Geist Gottes wird zum Geist des Lebens. »Der Herr ist

Geist«, schreibt Paulus und gibt eine der wichtigsten Einordnungen des Heiligen Geistes vor. Denn der auferstandene Christus ist im Heiligen Geist, der vom Vater und dem Sohn ausgeht, wirksam und anwesend. Der Heilige Geist existiert nicht neben oder sogar ohne Christus. Er ist der gegenwärtige Christus. Von den Personen her in der Bibel unterschieden, sind sie doch nicht voneinander zu trennen. Und wer Jesus Christus als seinen Herrn bekennt, einfach an ihn glaubt, der hat auch den Heiligen Geist. Jeder Christ! Da gibt es kein Zwei-Klassen-System. Christus, der Herr, ist Geist!

Weiter behauptet Paulus: »Wo aber der Geist des Herrn ist, da ist Freiheit!« Wenn du Christus als deinen Herrn bekennst, an ihn glaubst, hast du den Heiligen Geist. Wo aber dieser Geist ist, herrscht Freiheit. Deshalb bist du und ich, sind wir frei! Daher ist es nur folgerichtig zu behaupten, dass dort, wo wir sind, Freiheit herrscht. Mitten in den Zwängen des täglichen Lebens lebt die Freiheit, leben wir. Überall dort, wo der Großzügigkeit Gottes Raum gegeben wird, ist Freiheit. Du und ich, wir dürfen Freiheitsbringer sein.

Sicherlich schildere ich hier gerade den Idealzustand. Um es mit den Worten des Galaterbriefes auszudrücken: Unser Ego und der Geist Gottes streiten noch oft genug miteinander (Galater 5,17). Aber ich stelle fest: Je länger Menschen bewusst als Christen leben, desto öfter siegt die Freiheit, der Geist Gottes. Und man wird tatsächlich zum Freiheitsbringer. Durch die Begegnung mit dem auferstandenen Christus erhalten Menschen genug Lebenskraft, ihre Gaben einzusetzen, um Freiheit in besetzte Lebensbereiche zu bringen. Um Inseln der Freiheit in dieser Welt zu schaffen. Dafür zu sorgen, dass auch andere Menschen Christus kennenlernen und sich von ihm befreien lassen.

Ich wünsche mir, dass dieser Geist mein Leben bestimmt. Dass ich Freiheitsbringer sein kann. Und du?

Thomas Klappstein

Deshalb sage ich euch: Jede Sünde und Lästerung wird
den Menschen vergeben werden; aber die Lästerung des
Geistes wird nicht vergeben werden.

MATTHÄUS 12,31-32 (ELBERFELDER)

Bei der Sünde gegen den Heiligen Geist herrscht verständlicher-
weise immer wieder große Angst und Unsicherheit. Denn die
Sünde gegen den heiligen »Ruach« ist nach Aussage von Jesus
nicht vergebbar, weil sie eine Sünde zum Tode ist. In 1. Johannes
5,16 ist ebenfalls von dieser Sünde zum Tode die Rede, die aber
auch dort nicht näher beschrieben wird. Oft denkt man allzu
schnell an Ananias und Saphira – aber die hatten ja gar nicht den
Heiligen Geist, sondern »nur« Gott belogen. Das Sicherste in Bezug
auf diese Sünde scheint mir immer noch das Folgende zu sein:
Wenn man Angst hat, sie begangen zu haben, hat man sie ziemlich
sicher nicht begangen. Meines Erachtens geht mit der Sünde gegen
den Heiligen Geist nämlich auch eine Unfähigkeit zur Reue einher.
Man empfindet nicht mehr das Bedürfnis, zu Gott zurückkehren zu
wollen. Wenn man also glaubt, die Sünde gegen den Heiligen Geist
begangen zu haben, sollte man zunächst einmal in sich gehen, die
eigenen Sünden realistisch überschlagen und dann versuchen,
auch nur annähernd an das Sündenmaß eines Paulus, eines König
David oder eines Jakob heranzukommen. Deren Sünden konnten ja
alle noch vergeben werden, wie wir aus der Schrift wissen.

Die unvergebbare Sünde gegen den Heiligen Geist begeht
wahrscheinlich erst der, sagen viele Ausleger, der erlebt hat, dass
durch das Wirken des Heiligen Geistes Gottes Reich der Liebe ange-
brochen und die Macht des Todes durchbrochen wurde, aber der
sich dann bewusst und dauerhaft gegen diesen Geist des Lebens

verschließt und ihn als bösen Geist bekämpft. Im Wesentlichen müssen also zwei Dinge zusammenkommen: die Diffamierung des Werkes des Heiligen Geistes als satanisch und die bewusste Entscheidung, diese Waffe gegen Andersdenkende im Reich Gottes einzusetzen. Und es geht dabei nicht um den zwanghaften Anflug eines lästerlichen Gedankens, sondern um eine tief greifende Persönlichkeitseinstellung.

Martin Luther hatte eine gute Faustregel, die auch hier anzuwenden ist: »Pecca fortider, sed fortius fide!« – »Sündige tapfer, aber noch tapferer glaube!« Wenn Gott nämlich verspricht, dass er niemanden von sich stoßen wird, der zu ihm kommt (Johannes 6,37), dann kann man immer und mit allem zu Gott kommen, sobald man das Bedürfnis im Herzen verspürt. Vertraue der Gnade!

Mickey Wiese

86 | Zeuge sein

> ... ihr werdet die Kraft des Heiligen Geistes empfangen,
> der auf euch kommen wird, und werdet meine Zeugen
> sein in Jerusalem und in ganz Judäa und Samarien und
> bis an das Ende der Erde.
>
> APOSTELGESCHICHTE 1,8 (LUTHER 1984)

Es hatte vor Pfingsten vergleichsweise harmlos begonnen. Der auferstandene Jesus hatte den Jüngern eigentlich einen relativ einfachen Auftrag gegeben, nämlich den, schlicht Zeugen zu sein: »Ihr werdet die Kraft des Heiligen Geistes empfangen, der auf euch kommen wird, und werdet meine Zeugen sein in Jerusalem und in ganz Judäa und Samarien und bis an das Ende der Erde.« Wozu also wurden sie beauftragt? Es geht nicht um komplexe theologische Theorien, sondern um etwas höchst Unkompliziertes: Zeuge sein. Ich rede von dem, was ich gesehen, gehört und erlebt habe. Das kann eigentlich jeder. Das tun wir in Bezug auf viele unserer Lebensbereiche tagtäglich.

Und so waren die Hörer dieser letzten Worte Jesu unmittelbar vor seiner Himmelfahrt nicht die intellektuelle, politische und ökonomische Elite des Landes, also die, mit denen man auf Grund ihrer Kapazitäten und Beziehungen vielleicht etwas hätte reißen können. Beauftragt wurde vielmehr eine schwächelnde, bereits leicht dezimierte und zweifelnde Truppe von ganz durchschnittlichen Leuten – elf Männern –, Menschen wie du und ich (Matthäus 28,17). Ihre Kompetenz lag nicht in einer vermeintlichen alleskönnerischen Multibegabung. Sondern Jesus als der Herr über alles stellte sich auf ihre Seite (Matthäus 28,20) und verheißt ihnen die Kraft, die »dynamis«, seines Geistes. Ohne diese Kraft geht nichts. Mit ihr gilt: Nichts ist unmöglich.

Zeuge zu sein, das ist also nicht wirklich kompliziert. Einzig das Betätigungsfeld für diese Zeugen Jesu Christi war unglaublich. Sie sollten vor der Haustür in Jerusalem beginnen, aber die gesamte Dimension des Auftrags reicht bis an die Enden der Erde.

Aber jeder Weg beginnt mit dem ersten Schritt. Daher reicht es für heute erst einmal, wenn wir vor der eigenen Haustür beginnen mit dem »Zeuge sein«. Der Auftrag Jesu ist nicht kompliziert. Wer den Auferstandenen gesehen, gehört und erlebt hat, kann das ausführen: im Büro, an der Werkbank, im Taxi, im Sportverein, am Gartenzaun zum Nachbarn, in der Kaffeerunde mit Freundinnen.

Ekkehart Vetter

> ... ihr werdet die Kraft des Heiligen Geistes empfangen, der
> auf euch kommen wird, und werdet meine Zeugen sein in
> Jerusalem und in ganz Judäa und Samarien und bis an das
> Ende der Erde.
>
> APOSTELGESCHICHTE 1,8 (LUTHER 1984)

Mit Barnabas und Paulus begegnen uns in Kapitel 14 der Apostelgeschichte zwei Männer, die nach dem ersten Schritt dann auch den zweiten getan haben (Apostelgeschichte 14,14-17). Sie bereisten im »Zeugen-Auftrag« Jesu das Gebiet der heutigen Türkei. Und sie kamen nach erheblichen Schwierigkeiten an diversen Orten nach Lystra, ca. 200 km nordöstlich des heutigen Antalya.

In Lystra wohnte ein Mann, der von Geburt an gelähmt war. Dieser Mann war bei einer Rede von Paulus dabei. Paulus bemerkte sofort, dass der Gelähmte genug Vertrauen hatte, um geheilt zu werden. Er forderte ihn auf, aufzustehen, und tatsächlich, der Mann stand auf, Luther übersetzt sogar »sprang auf«. Die den Zeugen Jesu Christi verheißene »dynamis« des Heiligen Geistes lässt grüßen!

Die Leute, die das mitbekamen, waren ganz aus dem Häuschen. Sie redeten in ihrer Muttersprache miteinander, sodass Paulus und Barnabas nicht gleich bemerkten, worum es ging, und mutmaßten: »Die Götter sind als Menschen zu uns auf die Erde gekommen! Sie gaben Barnabas den Spitznamen »Zeus«, und Paulus nannten sie »Hermes«, weil er die großen Reden schwang. (Beides waren Namen von griechischen Göttern – Hermes etwa war unter anderem der Gott der Redekunst in der griechischen Mythologie.) Die Priester des Tempels, wo man Zeus anbetete, kamen mit einem Stier und ein paar Blumen, die sie den vermeintlichen Göttern in Menschengestalt opfern wollten.

»Als das die Apostel Barnabas und Paulus hörten, zerrissen sie ihre Kleider und sprangen unter das Volk und schrien: Ihr Männer, was macht ihr da? Wir sind auch normale Menschen wie ihr und predigen euch das Evangelium, dass ihr euch bekehren sollt von diesen falschen Göttern zu dem lebendigen Gott, der Himmel und Erde und das Meer und alles, was darin ist, gemacht hat.« Barnabas und Paulus kriegen zu viel. Zum Zeichen für ihren Protest zerreißen sie ihre Kleider, wie man das damals machte, wenn die Zornesader schwoll. »Wir sind doch auch nur sterbliche Menschen wie ihr!«, rufen sie den Bewohnern von Lystra zu.

Sie betonen das, worauf es ankommt: »Wendet euch dem lebendigen Gott zu, ihr ›An-viele-Götter-Gläubigen‹ von Lystra! Da ist nur einer. Neben ihm sollt ihr keine anderen Götter haben. Das ist der Anspruch Gottes! Leute, es geht um Gott, den einzigen, wahren, lebendigen Gott. Und es geht um die frohe Botschaft von Ihm und um Seine Kraft, die »dynamis«. Ihm gebührt die Ehre.«

Die größte Frucht, die am meisten Gott ehrt, sind Menschen, die ihrerseits zu Zeugen dieses lebendigen Herrn werden. Ihm sei alle Ehre!

Wir sind nichts weiter als Zeugen. Aber genau das sollen wir sein. Der Auftrag Jesu ist nicht kompliziert.

Ekkehart Vetter

88 | Begeistert von Jesus

Wir können's ja nicht lassen, von dem zu reden,
was wir gesehen und gehört haben.

APOSTELGESCHICHTE 4,20 (LUTHER 1984)

Ein zauberhafter Urlaubsort, ein superschneller Internetanschluss oder eine Hautcreme, die endlich hilft, und plötzlich kommen wir richtig ins Schwärmen. Erstaunlich, wie schnell wir die Zurückhaltung fallen lassen und mit glühenden Augen erzählen! Das Schmunzeln der anderen nehmen wir gerne in Kauf.

So begeistert müssen wir uns die Apostel in Jerusalem vorstellen. Sie waren durch das Trauma der Kreuzigung gegangen und hatten dann den auferstandenen Jesus persönlich und leibhaftig erlebt. In den 40 Tagen der Begegnung mit ihm lernten sie alles, was sie bis dahin nicht verstanden hatten. Dann mussten sie ihren Meister gehen lassen, aber nur, um einige Tage später mit der Kraft des Heiligen Geistes erfüllt zu werden. Jesus war bei ihnen durch den Heiligen Geist. Er erfüllte sie, er wirkte Wunder durch sie, und er rettete viele Menschen. Das war nun die Botschaft ihres Lebens. Das war das Ereignis, das alles veränderte. Und davon sollten sie nicht reden? Wir können es ja nicht lassen, von dem zu reden, was wir gesehen und gehört haben, sagt Petrus, als ihnen die Priester die Predigt verbieten wollen.

Was muss geschehen, damit uns Christen auch diese Begeisterung erfasst? Wie kann Jesus so der Inbegriff des Aufregenden, Spannenden, Erfüllenden werden, dass wir nicht mehr von ihm schweigen können, wenn wir mit anderen Menschen zusammentreffen? Ganz ehrlich, es nützt nichts, darauf zu warten, dass wir diese Begeisterung in uns spüren. Wahrscheinlich wird sie nicht von allein kommen. Es kann nämlich auch umgekehrt »ein Schuh draus« werden: Wer sich traut und losgeht und von Jesus erzählt, erlebt plötzlich so viele aufregende Dinge, dass er wirklich nicht mehr schweigen kann. Versuchen wir es! Versuch du es!

Christoph Müller

Petrus sprach: Nun erfahre ich in Wahrheit, dass Gott
die Person nicht ansieht; sondern in jedem Volk, wer ihn
fürchtet und recht tut, der ist ihm angenehm.

APOSTELGESCHICHTE 10,34-35 (LUTHER 1984)

Das Kapitel 10 der Apostelgeschichte berichtet von einem be-
deutsamen Übergang innerhalb der Kirchen- und Heilsgeschichte: Das Evangelium kommt von den Juden zu den Heiden.
Petrus war der Bote, der erst widerstrebend, aber dann mit großer
Überzeugung das Wort Gottes in einen römischen Haushalt
brachte. Deshalb ist das Geschehen hier etwas Besonderes und Ein-
zigartiges. Aber für uns liegt darin auch die Botschaft, dass wir keinen Menschen ausschließen dürfen von dem Heil, dass Gott ihm
in Jesus anbietet. Es mag sein, dass der Mensch sich selbst aus-
schließt, aber das Urteil: Dieser Mensch ist zu uninteressiert, zu
gebildet, zu gleichgültig, zu verkommen oder was auch immer, als
dass er für das Heil in Jesus Christus offen sein könnte, dieses Urteil
dürfen wir nicht fällen. Wie offen der Einzelne für Gottes Reden ist
oder wie nah er dem Reich Gottes innerlich steht, können wir nicht
wissen. Vielleicht weiß mancher Muslim mehr vom Reich Gottes als
ein gleichgültiger Christ.

Bleiben wir offen und auf der Suche nach Menschen, bleiben
wir voller Vertrauen in Gott und in die Menschen. Wissen wir, wie
viel Gott bereits in dem Menschen gewirkt hat, der uns gegenübersteht? Viele Menschen sind suchender, ehrlicher und offener, als wir
denken. Mancher hat vielleicht schon eine Ahnung von der Wahrheit, bevor er verstanden hat, dass die Wahrheit Jesus heißt. In unserer Bereitschaft, unseren Herrn ins Gespräch zu bringen, dürfen
wir uns nicht durch Skepsis und Vorurteile abhalten lassen.

Gott sieht nicht auf die Person, sondern offenbart sich jedem, der ihn sucht. Wenden wir uns deshalb von niemandem ab, sondern geben wir das Evangelium in Wort und Tat weiter!

Christoph Müller

90 | Fest und entschlossen

Der kam in die Stadt und erkannte voller Freude,
was Gott getan hatte. Barnabas ermutigte die Gläubigen,
fest und entschlossen in ihrem Glauben an den Herrn
zu bleiben.

APOSTELGESCHICHTE 11,23

Barnabas war beauftragt worden, in einer Gemeindeaufbausituation nach dem Rechten zu sehen. Er gebrauchte nun seine apostolische Macht, um Freiheit zu gewähren, anstatt die Antiochener auf die Jerusalemer Linie zu bringen. Er stellte keine neuen Vorschriften auf und versuchte auch nicht, Veränderungen herbeizuführen, sondern freute sich einfach nur an dem, was er vorfand.

Barnabas bevollmächtigte Menschen zu ihrem Dienst, indem er sie ermutigte und herausforderte, auf Jesus zu schauen, den Anfänger und Vollender seines eigenen geistlichen Wachstums und desjenigen der jungen Christen in Antiochia. Das beste Mittel gegen inneren Stillstand, gegen Gleichgültigkeit, Lauheit und Verzagtheit war für Barnabas, mit einem Herzensentschluss beim Herrn zu verharren.

Nur auf das zu blicken, was anders ist, als wir denken und für richtig halten, ist gefährlich. Denn wer nur in den Abgrund schaut, muss sich nicht wundern, wenn der Abgrund zurückschaut. Wenn man sich in andere Menschen oder Lebenssituationen investiert, sich redlich bemüht und alles getan hat, was man weiß, und die Ergebnisse trotzdem nur klein und mangelhaft erscheinen, braucht man einen Blick für die Möglichkeiten Gottes, um nicht aufzugeben.

Die Entscheidung: »Ich will mich an dem freuen, was Jesus tut«, hilft uns, vertrauensvoll mit neuen Taten seiner Macht und Gnade gegen allen Augenschein zu rechnen.

Mickey Wiese

Nicht allein

Es ist nicht gut, dass der Mensch allein sei.

1. MOSE 2,18

Die erste Kritik der Weltgeschichte kommt aus dem Beziehungs-bereich. Nachdem Gott mehrmals das Urteil »sehr gut« über der Schöpfung ausgesprochen hatte, heißt es plötzlich: »nicht gut«. Gott sagt: »Ich will Adam ein rettendes kommunikatives Gegenüber erschaffen.« Dass Luther das hebräische »ezer kenägdo« als »Gehil-fin, die um ihn sei« übersetzt hat, verdunkelte lange Zeit die wahre Bedeutung dieser Bibelstelle. In Gemeinschaft mit anderen Men-schen zu leben gehört nämlich zur grundlegenden Bestimmung des Menschen.

Zentral für die Bedeutung des Wortes »ezer« ist der Aspekt des gemeinsamen Handelns. Wo die Kraft des einen nicht ausreicht, kommt der andere als »ezer« hinzu. »Einer hilft dem andern und sagt zu seinem Bruder: Sei mutig!« (Jesaja 41,6). Beim »ezern« kann es um »unterstützen« (Esra 10,15), »helfen« (Josua 1,14), »fördern« (1. Mose 49,25), »rettend beistehen« (Daniel 10,13) oder »zu Hilfe kommen« (2. Samuel 21,17) gehen. Auch von Gott wird an vielen Stellen gesagt, dass er ein »ezer« für den Menschen ist (Psalm 33,20; Psalm 70,6; Psalm 115,9).

Das Wort »nägäd« kommt aus dem Kommunikationsbereich und heißt in 1. Mose 2,18 »Gegenüber«. Als Verb bedeutet dieses Wort aber interessanterweise »jemandem etwas mitteilen«, wobei es an den verschiedenen Stellen nicht selten darum geht, dass dem anderen eine lebensnotwendige Nachricht überbracht werden soll.

Einsamkeit ist eine dunkle Hölle ohne Ausgang, das Alleinsein eine tiefe Wesensverfehlung des Menschen. Aus diesem Sumpf des Alleinseins muss der Mensch gerettet werden. Und deswegen, sagt 1. Mose 2,18, hat Gott dem Menschen den Menschen als ein »ezer kenägdo« geschaffen, als ein dem jeweils anderen entsprechendes kommunikatives Gegenüber, das ihn aus der Wesensverfehlung des Alleinseins herausrettet. Gott hat den Menschen nämlich als soziales Wesen erschaffen.

»Die Menschheit ist nicht nur die Summe von einzelnen Personen oder Gruppen, sondern eine Einheit, die nur im Aufeinanderbezogensein aller Glieder ihre Bestimmung erfüllt«, heißt es in der kirchlichen Lehre vom Menschen. Und so braucht der Mensch andere Exemplare seiner Spezies, und sei es nach dem Sündenfall auch nur noch zum Quälen und Vergessen – leider ...

Mickey Wiese

92 | Menschen brauchen Menschen

Charles M. Schulz, der Erfinder und Zeichner der »Peanuts«, brachte seine Freunde gerne mit einem Fragebogen in Verlegenheit:

Nennen Sie die fünf reichsten Menschen der Erde, drei Miss Worlds, zehn Gewinner des Nobelpreises, fünf Oscar-Gewinner und zehn Gewinner des Wimbledon-Tennisturniers.

Er ließ sie eine Zeit lang grübeln. Dann folgten fünf weitere Fragen: Nennen Sie drei Lehrer, die Sie in Ihrer Schulzeit geprägt haben, zwei Freunde, die Ihnen in schwierigen Situationen beigestanden haben, fünf Menschen, von denen Sie etwas Entscheidendes gelernt haben, fünf Menschen, mit denen Sie gerne Zeit verbringen, drei Menschen, deren Lebensgeschichte Sie beeindruckt hat.

Nun konnten sie aufatmen. Da müssen die meisten Menschen nicht lange überlegen. Menschen, die Schlagzeilen gemacht haben, oft nur »15-Minuten-Berühmtheiten«, sind weit weniger wichtig für unser Leben als diejenigen, die ihr Leben und ihre Erfahrungen mit uns geteilt haben und noch teilen, die sozusagen das »Kleingedruckte« unseres Lebens geworden sind. Für die kann man Gott, dem Schöpfer allen Lebens, in Ewigkeit dankbar sein. Einen Eindruck auf dieser Welt zu hinterlassen ist nicht schwierig. Die Herausforderung besteht darin, den richtigen Eindruck zu hinterlassen.

Als mein Sohn Lennart mit 10 Jahren auf die weiterführende Schule wechselte, waren meine Frau und ich der Meinung, dass der bilinguale Zweig dieser Schule (Englisch als Sprachschwerpunkt und Unterrichtssprache in einigen Fächern) gut für ihn sei. Das Problem war nur, dass keiner seiner Grundschulfreunde, niemand aus der alten Klasse, mit ihm in der neuen 5. Klasse war. Seine Freunde sammelten sich alle in der nicht bilingualen Nachbarklasse, auf derselben Etage. Eine Woche hat Lennart, ein echtes »Beziehungswesen«, gelitten. Dann haben wir als Eltern die Schulleitung gebeten, ihn in die Klasse seiner Freunde wechseln zu lassen. Dem wurde stattgegeben. Der inhaltliche Schwerpunkt ist nun ein anderer. Ob es einfacher oder schwerer wird, ist noch nicht abzusehen. Aber Lennart hat die richtigen und für ihn momentan wichtigen Leute an seiner Seite, und mit ihnen teilt er sein jetziges Leben und seine Erfahrungen. Und das macht es allemal leichter.

Manchmal müssen Eltern wohl über ihren »Überzeugungsschatten« springen, ganz einfach, weil Menschen Menschen brauchen. Der Schöpfer des Lebens, selbst ein Beziehungswesen (Gott Vater, Sohn und Heiliger Geist), hat uns so gemacht.

Ein altes irisches Segensgebet sagt: »Möge der erste Strahl der Sonne heute das Auge des traurigsten Menschen treffen, den du kennst. Möge das erste Wort aus deinem Munde heute das Auge des traurigsten Menschen zum Lachen bringen, der dir begegnet.«

Ich wünsche dir die richtigen Menschen an deiner Seite und dass du dabei selbst ein Mensch für andere Menschen sein kannst. Denn: Menschen brauchen Menschen!

Thomas Klappstein

93 | Friede, Freude, Eierkuchen

> Du kannst dir sicher sein, dass Gott sich um alles, was du brauchst, kümmern wird.
>
> PHILIPPER 4,19 (FREI ÜBERSETZT AUS »THE MESSAGE«)

Kennen Sie ihn auch, den Traum von Friede, Freude, Eierkuchen? Erst neulich wurde mir bewusst, wie sehr ich mich danach sehne.

Ich hatte Geburtstag. Mir wurden die unterschiedlichsten Dinge geschenkt: Blumen, Schokolade und eine CD mit christlichen und buddhistischen Gebetsgesängen. Die Freude an den Blumen wurde gleich durch eine Sorge getrübt: Wenn ich nur einmal vergesse, sie zu gießen, sind die rosa Azaleen hin. Und ich kenne mich. Im Normalfall gieße ich meine Blumen höchstens einmal die Woche. Schokolade ist zwar immer gut, aber gleichzeitig wusste ich, dass sie mich verleiten würde, das Schokoladefasten bis Ostern zu brechen, das ich mir heimlich vorgenommen hatte. Und die CD? Nun, buddhistische Mantragesänge sind nicht gerade mein Ding ...

Sie merken schon, kein Geschenk war der Renner. Wie konnte ich das meinen Freunden sagen? Höflich lächeln, Danke sagen und hoffen, dass sie nicht näher fragen? Da rief ein Freund an: »Wie hat es dir gefallen?« »Nun, äh ...« Ich suchte vorsichtig nach etwas Positivem. Aber ich spürte, dass er noch enttäuschter war als ich beim Auspacken. Er hatte mir eine Freude machen, aber auch etwas von seinen Interessen mit mir teilen wollen. Weil das nicht geklappt hatte, erzähle ich hier diese Geschichte.

Gefühle der Enttäuschung gehören zum Leben dazu. Oft tue ich sie cool ab. Friede, Freude ... Harmoniebedürftig, wie ich bin, will ich den Eierkuchen haben und übertünche alles mit einem freundlichen Lächeln. Aber es ist die Wahrheit, die frei macht, und nicht der Eierkuchen. Schuldet wahre Freundschaft nicht Ehrlichkeit? Vielleicht zeigt das viel deutlicher, wie wichtig mir der andere ist, als das perfekte Geschenk es je tun könnte.

Hinter diesem Friede-Freude-Eierkuchen-Spruch steckt doch unsere Sehnsucht nach echter Gemeinschaft. Das hat mich dazu gebracht, ein Gebet daraus zu machen. Ich habe Jesus gebeten, dass er uns beide, meinen Freund und mich, beschenkt. Oft unterdrücken wir unseren Frust und unsere Enttäuschung, aber nähren diese damit erst recht – und was zurückbleibt, ist Bitterkeit. Und die Beziehung, um die wir so bemüht waren, wird unterhöhlt. Stattdessen will ich meine Gefühle wahrnehmen, Chancen entdecken, wenn mal was anders als gewünscht läuft, und Jesus alles sagen, damit er sich darum kümmert. Ich habe erfahren, wenn ich so mit den Regungen meines Herzens umgehe, bin ich wahrhaftiger, lebendiger.

Christiane Ratz

So sind sie nun nicht mehr zwei, sondern ein Fleisch.

MATTHÄUS 19,6 (LUTHER 1984)

In unserer Gemeinde fragen wir regelmäßig, zu welchen Themen die Leute denn gerne eine Predigt hören würden. Und wir sind jedes Mal neu überrascht, dass kaum jemand auf die Idee kommt, sich abwegige Fragen auszusuchen. Es handelt sich bei den Vorschlägen fast immer um zutiefst geistliche Anliegen; und gerade diejenigen, die von sich sagen, dass sie wenig Bezug zur Kirche haben, sehnen sich danach, die Grundlagen des Glaubens neu zu verstehen.

Neben den theologischen Fragen nach Gott, Jesus, dem Heiligen Geist, der Vergebung oder dem Vertrauen tauchen auf diesen »heiligen« Wunschzetteln aber auch viele Themen auf, die in unserem Predigtkanon so nicht vorgesehen sind: Naturwissenschaft, Gentechnik, Angst, Familie, Buddhismus, Leid und – Sexualität. Ja, kaum ein Thema wird so oft gewünscht. Übrigens nicht reißerisch oder schlüpfrig: Man merkt den Fragenden an, dass sie aus einer Not heraus danach fragen, wie Sexualität gelingen kann.

Wie kann das Miteinander zweier Menschen so liebevoll werden, dass der Körper mitspielt? Was ist, wenn der eine Partner eine andere Vorstellung von erfüllter Sexualität hat als der andere? Verblüffend ist, dass die Menschen in einem Gottesdienst nach einer Antwort auf diese Fragen suchen, obwohl sich die Kirchen auf diesem Gebiet nicht als besonders kompetent erwiesen haben. Vielleicht liegt es daran, dass inzwischen viele Paare entdecken, dass Sexualität doch mehr ist als Geschlechtsverkehr.

Interessant finde ich, wie viele Probleme, die Menschen in der Sexualität haben, sich auf das Verhältnis Gottes zu den Menschen übertragen lässt. Salopp könnte man sagen: Gott will immer nur das eine! Eine lebendige Beziehung zu den Menschen. Und wie ein Partner, der sich überfordert fühlt, ziehen sich viele Leute zurück, weil sie ahnen, dass so eine Beziehung nicht leicht ist. Gott bedrängt natürlich niemanden – und hier kommt das Bild schnell an seine Grenzen –, aber die Prozesse ähneln sich: Anstatt miteinander zu reden, wird geschmollt, und das Miteinander verkrampft.

Sie können sich kaum vorstellen, wie viele Menschen man in der Seelsorge trifft, die Angst vor Gott haben. Und das ist schrecklich. Denn Angst ist das Letzte, was Gott möchte. Aber Liebe fordert eben heraus. Beziehungen gelingen, wenn die Liebe in einem Prozess beider Seiten wachsen kann.

Fabian Vogt

95 | Kirchengeschichte reloaded

> Und du sollst den Herrn, deinen Gott, lieben mit
> deinem ganzen Herzen und mit deiner ganzen Seele
> und mit deiner ganzen Kraft.
>
> 5. MOSE 6,5 (ELBERFELDER)

Gottes oberstes Gebot für uns ist, dass wir lieben. Psychologen haben nachgewiesen, dass es uns tatsächlich glücklich macht, zu lieben. Gott will unser Bestes!

Ich glaube, dieses Gebot ist mein Lieblingsvers aus der ganzen Bibel, weil er über Gottes Wesen und seine Sehnsucht spricht. Gott ist in seiner Vorstellung von Liebe völlig kompromisslos, sie schließt einfach alles ein. In unserer abendländischen Kultur sieht das anders aus. Unser Verständnis von Identität stammt eher aus dem griechisch-hellenistischen Denken, in dem Körper und Geist widerstreitende Kräfte sind, denn »der Geist ist willig, das Fleisch ist schwach«. Auch Paulus argumentiert manchmal so, etwa in Römer 7,18. Die hebräische Identitätsfrage wird dagegen völlig anders beantwortet. Die von Gott geschaffene Person wird als Einheit, ja als Dreieinigkeit verstanden. Unser ganzes Wesen (Körper, Seele, Geist) ist in die Begegnung mit Gott verwickelt. Mehr noch, wir brauchen scheinbar diese Dreiheit, um Gott ganz und gar lieben zu können. Wenn wir nur mit unserem Verstand oder nur mit physischen Erlebnissen oder nur auf emotionaler Ebene Gott erfahren, ist das unvollständig. Wow!

Können wir diese ganzheitliche Idee von Beziehung auch auf unsere menschliche Liebe übertragen? Wie konnte es passieren, dass wir unser hebräisches Erbe so vernachlässigt haben, dass sich eine derart leibfeindliche (leibängstliche?) Einstellung herausbilden konnte, die Sexualität für so viele Christen problematisiert hat? Oft sind Christen heute das Klischee der Prüderie. Schade! Gott hat uns unseren Körper und unsere Sexualität aber nicht gegeben, um uns zu ärgern. Wir sollen damit lieben können. Sie gehören zu uns.

Gott will eine Balance von Körper, Seele, Geist. Keins davon ist weniger Wert. Wenn ich eine Entwicklung in der Theologie unserer Kirchengeschichte ändern könnte, dann dieses Misstrauen gegenüber dem Körper. Ich glaube, damit wären vielen Leuten eine Menge Schuldgefühle und Selbsthass erspart geblieben. Gott hat sich keine ängstliche Liebe für uns gewünscht, sondern eine vereinte Liebe. Und wo würdest du gerne die Kirchengeschichte zurückdrehen?

Freddi Gralle

Wunder

Groß sind die Werke des Herrn, kostbar allen,
die sich an ihnen freuen.

PSALM 111,2 (EINHEITSÜBERSETZUNG)

Wundern wir uns noch über die Wunder Gottes? Es ist doch kaum zu glauben, dass eine Küstenseeschwalbe im Jahr 36 000 km fliegt, also eine Strecke, die fast um die ganze Erde reichen würde. Ebenso, dass eine Onyx-Antilope stundenlang in der prallen Wüstensonne stehen kann. Dabei erhitzt sich ihr Körper auf 43 Grad, für Menschen eine tödliche Temperatur. Der Antilope schadet es aber nichts. Oder denken wir an das menschliche Herz: Es beginnt in der vierten Woche nach der Empfängnis zu schlagen, etwa 100 000-mal am Tag. In 70 Lebensjahren schlägt es dann ca. 2,3 Milliarden Mal, ohne gewartet oder gepflegt zu werden. Ist das nicht beeindruckend?

Oder denken wir an die Ausmaße des Universums. Ein Mathematiker hat folgende faszinierende Rechnung aufgestellt: Wenn es einen Cent kosten würde, 2000 Kilometer zu reisen, dann würde eine Reise zum Mond 1,92 € kosten. Für die Reise zur Sonne müssten wir schon 748 € bezahlen, und die Fahrt zum nächsten Fixstern würde uns 209 Millionen € kosten. Würde man gar eine Expedition zur nächsten Galaxie unternehmen, würden sich in unserem Beispiel die Reisekosten auf 100 Billionen € belaufen. Bekommen wir eine Ahnung von den unheimlichen Weiten des Universums? All diese Wunder – und endlos viele ließen sich noch aufzählen – stammen aus der gewaltigen Schöpferhand Gottes. Sein Wirken übersteigt unseren Verstand bei Weitem. Und zu den Wundern der Schöpfung kommen die kleinen und großen Wunder Gottes im täglichen Leben.

Ich glaube, dass die Freude an den Wundern Gottes uns ganz entscheidend Kraft für unser Leben schenkt, und wünsche uns einen klaren Blick für die kleinen und großen Wunder, die uns umgeben.

Christoph Müller

97 | Hektik

> Dort erschien ihm der Engel des Herrn in einer Flamme, die aus einem Dornbusch schlug. Als Mose genauer hinsah, bemerkte er, dass der Busch zwar in Flammen stand, aber nicht niederbrannte. »Merkwürdig«, dachte Mose, »warum verbrennt der Busch nicht? Das muss ich mir aus der Nähe ansehen.«
>
> 2. MOSE 3,2-3

Die Schöpfung ist ein Prozess des Erwachens. Nimm etwa die Geschichte von Mose und dem brennenden Busch. Den meisten Leuten ist beigebracht worden, dass es sich hier um ein Gotteswunder handelt, um Moses Aufmerksamkeit zu bekommen. Wenn du Gott wärst, wie würdest du jemandes Aufmerksamkeit bekommen wollen? Vielleicht das Rote Meer teilen? Vielleicht eine Feuersäule an den Himmel stellen? Großes Kino eben! Aber warum ein brennender Busch, der nicht verbrennt?

Als ich neulich in Boston vor einem Kamin saß, habe ich eine Entdeckung gemacht. Weißt du, wie lange du ein Feuer anstarren musst, um zu merken, ob das Holz verbrennt oder nicht? Fünf Minuten. Was bedeutet, dass in deinem Kamin jederzeit gerade ein Wunder passieren könnte – aber merken würdest du es nur, wenn du lange genug ins Feuer sehen würdest!

Der brennende Busch war kein Wunder, er war ein Test. Gott wollte wissen, ob er sich auf jemanden einlässt, der wenigstens fünf Minuten aufmerksam sein kann. Schöpfung fängt damit an, die Augen zu öffnen und aufzupassen. Wir bekommen ein Gefühl dafür, dass mehr um uns herum vorgeht, als wir ahnen. Gott hat diese Welt nicht ein für alle Mal erschaffen. Er erschafft sie noch immer ... und wir täten gut daran, dem unsere Aufmerksamkeit zu schenken! (Rabbi Kuschner).

Was müsste geschehen, dass wir mal lang genug anhalten, um darüber nachzudenken, was Gott für Wunder tut?

Mit einer einzigen Bewegung kannst du dafür sorgen, dass es hell oder warm wird in deiner Wohnung. (Vorausgesetzt, du hast deine Strom- und Heizungsrechnung bezahlt!)

Du hattest heute was zu essen und wahrscheinlich sogar verschiedene Speisen zur Auswahl. Ein Geschenk!

Ich habe jedes Jahr das Vorrecht, mit Freunden auf dem Mountainbike durch die korsischen Berge zu radeln. Unglaublich schön, der Duft von Mandeln, Oliven, Kräutern und Zitronen. Es gibt so viel Schönheit auf dieser Welt. Als Bonus! Gott hätte ja auch alles in Schwarz-weiß oder geruchsneutral schaffen können.

Wahrscheinlich hattest du heute Morgen mehr als eine Option im Kleiderschrank. Geschenk oder ein Recht?

23% der Weltbevölkerung lebt von weniger als 1 € am Tag.

Selbst wenn das Geld bei uns mal knapp ist, eine Tasse Kaffee ist immer drin!

Wunderst du dich manchmal, dass es Menschen gibt, die dich kennen und trotzdem mögen? Das ist garantiert ein Geschenk!

Staunst Du manchmal, dass Gott noch immer nicht genug hat von deinen komischen Angewohnheiten oder blöden Ausreden. Dass er immer noch verrückt ist nach dir? Dass er alles tut, damit du ewig mit ihm leben wirst?

Mensch, geht es mir gut! Leider werde ich heute bestimmt wieder eine Geschwindigkeit an den Tag legen, bei der ich diese Schönheit, diese Wunder wohl kaum bemerken werde ...

Frank Bonkowski

98 | Heilige Fliesen

Der Herr sah, dass Mose sich dem Feuer näherte,
um es genauer zu betrachten. Da rief er ihm aus dem
Busch zu: »Mose, Mose!« »Ja, Herr«, antwortete er.
»Komm nicht näher!«, befahl Gott. »Zieh deine Sandalen
aus, denn du stehst auf heiligem Boden!«

2. MOSE 3,4-5 (HOFFNUNG FÜR ALLE)

Es kann einem schon die Schuhe ausziehen, wenn man so plötzlich Gott begegnet. Dabei hatte Mose das gar nicht vorgehabt: Er war nur auf Futtersuche für seine Schafe gewesen. Sicher, der Berg Horeb war der Gottesberg, und man erzählte sich, dass sich dort seltsame Dinge ereigneten, aber es wird eben viel am Feuer erzählt, wenn der Abend lang ist.

Eigentlich hatte Mose sich sein Leben anders vorgestellt: Eine erstklassige Ausbildung am ägyptischen Hof, glänzende Berufsaussichten, hervorragende Verbindungen bis ganz nach oben. Und dann dieser Mord. Das war seine Schwäche: Jähzorn. Sich hinreißen lassen zu einer Kurzschlusshandlung, weil das mit dem Reden nicht so klappt. Wenn die Argumente fehlen, schlägt man eben zu. Das gibt es bis heute auf jedem Schulhof und in mehr Ehen, als man denkt.

Klar: Mose lebte unter seinem Niveau. Schafzüchter statt Regierungsbeamter mit festem Gehalt und bezahltem Urlaub. Ungelebtes Leben wie Glut unter der Asche. Und dann: Plötzlich ein Feuer, das brennt und brennt und brennt und nicht ausgeht. Ungeahnte Ressourcen. Mose ahnt nicht sofort, dass er eine Vision hat, die Vision eines heiligen Gottes, der sich im Feuer darstellt und ihm begegnen möchte. Ja, aber war denn dieser Boden anders als andere Böden? War das Gras grüner als zu Hause vor dem Zelt? Nein, es war normales Gras, Futter für hungrige Schafe und Ziegen, aber weil Gottes Liebe nun für Mose brennt, ohne aufzuhören, wird der Boden heilig. Zieh deine Schuhe aus! Damals ein üblicher Ritus, um seine Ehrfurcht auszudrücken. Muslime tun das heute noch, wenn sie eine Moschee betreten. Es gibt auch andere Möglichkeiten, Ehrfurcht zu zeigen: den Hut abnehmen, die Augen schließen, die Hände heben, auf die Knie fallen, vor Ergriffenheit weinen.

Seit dieser Szene wissen wir, dass jeder Boden heilig wird, wenn Gott uns begegnet: die Fliesen in der Küche, zum Beispiel. Plötzlich merke ich, dass Gott mir etwas mitteilen möchte, mitten beim Zwiebelschneiden. Der Teppichboden im Kinderzimmer. Im naiven Geplapper eines Dreijährigen begegnet mir Gott. Der Holzboden einer alten Kirche, in der Gottes Wort gelesen wird.

Es gibt keine Voraussetzungen. Mose hatte nicht damit gerechnet. Er war ein Futtersucher und kein Gottessucher. Also Vorsicht: Gott macht das bis heute. Der Dornbusch hat nicht aufgehört zu brennen.

Albrecht Gralle

99 | Mauersegler

> Frage doch das Vieh, das wird dich's lehren, und die
> Vögel unter dem Himmel, die werden dir's sagen, oder die
> Sträucher der Erde, die werden dich's lehren, und die
> Fische im Meer werden dir's erzählen. Wer erkennte nicht
> an dem allen, dass des Herrn Hand das gemacht hat!
>
> HIOB 12,7-9 (LUTHER 1984)

Yves Rossy hat dem Traum des Menschen vom Fliegen neue Dimensionen eröffnet. Der ehemalige Schweizer Militärpilot flog im Mai 2008 erstmals mit Flügeln (ähnlich wie beim Drachenfliegen), in die Düsentriebwerke eingebaut sind. Er flog wie ein Düsenjet mit bis zu 300 km/h an den Medienvertretern vorbei, die seinen Flug vom Croix de Javerne in den Waadtländer Alpen beobachteten. Jahrelange zielstrebige Forschungsarbeit trug ihre Frucht.

Die Wissenschaftler in der Luft- und Raumfahrt sind immer wieder fasziniert von den Flugleistungen der Vögel. Besonderes Interesse gilt dem Mauersegler. Dieses faszinierende Geschöpf mit den rätselhaften, dunklen Augen und den schmalen, sichelförmigen Schwingen verbringt nahezu sein gesamtes Leben fliegend und schläft sogar in der Luft. Nur die Paarung und das Füttern der Brut erfordern Unterbrechungen des Lebens im steten Flügelschlag. Unter allen Vogelarten der Erde ist der Mauersegler diejenige Art, die

171

am extremsten und mit äußerster Perfektion an den Luftraum angepasst ist. Deshalb haben die Aerodynamiker diese stromlinienförmigen Flugkünstler zum Lieblingsobjekt erkoren. Untersuchungen schwedischer Forscher haben erwiesen, dass die Flugkunst den Mauerseglern komplett angeboren ist. Anders als andere Vögel lernen sie das Fliegen schon am ersten Tag. Vom Moment ihres Ausfliegens an sind sie völlig selbstständig. Ihre Flugkunst ermöglicht ihnen einen ewigen und sanften Ritt durch die Lüfte.

Wer darüber staunt, kann an den Zufall glauben – oder sich auf die Aussagen der Bibel verlassen.

Klaus Kröger

100 | Bombardierkäfer I

> Gott ist zwar unsichtbar, doch an seinen Werken, der Schöpfung, haben die Menschen seit jeher seine göttliche Macht und Größe sehen und erfahren können.
>
> RÖMER 1,20A (HOFFNUNG FÜR ALLE)

Der Bombardierkäfer »Brachinus« ist mit 7 mm Länge ein Zwerg unter den vielen Arten von Laufkäfern. Er ist klein, aber eine große Kampfmaschine.

Forscher haben sein Geheimnis entschlüsselt: Im Hinterleib des Käfers befindet sich ein Chemielabor. In einem filigranen System aus Drüsenzellen produziert der Käfer Hydroperoxid und Hydrochinon. Beides speichert er in einer Sammelblase. Wird der Bombardierkäfer bedroht oder gereizt, fährt er die beiden Sprührohre aus, und die Sammelblase öffnet ihr »Ventil«, einen Schließmuskel. Teile der beiden Substanzen fließen nun in eine zweite Kammer. Hier treffen Hydroperoxid und Hydrochinon auf Enzyme, Katalasen und

Peroxidasen. Die Katalysatoren provozieren eine explosionsartige Reaktion. Dabei wird Wärme frei. Es wird so heiß, dass das Wasser verdampft. Dadurch baut sich ein großer Druck auf, bis schließlich ein ätzendes, 100 Grad Celsius heißes Gasgemisch mit einem Knall bis zu 30 cm weit hinausschießt. Damit tötet der Käfer kleine Feinde und verscheucht die großen Gegner. Ein Rätsel bleibt, warum das Tier sich beim Ausstoßvorgang nicht verbrennt und sich bei der Mischung der gefährlichen Substanz nicht selbst vergiftet.

Nach dem Untergang des russischen Atom-U-Bootes »Kursk« im Jahr 2000 stellte die Regierungskommission in ihrem Schlussbericht fest, dass die Katastrophe durch einen defekten Torpedo verursacht worden war. Wasserstoffperoxid war aus dem Antrieb eines Torpedos ausgetreten und hatte eine Explosion ausgelöst. Das heißt, die gleiche Substanz, die der Bombardierkäfer in seinem Körper herstellt und als Abwehrwaffe einsetzt, führte zum Untergang eines gigantischen Atom-U-Bootes!

Angesichts des hochsensiblen Innenlebens des Käfers braucht es großen Glauben, wie ein solches System im Rahmen der Evolution in kleinen Entwicklungsschritten entstehen konnte. Einfach mal darüber nachdenken und ins Staunen kommen – über Gottes Größe und Ideenreichtum vielleicht ... Und darüber, dass man von seinen »Prototypen« bis heute viel lernen kann.

Klaus Kröger

101 | Bombardierkäfer II

Gott ist zwar unsichtbar, doch an seinen Werken, der Schöpfung, haben die Menschen seit jeher seine göttliche Macht und Größe sehen und erfahren können.
RÖMER 1,20A (HOFFNUNG FÜR ALLE)

Werden im Labor Wasserstoffsuperoxid und Hydrochinon gemischt, fliegt die Bude in die Luft. Aber das Chemielabor im Hinterleib des kleinen Käfers bleibt unversehrt. Das mit göttlichem Patent versehene System hat für ihn keine tödlichen Folgen. Wenn er die beiden Chemikalien mischt, fügt er einen Hemmstoff bei, der eine vorzeitige Explosion verhindert. Aber wie lässt er sie dann rechtzeitig explodieren? Genau in jenem Moment, in dem er seine zwei Verbrennungskanäle abfeuern will, spritzt er einen Antihemmstoff ein. Dieser neutralisiert den Hemmstoff, und das Hydroperoxid und das Hydrochinon reagieren und explodieren.

Übrigens, wenn Wasserstoff, Chinon, Hemmstoff und Antihemmstoff nicht gemeinsam und von Beginn des Käferlebens an vorhanden gewesen wären, bleibt es unvorstellbar, wie sich dieses komplexe Abwehrsystem durch Zufall und Selektion hätte entwickeln sollen. Nur wenn Signale, Organe und Chemikalien fein aufeinander abgestimmt sind und gleichzeitig zum Einsatz kommen, ist der Bombardierkäfer lebens- und wehrfähig.

Einer Pressemeldung vom April 2008 zufolge gibt es für Feuerlöscher und Einspritzdüsen von Verbrennungsmotoren eine neue Technik. Forscher der englischen Universität Leeds guckten sie dem Bombardierkäfer ab. Eine schwedische Firma hat bereits Lizenzen für die neue Technik erworben.

Man kann den Zufall beklatschen – oder sich für die Wunder der Schöpfung bedanken!

Klaus Kröger

Haltmachen

Wenn die Dinge im Leben überhand nehmen und du nicht mehr klarkommst, wenn 24 Stunden am Tag nicht genug sind, erinnere dich an das Mayonnaiseglas und die zwei Tassen Kaffee:

Ein Professor stand vor seiner Philosophie-Klasse und hatte einige Dinge vor sich. Als die Lektion begann, nahm er wortlos ein großes, leeres Mayonnaiseglas und füllte es mit Golfbällen. Er fragte seine Studenten dann, ob das Glas voll sei. Übereinstimmend sagten sie »Ja«. Da nahm der Professor eine Schachtel mit Kieselsteinen und schüttete sie in das Glas. Er schüttelte es leicht, und die Steine rollten in die leeren Stellen zwischen den Golfbällen. Er fragte wieder, ob das Glas voll sei, und wieder bejahten die Studenten. Da nahm der Professor eine Schachtel mit Sand und schüttete den Sand in das Glas. Natürlich füllte der Sand die restlichen Zwischenräume. Er fragte wieder, ob das Glas jetzt voll sei, und wieder sagten sie »Ja«. Da holte der Professor zwei Tassen Kaffee und schüttete den Kaffee in das Glas. Die Studenten lachten.

»Nun«, sagte der Professor, »dieses Glas repräsentiert euer Leben. Die Golfbälle sind die wichtigen Dinge: die Familie, Kinder, Gesundheit, Freunde. Wenn alles andere verloren ginge, wäre das Leben immer noch voll. Die Kieselsteine repräsentieren nebensächlichere Dinge wie Arbeit, Haus oder Wagen. Der Sand ist dann alles andere, das sind die kleinen Dinge. Wenn ihr den Sand zuerst hineinschüttet, ist kein Platz mehr da für die Golfbälle und die Kieselsteine. Das Gleiche gilt für euer Leben. Wenn ihr eure gesamte Zeit und Energie an die kleinen Dinge verschwendet, werdet ihr keinen Platz für die wirklich wichtigen Dinge haben. Achtet also auf das, was wirklich zählt. Spielt mit euren Kindern, lebt gesund. Geht mal zusammen zum Essen aus. Es wird immer Zeit übrig bleiben, um das Haus oder die Garage aufzuräumen. Setzt eure Prioritäten richtig ein. Der Rest ist nur Sand.«

Einer der Studenten fragte aber noch nach, was die zwei Tassen Kaffee denn bedeuten sollten. Der Professor lächelte: »Ich bin froh, dass Sie gefragt haben«, sagte er. »Egal, wie voll Ihr Leben zu sein scheint, es wird immer Platz da sein für ein paar Tassen Kaffee mit einem Freund.«

Mike Depuhl

103 | Glückliche Neinsager

> Glücklich ist, wer nicht dem Rat der Gottlosen folgt.
> Glücklich ist, wer nicht den Weg der Sünder betritt.
> Glücklich ist, wer nicht im Kreis der Spötter sitzt.
> Glücklich ist, wer Freude hat an den Weisungen des
> Herrn und darüber nachdenkt – Tag und Nacht.
> Er ist wie ein Baum, der nah am Wasser steht, der
> seine Frucht bringt zu seiner Zeit.
>
> PSALM 1,1-3

Ein seltsamer Weg zum Glück! Drei Mal wird uns ein »nicht« entgegengeschleudert. Wer *nicht* dem Rat der Gottlosen folgt, *nicht* den Weg der Sünder betritt und *nicht* im Kreis der Spötter sitzt.

Ich habe schon angenehmere Definitionen gehört. Dr. Mihaly, der bekannte ungarische Wissenschaftler, der über das Glück forscht, kommt zu dem Ergebnis: Glück entsteht, wenn man in dem, was man tut, ganz aufgeht.

Da ist sicher etwas dran, und es kommt ja dann auch so ähnlich im zweiten Vers, wo jemand ganz im Studium von Gottes Weisungen aufgeht. Aber davor dröhnen diese Hammerschläge: Nicht, nicht, nicht!

Und das bedeutet doch: Glück entsteht, wenn ich Nein sagen kann. Nein zu einem falschen Rat, nein zu Handlungen, die ich ablehne, nein zu belanglosem Geschwätz, das mir und wahrscheinlich auch anderen auf die Nerven geht. Es hat etwas Befreiendes, wenn ich Nein sagen kann. Das Glück, eine eigene Überzeugung zu haben und sie einzusetzen. Das ist wie ein Rahmen, wie ein festes Beet, in dem die Glücksblumen gedeihen können.

Nötige Distanz schafft Raum und Luft zum Atmen. Jesus konnte das gut. Da fährt er einen Mann an, der ihn bittet, ihm bei den Streitigkeiten um das Erbe zu helfen. Nein! Dafür bin ich nicht zuständig.

Wer alles zulässt und für alles Verständnis hat, der findet keinen Platz, damit Gottes Glück bei ihm einziehen kann. Der ist vollgestopft.

Also ich schaffe das nicht immer. Es fällt mir schwer, Nein zu sagen. Ich muss das richtig trainieren, wenn das Telefon klingelt und mir jemand etwas verkaufen möchte, zu sagen: »Nein, vielen Dank, ich bin nicht interessiert ...« »Aber wir haben für Sie ein ganz besonderes Geschenk, wenn Sie ...« »Nein, vielen Dank. Machen Sie es gut!«

Glücklich, wer sich ganz in Gottes Wort vertieft, wer darin verwurzelt ist, denn er ist wie ein Baum. Was macht denn schon ein Baum? Er wächst lautlos vor sich hin. Im Winter macht er eine

Pause, im Frühling wachsen Blätter. Irgendwann kommen Früchte. Er bleibt da stehen, wo er steht.

Aber das bedeutet ja: Glücklich wird der, der Dinge an sich geschehen lassen kann, der gelassen abwartet, was von Gott auf ihn zukommt. Das gefällt mir.

Albrecht Gralle

104 | Stille

> Seid stille und erkennet, dass ich Gott bin!
>
> PSALM 46,11 (LUTHER 1984)

Der erste Mensch, der nach der Übersetzung der revidierten Elberfelder Bibel wortwörtlich in die Stille gegangen ist, war Joab. Er tat es, um Abner, den Mörder seines Bruders, zu erstechen (2. Samuel 3,27). Nun ist es aber gar nicht so leicht, einen Menschen zu töten. Was hätte alles dazwischenkommen können, von der Angst vor Konsequenzen über die Gegenwehr des Opfers bis hin zu Versöhnungsratschlägen! Joab wollte sichergehen, dass nichts ihn von seinem Vorhaben abbringen würde. In der Stille konnte er sich ausschließlich auf das Gefühl der Trauer über den Tod seines Bruders und sein daraus erwachsenes Rachebedürfnis konzentrieren.

Stille steigert die Konzentration auf eine Tätigkeit. Sie muss man suchen, wenn man herausfordernde Aufgaben bewältigen will, für die man alle Kraft braucht, die man zur Verfügung hat.

Die letzten Geschöpfe, die in der Bibel in die Stille gehen, sind alle, die sich in Offenbarung 8,1 schon im Himmel befinden. Sie tun es nicht freiwillig, sondern es entsteht in ihrem Umfeld eine halbe Stunde Stille, als das Lamm das 7. Siegel öffnet. Der Himmel bereitet sich auf das Unvermeidliche vor. Die Stille ist hier die Ruhe vor dem Sturm, denn nach der halben Stunde bricht das Gericht endgültig über die Erde herein. Die Abwesenheit jeglichen Geräusches, jeglicher Bewegung hilft den Geschöpfen, die nun folgenden Grausamkeiten nicht mit Schadenfreude zu betrachten. Es entsteht Ehrfurcht in ihnen vor Gottes Majestät und auch eine Dankbarkeit, dem allen entronnen zu sein.

Auch der oder die Besessenen von Caesarea (Lukas 8, Matthäus 8, Markus 5) gingen in die Stille. Sie suchten die Totenstille der Friedhöfe, weil sie den Kontakt mit ihrer gesunden Umwelt einfach nicht mehr aushielten. Der Besessene sucht Erlösung von den Stimmen, die ihn quälen. Und dann begegnet sie ihm in der körperlich greifbaren Stille. Jesus hatte gerade einen Sturm gestillt, woraufhin eine Stille entstanden war, die es in sich hatte. Und dann berührte er den Geist des Besessenen.

Mickey Wiese

105 | Die Wüste lebt

> Darum: Siehe, ich werde sie locken und sie in die
> Wüste führen und ihr zu Herzen reden.
>
> HOSEA 2,16 (ELBERFELDER)

Mose geht in die Stille der Wüste, nachdem er jemanden umgebracht hat. Er sucht die Veränderung seines aufbrausenden Charakters und die Reinigung von Seele und Geist von seiner Schuld. Dabei begegnet er Gott und empfängt seine Berufung.

Auch Johannes der Täufer geht an den Ort, an dem ihn nichts ablenkt, damit seine Lebensbotschaft sich herauskristallisieren und zum richtigen Zeitpunkt rein und klar gehört werden kann. Und Paulus lässt sich nach seinem Damaskuserlebnis drei Jahre lang in der Wüste (Galater 1,18) im Anschauen seiner Herrlichkeit in Gottes Ebenbild verwandeln (2. Korinther 3,18).

In 2. Mose geht das ganze Volk Israel in die Wüste. Hosea beschreibt es so, dass Gott selbst sein geliebtes Volk in die Entbehrung der Wüste führt, also in einen Zustand eines Entzuges oder der Isolation von etwas Vertrautem, um ihnen dort zu Herzen zu reden, ohne dass sie von Unterdrückung einerseits oder Fleischtopfverführung andererseits abgelenkt werden.

Elia geht in die Reizlosigkeit der Wüste, weil er Angst hat. Die Größe und Gewalt des Karmelerfolgs hatten seine Reizverarbeitung überlastet. Er brauchte den Abstand, um seine persönliche Situation wieder klar beurteilen zu können. Und in der Unhörbarkeit der Stille begegnete ihm Gott als der Klang der Stille.

Die Psalmisten gehen in die Stille, um Gott zu sehen und zu erkennen (Psalm 46,11), seine Hilfe zu erfahren (Psalm 62,1) oder sich im religiösen Überangebot oder im Neid auf die Gottlosen wieder auf ihn allein auszurichten (Psalm 37,7).

Jesus selbst schließlich geht in die Wüste, um vom Teufel versucht zu werden. Etwas, das nicht unbedingt zur Nachahmung empfohlen ist! Auch für ihn geht es um eine Stärkung seines Dienstes. Nach bestandener Versuchung dienen ihm dort Engel, und dann startet er in aller Stille, aber mit aufgefüllten Batterien, seinen Weltrettungsdienst (Lukas 4,21).

Mickey Wiese

Wenn ihr mich von ganzem Herzen suchen werdet,
so will ich mich von euch finden lassen!

JEREMIA 29,13-14

Blaise Pascal (*1623-1662*) war ein *französischer Mathematiker,
Physiker, Literat* und überzeugter Christ. Die nach ihm be-
nannte Programmiersprache »Pascal« wurde 1972 von *Niklaus
Wirth* als Lehrsprache eingeführt, um die *strukturierte Programmie-
rung* zu etablieren. Davon ahnte Blaise Pascal nichts, als er 1647
eine Rechenmaschine entwickelte. Sie sollte seinem Vater, der Kö-
niglicher Rat und Finanzdirektor war, die Arbeit bei seinen vielen
Berechnungen erleichtern. Diese Maschine erregte großes öffentli-
ches Aufsehen. Pascal war es gelungen, einen Apparat zur Lösung
wissenschaftlicher Aufgaben einzusetzen. Damit entwickelte er
quasi die Urgroßmutter des heutigen PC.

Aber Pascal war nicht nur Mathematiker und Philosoph, sondern auch praktizierender Christ. Er sagte einmal: »Das Wissen von
Gott ohne Kenntnis unseres Elends erzeugt den Dünkel. Das Wissen
unseres Elends ohne Kenntnis von Gott erzeugt die Verzweiflung.
Das Wissen von Jesus Christus schafft die Mitte, weil wir in ihm sowohl Gott als auch unser Leben finden.«

Als Blaise Pascal 1662 im Alter von nur 39 Jahren starb, fand
man in seine Kleidung eingenäht einen Pergamentstreifen. Darauf
stand, was ihm in einer nächtlichen Stunde Gewissheit geworden war:
»Gott Abrahams, Gott Isaaks, Gott Jakobs, nicht der Philosophen und
Gelehrten ... Gott Jesu Christi. Man findet und bewahrt ihn nur auf
den Wegen, die im Evangelium gelehrt werden!« In jener Stunde der
Umkehr war ihm deutlich geworden, dass wissenschaftliche Erkenntnis und betendes Versenken in die Offenbarung Gottes zweierlei sind.

Die Vernunft mag bis zu einem fragwürdigen Gottesbegriff vordringen, aber Gott wird nur von dem erkannt, der ihn sucht, zum Beispiel in seinem Wort, der Bibel. Das gilt auch heute noch für jeden, der seinen PC einschaltet und das Herz nicht ausschaltet.

Klaus Kröger

Engel

> Der Engel sagte zu ihnen: »Ihr braucht euch nicht
> zu fürchten! Ich bringe euch eine gute Nachricht,
> über die im ganzen Volk große Freude herrschen wird.
>
> LUKAS 2,10 (NEUE GENFER ÜBERSETZUNG)

Was für eine Nacht! Die Hirten hüteten ihre Herden und rechneten mit nichts Außergewöhnlichem. Sie saßen ums Feuer, tranken dampfenden Kaffee aus Blechtassen und redeten über dies und das.

Da steht auf einmal ein Engel in ihrer Mitte. Plötzlich ist er da, und er ist riesig. Zumindest stelle ich mir das so vor, denn warum sollten die Hirten sonst Angst haben? Der Engel ist so weiß, dass man ihn kaum anschauen kann. Ihn umgibt die Herrlichkeit einer anderen Welt, und Gottes Autorität ist mit ihm. Die Tiere sind nervös und die Hirten völlig von der Rolle: So etwas haben sie noch nie erlebt. Dann fängt der Engel an zu sprechen. Er beruhigt sie und predigt das Evangelium: Heute ist der Messias geboren. Irgendwann während seiner Erzählung kommt die ganze Menge der himmlischen Heerscharen zusammen. Nun ist es taghell, und alle loben Gott und beten ihn an.

Die Geschichte ist den meisten Menschen in Deutschland und

der westlichen Welt bekannt. Sie wird jedes Jahr zu Weihnachten aufgeführt, besungen, vorgelesen und erzählt. Durch die Wiederholung gewöhnt man sich an das Ungewöhnliche solcher Geschichten, und sie werden zahnlos. Im Grunde genommen sollten uns solche Berichte absolut herausfordernd erscheinen.

Warum ist die Bibel so voll mit Engelsgeschichten, während es in unserem Leben so wenige Engel gibt? Wenn es noch vor 2000 Jahren mehr oder weniger üblich war, dass Engel die Menschen über Gottes Willen in Kenntnis setzten, warum erlebt das heute kaum noch jemand? Komisch eigentlich.

Ich meine, dass es mindestens zum Teil daran liegt, dass in unserem naturwissenschaftlichen Weltbild und unserer Theologie kaum noch Platz für Engel ist. In der Schule lernt man, dass es keine übernatürlichen Wesen gibt, weder den Weihnachtsmann noch Engel, womit eine geistliche Realität zusammen mit Aberglauben und Folklore einfach so weggewischt wird. Theologisch glauben wir an die Bibel und vielleicht noch den Heiligen Geist, aber das war es dann auch schon. Nach der Meinung bibelkritischer Theologen gibt es keine Engel; nach der Meinung gläubiger Theologen braucht man keine. Würde man heute die Bibel schreiben, hätten sich die Hirten vermutlich einfach an eine Prophezeiung aus dem Alten Testament erinnert und sich darüber gefreut, dass der Messias geboren wurde. Wir brauchen einfach keine Engel mehr.

Aber Gott braucht sie. Es gibt Engel, und Gott lässt gerne seinen Willen durch Engel geschehen oder verkünden. Wir berauben uns selbst eines großen Teils der göttlichen Welt, wenn wir nicht mit Engeln rechnen und an sie und ihre Existenz glauben.

Storch

Vergesst nicht, gastfrei zu sein. Durch ihre Gastfreund-
lichkeit haben einige, ohne es zu wissen, Engel bei sich
aufgenommen.

HEBRÄER 13,2 (NEUE GENFER ÜBERSETZUNG)

Engel sind nicht immer so eindeutig erkennbar wie in der Weihnachtsgeschichte. Es gibt Geschichten in der Bibel, in denen
Engel so herrlich sind, dass Menschen vor ihnen niederfallen oder
Angst vor ihnen haben. Dann gibt es aber auch die anderen Geschichten, in denen Engel überraschend alltäglich wirken.

Zur Zeit des Neuen Testamentes scheint es normal gewesen zu
sein, dass Engel unterwegs waren. Als Petrus übernatürlich aus dem
Gefängnis befreit wurde und vor der Tür von befreundeten Christen
stand, bei denen er oft einkehrte, dachten diese Christen, die drinnen für ihn beteten, dass nicht er selbst es sei, sondern sein Engel.
Das ist schon verrückt – die Gläubigen rechneten eher damit, dass
Gott einen Engel schicken würde, als dass er Petrus befreien würde.
Sie fanden es auch nicht ungewöhnlich, dass ein Engel an die Tür
klopft und mit der Stimme des Petrus spricht.

Offenbar kam es öfter vor, dass Engel in menschlicher Gestalt
unterwegs waren. So oft, dass der Schreiber des Hebräerbriefes darauf hinweist, dass es sein kann, dass man einen Fremden auf-
nimmt, der sich hinterher als Engel entpuppt.

Heute sind ganz viele Engelgeschichten so: Jemand hat eine
Autopanne. In dunkler Nacht steht er auf einer einsamen Land-
straße. Der Wagen gibt seinen Geist natürlich mitten im Funkloch
auf, das Handy funktioniert nicht. Die Situation ist zum Verzweifeln, irgendwo ist eine Sicherung durchgebrannt, aber ohne Licht
sieht man sowieso nichts im Motorraum. Zu allem Übel heult auch

noch ein Wolf in der sternklaren Vollmondnacht. Da kommt ein Auto und hält. Ein Mann im Arbeitsoverall steigt aus, holt schweigend einen Werkzeugkasten aus seinem Kofferraum, geht zu dem kaputten Auto und hat es in einer halben Minute repariert. Der Fahrer will sich bedanken, aber da ist der Mann verschwunden. Erst jetzt weiß er: Der wundersame Mechaniker war ein Engel.

Die Grenzen zwischen unserer Welt und der unsichtbaren sind viel fließender, als uns bewusst ist. Auch heute noch sind Engel unterwegs, und es ist nicht immer leicht, sie als solche zu erkennen. Die Bibel zeigt an vielen Stellen, dass unsere Welt viel mehr von der unsichtbaren Welt beeinflusst ist, als uns klar ist.

Um mehr Einblick in Gottes Welt zu bekommen, wäre es ein guter Anfang, darüber zu reden. Wenn du schon mal einem Engel begegnet bist, erzähl doch mal jemandem davon. Vielleicht wirst du überrascht sein, wie viele andere dir Geschichten erzählen, die sie erlebt haben.

Storch

109 | Die Engelfürsten

> Der Engelfürst des Königreichs Persien hat mir einundzwanzig Tage widerstanden; und siehe, Michael, einer der Ersten unter den Engelfürsten, kam mir zu Hilfe, und ihm überließ ich den Kampf mit dem Engelfürsten des Königreichs Persien.
>
> DANIEL 10,13 (LUTHER 1984)

Das ist eine ganz schön verrückte Geschichte. Daniel betete und fastete, er war voller Trauer und brauchte eine Antwort von

Gott. Die Sache zog sich hin und dauerte immer länger. Schließlich – nach 21 Tagen! – bekam Daniel durch einen Engel seine Antwort.

Der Engel war herrlich anzusehen, und Daniel verglich ihn mit Edelsteinen. Ein Engel, vor dem man niederfällt und es mit der Angst zu tun bekommt. Es war eher ein Engel aus der Weihnachtsgeschichte als einer der Engel, die inkognito unterwegs sind und die man manchmal nicht erkennt.

Seltsam ist nur, dass niemand außer Daniel diesen Engel sah. Daniel war nicht allein, als der himmlische Botschafter zu ihm kam, aber seine Kollegen sahen den Engel nicht. Das muss schon ganz schön unheimlich gewesen sein, dass Daniel von einem Moment auf den anderen ganz aus dem Häuschen war, aber kein anderer die Ursache dafür sehen konnte.

Die unsichtbare Welt ist immer da, sie ist wie eine Parallelwelt zu unserer. Wir können sie nur nicht immer sehen. Geschichten wie die von Daniel gibt es noch mehr im Alten Testament: Bileams Esel sah einen Engel, den Bileam nicht sah; Elisas Knecht sah die Menge der himmlischen Krieger erst, als sein Herr für ihn betete.

Die unsichtbare Welt scheint nicht weniger bevölkert zu sein als unsere. Es gibt gute Engel und böse Engel. Speziell im Neuen Testament werden die bösen Engel als Dämonen bezeichnet. Es gibt dieselben Auseinandersetzungen zwischen Gut und Böse wie auch in unserer sichtbaren Welt.

Und diese Welt hat viel mit uns zu tun. Wenn Gott nicht so schnell antwortet, wie wir hoffen, kann es – wie bei Daniel – daran liegen, dass die Antwort im Unsichtbaren aufgehalten wird.

Wir sollten deswegen nicht müde werden zu beten, sondern einfach weitermachen, bis die Antwort bei uns ankommt.

Storch

> Denn unser Kampf richtet sich nicht gegen Wesen von
> Fleisch und Blut, sondern gegen die Mächte und
> Gewalten der Finsternis, die über die Erde herrschen,
> gegen das Heer der Geister in der unsichtbaren Welt,
> die hinter allem Bösen stehen.

EPHESER 6,12 (NEUE GENFER ÜBERSETZUNG)

Die Bibel vertritt ein Weltbild, das größer und vollständiger ist als das, was wir aus der Schule kennen. Sie macht nicht bei der sichtbaren Welt halt, sondern zeigt uns eine Realität, die jenseits der sichtbaren Welt liegt und mehr Einfluss auf »unsere« Welt hat, als wir uns vorstellen können.

Hinter dem Bösen in der Welt steckt mehr, als man auf den ersten Blick sieht. Deshalb kämpfen wir auch nicht in erster Linie gegen Menschen, die etwas Böses tun, sondern gegen die Mächte, die hinter ihnen stehen. Als Mensch mit westlicher Prägung denkt man da schnell an Ideen oder Ideologien. Wir reden vom Kampf der Kulturen und der Auseinandersetzung zwischen Weltanschauungen. Das ist schon gar nicht so schlecht, denn immerhin wird damit schon anerkannt, dass es etwas Immaterielles gibt, das sich auf diese Welt auswirkt. Einen Gedanken kann man nicht fassen, und dennoch bewirkt er etwas in der dinglichen Welt.

Das ist aber noch nicht ganz das, was die Bibel meint. Sie spricht nicht von Gedanken und Vorstellungen, sondern von realen Wesen, Persönlichkeiten, die unsere Welt beeinflussen. Das klingt ganz schön »spooky« und ist für manchen zu abgedreht. Dennoch kommen wir an dieser Tatsache nicht vorbei: Gottes Wort zeigt uns Gott – und den Teufel; Engel – und Dämonen. Es macht auch unmissverständlich klar, dass die unsichtbare Welt sich auf die sichtbare auswirkt und dass man die Welt nicht verstehen kann, wenn man die Vorgänge hinter den Kulissen ausblendet.

Wer immer nur im Sichtbaren mit Menschen kämpft und streitet, geht gegen Windmühlen an und bekämpft nicht die Krankheit, sondern das Symptom. Man muss das Übel bei der Wurzel packen und gegen den wahren Feind angehen; der ist geistlich und unsichtbar.

Wir haben Waffen, um gegen den Teufel und seine Schergen zu kämpfen: Unseren Glauben, in dem wir uns immer wieder an Gott halten; Gottes Wahrheit, die wir der Lüge entgegensetzen; das Gebet, in dem wir uns in Gott zurückziehen; Gottes Heil, das niemand kaputtmachen kann, usw. Die Liste unserer Waffen in Epheser 6 ist lang, aber nicht vollständig. Es gibt mehr, womit wir uns zur Wehr setzen können. Aber alles beginnt am selben Punkt: Wir müssen verstehen, dass es eine unsichtbare Welt gibt und sie unsere Welt mehr beeinflusst, als unserem Alltagsverstand bewusst ist.

Storch

111 | Engel dienten ihm

> Da ließ der Teufel von ihm ab. Und Engel kamen zu
> ihm und dienten ihm.
> MATTHÄUS 4,11 (NEUE GENFER ÜBERSETZUNG)

Haben Sie mal gefastet? Ich nicht. Das heißt, ich habe es natürlich mal versucht, aber mehr als einen Tag ganz ohne zu essen habe ich noch nie geschafft. Das ist einer der Punkte, an denen ich Jesus echt bewundere. Er wurde von Gottes Geist in die Wüste geführt, um zu fasten. Und da blieb er und fastete, bis die Sache durch war. Das ging gar nicht mal so schnell. Jesus fastete 40 Tage lang, bis es zu der großen Auseinandersetzung mit dem Teufel kam.

Fasten hat den Sinn, uns auf Gott auszurichten. Normalerweise fastet man nicht nur beim Essen und geht weiter zur Arbeit, sieht fern usw. Es geht beim Fasten darum, alles, was uns von Gott ablenkt und unsere Gedanken mit der Welt verunreinigt, loszuwerden und nur noch Gott im Mittelpunkt unseres Interesses zu haben.

Jesus wurde mit dem Ziel in die Wüste geführt, vom Teufel versucht zu werden und dieser Versuchung zu widerstehen. Satan bot ihm alle Reiche der Welt an – es war keine einfache Sache, da festzubleiben, und Jesus brauchte alle geistliche Kraft, die er kriegen konnte, um zu widerstehen. Deswegen war es wichtig, dass er vorher viel Zeit mit Fasten und Beten verbrachte.

In diesen vier Wochen in der Wüste war Jesus nicht allein. Es waren zwar keine Menschen bei ihm, aber er traf den Teufel persönlich, und am Ende dienten ihm Engel. Gerade diese letzte Aussage überliest man leicht. Wir konzentrieren uns beim Lesen und Erzählen der Geschichte meist auf die Versuchung und den Sieg Jesu, aber nicht auf die Engel.

Das griechische Verb lässt daran denken, dass die Engel ihn bedienten, so wie das Kellner mit einem Gast tun. Heißt das, dass sie ihm eine Pizza brachten oder was man sonst damals aß? Vielleicht – im Alten Testament ließ Gott Brot vom Himmel fallen und seinen Propheten durch Raben versorgen. Warum sollten die Engel Jesus nicht etwas zu Essen gebracht haben?

Ganz klar wird das im Text allerdings nicht. Die Engel taten etwas, das Jesus aufbaute, aber das kann auch innerlich gewesen sein; sie taten etwas, das seine Stärke wiederherstellte. Was auch immer sie taten – mir ist wichtig hervorzuheben, dass nicht Gott persönlich seinem Sohn diente und ihn aufbaute. Es waren Engel.

In unserer Theologie haben solche Engeldienste kaum noch

Platz. Wir rechnen damit, dass Gott alles direkt tut, aber nicht, dass er es durch Engel tut. Wie anders sind da Berichte aus Afrika oder Asien, in denen tatsächlich Gläubige durch Engel mit Nahrung, Schutz oder Erkenntnissen versorgt werden!

Es stimmt, Gott könnte ganz sicher alles souverän selbst machen. Aber ebenso wie er sich von Menschen abhängig macht, um sein Reich zu bauen, lässt er seinen Willen in der unsichtbaren Welt gerne von Engeln ausführen. Ich bin sicher, dass wir auch in Deutschland und in der westlichen Welt mehr Engeldienste erleben werden, wenn wir Gott in unserem Denken in diesem Bereich nicht mehr einschränken. Er setzt gerne seine Boten ein!

Storch

112 | Ein Engel erscheint Kornelius

> Eines Tages – gegen drei Uhr nachmittags – hatte
> Kornelius eine Vision: Klar und deutlich sah er,
> wie ein Engel Gottes zu ihm ins Zimmer trat.
> »Kornelius!«, hörte er ihn sagen.
> APOSTELGESCHICHTE 10,3
> (NEUE GENFER ÜBERSETZUNG)

Kornelius war ein frommer Mann mit einem schweren Stand: Er interessierte sich sehr für den jüdischen Glauben, war aber selbst kein gebürtiger Jude. Er war römischer Soldat und damit Vertreter der unbeliebten Besatzungsmacht. Er war ein Mann zwischen den Fronten, ein gläubiger Römer, der Aktien in zwei verfeindeten Lagern hatte.

Kornelius betete zu Gott; er glaubte also bereits an den Gott

Israels. Was er betete, ist uns nicht bekannt, aber vermutlich war es das Gleiche, was auch heute noch die Menschen bewegt: »Gott, segne meine Familie. Pass auf mich auf. Du bist der Größte. Lass den politischen Konflikt in Israel nicht eskalieren.« Normale Gebete eines normalen Mannes.

Eines Tages betete Kornelius wieder. Er ging in seine Kammer, schloss die Tür und kniete sich am Fenster nieder. Kaum hatte er die Augen geschlossen und seine Gedanken zur Ruhe gebracht, passierte etwas Außergewöhnliches. Seine durch lange Manöver und Wachen geschärften Sinne nahmen eine Gegenwart wahr. Die Tür quietschte leicht, und er sah durch seine geschlossenen Lider, dass es heller wurde. Kornelius wusste: Er war nicht mehr allein in der Kammer.

Erschrocken drehte er sich um, und hinter ihm stand ein Engel Gottes. Wow! So etwas hat man nicht alle Tage. Dass Gott auf Gebete antwortet, sollte jedem klar sein, aber dass er einen Engel schickt, ist nicht unbedingt die Norm. Der Engel sprach mit Kornelius und wies ihn an, Petrus zu sich kommen zu lassen, um das Evangelium zu hören. Wieder einmal bestätigte Gott seinen Sohn durch Engel. Wahrscheinlich gibt es nichts, was Gott wichtiger wäre, als dass Menschen ihn kennenlernen. Um das zu erreichen, ist ihm jedes Mittel recht.

Seit ich das verstanden habe, bete ich häufiger dafür, dass Engel den Ungläubigen erscheinen, für die ich bete. Das Übernatürliche ist in der Evangelisation sehr wichtig; kaum jemand kann von Jesus überzeugt werden, ohne dass Gott sich ihm zeigt. Das kann durch prophetische Worte geschehen, durch Heilung – oder eben durch Engel. Ich glaube, dass Gott immer noch gerne Engel schickt, um unsere Botschaft zu bestätigen. Warum sollten wir dann nicht auch dafür beten?

Storch

Friede sei mit dir! Fürchte dich nicht,
du musst nicht sterben.

RICHTER 6,23 (ZÜRCHER)

Die Berufungsgeschichte Gideons ist eine der faszinierendsten Geschichten in der Bibel. Gideon versteckte sich in einer Kelter, um Weizen zu dreschen. Er musste das Korn heimlich dreschen, denn Israel war in der Hand der Midianiter. Weil bereits aller Wein aus Israel in Midian getrunken wurde, war die Kelter ein sicherer Ort: Hier vermutete niemand einen Israeliten. Da erschien ihm auf einmal der Engel des Herrn und veränderte sein ganzes Leben. Gideon wuchs im Verlauf der Geschichte über sich selbst hinaus und befreite in Gottes Kraft Israel.

Der Ausdruck »Engel des Herrn« taucht im Alten Testament an einigen Stellen auf. Die Geschichten sind immer etwas verwirrend, weil in ihnen mal vom Engel des Herrn die Rede ist und dann wieder vom Herrn. Gideon hatte sogar Mühe, die Erscheinung überhaupt als übernatürlich zu erkennen. Erst nachdem der Engel des Herrn ein Wunder getan hatte, wusste Gideon, womit er es zu tun hatte.

In diesen Berichten geht es nicht um gewöhnliche Engel, sondern darum, dass Gott selbst in einer sichtbaren Form Menschen begegnet. Die Theologen bezeichnen das mit dem griechischen Wort »Theophanie« – eine Erscheinung Gottes. Vermutlich gibt es nichts Abgefahreneres als das: Gott selbst erscheint in einer sichtbaren Gestalt und redet mit Menschen. Besonders deutlich ist das in 1. Mose 18. Dort heißt es, dass Gott Abraham besuchte. Als Abraham aufblickte, sah er drei Männer. Das ist eine der wenigen Stellen, an denen Gott in seiner ganzen Dreieinigkeit erscheint. Die Begegnung war also nicht nur für Abraham sehr wichtig, sondern hat auch theologische Bedeutung und ist damit für die ganze Welt bedeutsam.

Es sollte uns als Christen ermutigen, dass Gott schon immer sichtbar auf dieser Welt war. Wenn es damals, schon im Alten Bund, möglich war, dass Gott einem Menschen in sichtbarer Form begegnet, warum sollte es dann nicht auch heute möglich sein?

Ich kann mir sehr gut vorstellen, dass der Engel des Herrn noch immer unterwegs ist und Gott sich auf diese Weise seinen Leuten zeigt. Wir sollten Gottes Gegenwart nicht auf ein Gefühl oder einen Geistesblitz reduzieren. Gott scheint manchmal auch das Spektakuläre zu mögen, und es ist nicht ausgeschlossen, dass er sich auch uns so zeigen möchte. Ich würde mich nicht darauf versteifen, dass es so geschehen muss, und letztlich kommt es auch nicht darauf an, *wie* Gott uns begegnet, sondern darauf, *dass* er uns begegnet. Wir sollten aber zumindest nicht überrascht sein, wenn unser himmlischer Vater sich hin und wieder als Engel des Herrn zeigt.

Storch

114 | Der Engel des Lichts

> ... der Satan selbst tarnt sich als Engel des Lichts.
>
> 2. KORINTHER 11,14 (NEUE GENFER ÜBERSETZUNG)

Das Echte zieht immer das Falsche nach sich. Fälscher machen Banknoten nach, der italienische Begriff »fugazi« bezeichnet falschen Schmuck und Bilder. Es ist an der Tagesordnung, dass Gutes nachgeahmt wird. Eigentlich muss man sich nicht wundern, dass es im Bereich des Geistlichen genauso ist. Martin Luther hat den Teufel einmal als den »Affen Gottes« bezeichnet – als jemanden, der unfähig ist, etwas Neues zu schaffen, und deswegen billige Kopien von dem anbietet, was Gott geschaffen hat.

Es gibt falsche Demut, falsche Liebe, Wahrsagerei, falsche Brüder und und und. Die Liste nähme keine Ende, wollte man alles aufschreiben, was Satan nachgemacht hat. Dabei muss er sich natürlich tarnen. Niemand würde ein nachgemachtes Lacoste-T-Shirt mit einem roten Krokodil kaufen, es muss schon echt aussehen. Also tarnt sich der Teufel bisweilen als Engel des Lichts. Man denkt, er wäre ein echter Bote Gottes, aber er ist es nicht.

Warum haben Christen so eine Angst vor Imitationen, dass sie darüber vergessen, das Echte zu suchen? Im Grunde müsste es uns bestätigen, dass Gottes Segnungen pervertiert und nachgeäfft werden. Es sollte uns zeigen, dass es das Echte gibt, und uns motivieren, Gott zu suchen. Stattdessen wird oft das Kind mit dem Bade ausgeschüttet, und man rechnet nicht mehr mit Gottes Offenbarung, weil man Angst hat, auf eine Lüge hereinzufallen.

Schon Jesus hat darüber gepredigt und uns beruhigt, dass Gott uns keine Schlange geben wird, wenn wir um einen Fisch bitten. Es liegt eine Angst vor Betrug im Menschen, die uns von manchem Guten abhält, das Gott uns geben will.

Natürlich meinte Paulus mit seiner Warnung nicht, dass wir uns am besten ganz von Engeln fernhalten sollten. Zur Zeit der Apostelgeschichte waren Engelerscheinungen viel alltäglicher als heute, und es scheint fast schwer gewesen zu sein, ihnen ganz aus dem Wege zu gehen. Paulus meinte, dass man nicht alles glauben soll, was man sieht, sondern nah genug an Gott bleiben soll, um zu wissen, was von ihm ist und was nicht.

Der Vers steht im Zusammenhang mit falschen Brüdern, die sich als Glaubensgeschwister tarnen, aber in Wahrheit etwas anderes im Sinn haben. Paulus wollte darüber aufklären, keine Angst machen.

Wir sollten in der gleichen Haltung darangehen: Ohne Angst sollten wir unserem himmlischen Vater vertrauen, aber uns nicht übers Ohr hauen lassen.

Storch

115 | Ein Engel erscheint Zacharias

> Viele Israeliten wird er zum Herrn, ihrem Gott,
> zurückführen.
>
> LUKAS 1,16 (NEUE GENFER ÜBERSETZUNG)

Zacharias war ein Priester, der mit seiner Frau ein gottgefälliges Leben führte. Sie wünschten sich ein Kind, aber Elisabeth war unfruchtbar, und nun waren beide schon alt. Als Zacharias an der Reihe war, um das Rauchopfer darzubringen, geschah etwas Seltsames. Das ganze Volk stand draußen ins Gebet vertieft; Zacharias war allein mit sich und dem Räucherwerk. Er hörte das Gemurmel der Gebete, das in den Tempel drang, und tat die vertrauten Handreichungen.

Da stand auf einmal ein Engel neben dem Räucheraltar. Es war keine Sinnestäuschung, kein Spiel von Licht und Schatten im Rauch, sondern ein wirklicher Engel, der mit Zacharias sprach. Was er sagte, war so ungeheuerlich, dass Zacharias nicht anders konnte, als zu widersprechen. Der Engel sprach über den Sohn, den das alte Ehepaar bald empfangen würde, und über dessen Berufung. Das konnte selbst ein gottesfürchtiger Priester wie Zacharias nicht glauben. Die Begegnung machte ihn stumm. Weil er dem Engel nicht geglaubt hatte, konnte Zacharias bis zur Geburt seines Sohnes nicht mehr sprechen.

Viele Christen denken, dass sie Gott mehr glauben und gehorchen würden, wenn sie mehr Übernatürliches sehen würden. Offensichtlich stimmt das nicht, denn selbst wenn man, wie Zacharias, einen Engel sieht und mit ihm spricht, kann man noch zweifeln. Übernatürliche Begegnungen stärken nicht notwendigerweise den Glauben. Jesus sagt sogar, dass die selig sind, die glauben, ohne zu sehen.

Interessant finde ich auch, dass der Engel Details über das Leben eines Kindes wusste, das noch nicht einmal empfangen war. Dieses Kind wurde später als Johannes der Täufer weltberühmt. Gott kannte offensichtlich das volle Potenzial, dass er in diesen Jungen hineinlegen wollte.

Ganz sicher ist nicht das ganze Leben von vornherein vorherbestimmt, aber in uns schlummert ein göttliches Potenzial, das verwirklicht werden will. Auch wenn Johannes äußerlich betrachtet ein hartes, entbehrungsreiches Leben führte, das viel zu früh mit seinem Märtyrertod endete, hätte er nicht erfüllter leben können als so, wie Gott es wollte.

Ich frage mich gern, was wohl ein Engel gesagt hätte, wenn er meine Geburt angekündigt hätte. Oder was hätte ein Engel zu deiner Geburt gesagt? Jeder von uns ist voller göttlicher Möglichkeiten und hat ein Potenzial, das niemand erkennt, der mit rein menschlichen Augen sieht. Wenn kein Engel an deinem Kinderbett gestanden und dein Potenzial verkündet hat, solltest du beten, um zu erfahren, was in dir schlummert.

Es ist eine traurige Verschwendung von Leben, wenn wir nicht wissen, was Gott uns geschenkt hat.

Storch

Das wird geschehen, wenn Jesus, der Herr, mit seinen
mächtigen Engeln vom Himmel her in loderndem Feuer
erscheint.

2. THESSALONICHER 1,7-8 (NEUE GENFER ÜBERSETZUNG)

Diese kleine Andachtsreihe über Engel hat mit der Ankündigung der Geburt Jesu begonnen. Was wäre sinnvoller, als sie
mit der Ankündigung seiner Wiederkehr abzuschließen? Als Jesus
zum ersten Mal kam, diente er demütig als Mensch unter Menschen. Die Engel verkündeten seine Geburt einigen wenigen Personen, und nicht viele Menschen lernten Jesus vor seiner Himmelfahrt
kennen. Bei seiner Wiederkunft wird es anders sein: Christus kommt
als Richter, und alle Menschen werden sehen, wie er in der vollen
Herrlichkeit Gottes vom Himmel erscheint.

Das ganze Leben Jesu war von Engeln begleitet: Sie kündigten
seine Geburt an, dienten ihm in der Wüste, warteten im Garten
Gethsemane auf ein Zeichen und rollten den Stein von seinem Grab
weg. Selbst Gottes Sohn war auf Engel angewiesen. Wenn sie in seinem Leben so bedeutend waren, warum sollten wir dann ohne Engel auskommen?

Engel galten vielen Protestanten als esoterisch, mittelalterlich,
überflüssig oder katholisch. Sie sind nichts von alledem. Sie sind
einfach biblisch und real. Gott hat immer durch sie gehandelt, und
wir sollten sie nicht als etwas abtun, was wir nicht brauchen.

Wer jesusmäßig leben will, kommt nicht um das Übernatürliche
herum. Jesus selbst hat die Menschen seiner Zeit ständig mit Gottes
Kraft konfrontiert. Seine Zuhörer kannten oft mehr von Gottes Herrlichkeit, als sie von Jesu Predigten verstanden hatten.

Ich bin davon überzeugt, dass Gott in unserem Land etwas

Neues vorhat, dass er sich wieder von einer Seite zeigen will, die man nicht wegdiskutieren kann. Viele geistliche Phänomene werden von der New-Age-Bewegung besetzt, obwohl sie eigentlich uns gehören. Es wird Zeit, dass die Kirche wieder das Echte lebt, damit die Fälschungen als solche erkannt werden.

Ein erster Schritt in die richtige Richtung wäre, das Übernatürliche wieder in Gottes Wort zu entdecken und nicht zu relativieren. Auch die seltsamen Geschichten in der Bibel – die mit Engeln, Flammenschriften und sprechenden Eselinnen zu tun haben – sind geschichtliche Offenbarungen Gottes. Sie zu glauben und darüber zu meditieren öffnet uns dafür, dass Gott sich auf ähnliche Weise durch unser Leben offenbart.

Storch

Arm und Reich

> Gott sprach zu Jakob: »Mach dich auf, und zieh wieder
> nach Bethel! Bleib dort, und bau mir einen Altar.
> Denn an diesem Ort bin ich dir erschienen, als du auf
> der Flucht vor deinem Bruder Esau warst.«
>
> 1. MOSE 35,1 (HOFFNUNG FÜR ALLE)

Ich hab die Bedeutung dieser Geschichte nie verstanden. Woher kommt Gottes Faszination, sich ständig irgendwo Altäre bauen zu lassen?

Da zeigt sich Gott in einem Traum, den du nie wieder vergisst, und als ob du eine Eselsbrücke brauchst, verlangt er von dir, vor dem Frühstück schnell noch ein paar Steine aufeinanderzuhäufen, damit alle sich ewig an diesen Moment erinnern. Warum?

Neulich haben Freunde mir die Geschichte eines Vaters erzählt, der nach und nach die Beziehung zu seiner Teenagertochter verlor. Ich kann das gut nachvollziehen. In dem Jahr, als meine Tochter 13 wurde, gingen unsere Interessen auf einmal weit auseinander. Wenn DSDS und die Frage, was farblich gut zu pink passt und dich schlanker wirken lässt, nicht unbedingt zu deinen Hobbys gehören, musst du hart arbeiten, um Gemeinsamkeiten zu finden.

In der Geschichte war der Vater drauf und dran, die Beziehung ganz zu verlieren, was ihm sehr zu schaffen machte. Eines Abends aber kam seine Tochter freudestrahlend ins Haus gestürmt: »Kevin hat mich gefragt, ob ich sein Date für den Schulabschlussball sein möchte!« Mama konnte sofort ihre Freude ausdrücken und sprang mit der Tochter jubelnd durch die Küche. Papa war sich nicht sicher, wer dieser Kevin war. Väter sind bei so was misstrauisch. Er hätte sich gerne mitgefreut, aber irgendwie war das schwierig.

Ein paar Tage später, als er gerade die Sportschau guckte, kamen seine beiden »Frauen« begeistert vom Shoppen und verkündeten strahlend, dass sie ein unglaubliches Kleid für den Ball besorgt hatten. Gerne hätte er seiner Tochter gesagt, dass sie für ihn immer noch das schönste Mädchen der Welt war. Aber wie die meisten Männer bekam er das nicht über die Lippen. Also stellte er nur kurz den Fernseher leise, grunzte etwas Zustimmendes, und Mutter und Tochter verschwanden, um das Kleid abzunähen. Ihn machte das traurig.

Dann kam ihm eine Idee. Er ging in sein Schlafzimmer, kramte seinen besten Anzug heraus, zog ihn an und klopfte leise an die Tür des Nähzimmers. Seine Frau verschluckte vor Überraschung fast die Stecknadeln. »Was wird das denn, Liebling?« »Kannst du bitte ein Bild von mir und Jenny machen? Ich wollte gut aussehen, wenn ich die Ehre habe, neben dem schönsten Mädchen der Welt verewigt zu werden!« Vater und Tochter tanzten im Wohnzimmer. Dann erzählten die Eltern, wie es war, als sie sich kennenlernten, damals. Dem Vater war es gelungen, einen besonderen Moment zu schaffen, den sie nicht vergessen würden.

Steckt da vielleicht der Sinn von Gottes Faszination mit Altären drin? Wichtige Momente zu schaffen, um das Gute im Leben nicht so leicht zu vergessen?

Frank Bonkowski

> Ein Lied Davids. Der Herr ist mein Hirte. Nichts wird mir
> fehlen. Er weidet mich auf saftigen Wiesen und führt mich
> zu frischen Quellen. Er gibt mir neue Kraft. Er leitet mich
> auf sicheren Wegen, weil er der gute Hirte ist.
>
> PSALM 23,1-3 (HOFFNUNG FÜR ALLE)

Ich befinde mich in Malawi. Mit Marion, einer Missionarin, besuche ich eine Buschkirche. Bei einem Seminar für Frauen darf ich Filmaufnahmen machen. Es ist mein erster Drehtag in Afrika. Die Hitze ist nahezu unerträglich, zumal ich unter meinem langen Kleid einen blickdichten Kunststoffunterrock tragen muss – kulturbedingt, denn nur die Ahnung eines nackten Beines wirkt aufreizend. Für meine Dokumentation tue ich alles, denn es ist entscheidend, wie sich der zwischenmenschliche »Flow« entwickelt.

Wir werden herzlich begrüßt, einige Frauen singen und klatschen dabei. Das begeistert mich. Wahrscheinlich bestaunen sie mich ebenso wie ich sie. Ich stelle mich ihnen vor: Ehefrau und Mutter von zwei Kindern. Als Marion das den Frauen übersetzt, johlen sie begeistert. Weiße Frauen, die sie bisher kennengelernt haben, waren meist alleinstehend und kinderlos. Sie nehmen mich auf als ihresgleichen, und das nach der einfachen Ansage, dass ich Mutter bin.

Nun wäre ja alles geklärt, denke ich und will zu meiner Kamera greifen. In diesem Moment meldet sich die wohl älteste Frau zu Wort. Ich vermute, dass sie Analphabetin ist. Doch sie schlägt ihre abgegriffene Bibel auf und liest extra für mich daraus vor. Zwar verstehe ich kein Chechewa, aber Marion flüstert mir zu: »Sie liest Psalm 23.« »Der Herr ist mein Hirte, mir wird nichts mangeln ...« Mir bleibt fast der Atem weg. Die Frau ist offensichtlich sehr arm, sie kennt Mangel. Und trotzdem: »Gutes und Barmherzigkeit werden mir folgen mein Leben lang ...«

Diese Worte treffen mich unvermutet. Ich bin hier mit einem Auftrag, aber ich fühle mich absolut nicht professionell und stark, sondern eher unsicher, arm und mangelhaft. Woher wusste sie das?

Das Seminar nimmt seinen Lauf. Ich bin überrascht, wie interessiert die Frauen den biblischen Geschichten folgen, während ihre Kinder rein- und rauslaufen, gestillt werden, am Busen einschlafen. Die lebendige Stimmung beim Abschlussgottesdienst reißt mich mit. Sie tanzen, singen, trommeln, klatschen, und ich bin mittendrin und superhappy. Ich nehme ihren Schweißgeruch wahr, ihre Intensität. Bei einer Gebetspause setze ich mich still hin.

»Setz die Kopfhörer auf.« Dieser plötzliche Impuls lässt mich technische Einstellungen überprüfen, die ich übersehen hatte, die aber sehr wichtig waren. Ehrfürchtig wird mir klar: Gott füllt meinen Mangel aus, er ist an meiner Seite.

Christiane Ratz

119 | Gut Kirschen essen

Nicht ihr habt mich erwählt, sondern ich euch, damit ihr euch auf den Weg macht und Frucht bringt, die bleibt. Dann wird euch der Vater alles geben, worum ihr ihn in meinem Namen bittet.
JOHANNES 15,16 (HOFFNUNG FÜR ALLE)

Ein toller Sommer, in dem es mal wieder unendlich viele Kirschen zu ernten gibt. Während ich unter dem Baum am Pflücken bin, erinnere ich mich an meinen Großvater, der diesen Baum gepflanzt hat. Ich bin glücklich, solch einen Großvater gehabt zu haben. Hoffentlich werden meine Kinder auch einmal die guten Früchte dessen ernten, was ich pflanze.

Während ich diese Kirschen genieße, denke ich an die Kirschen, die ich eine Woche vorher in Armenien gekostet habe. Ich denke an einen kleinen Jungen, der auf der Anrichte sitzt: Während seine nackten Fußzehen miteinander spielen, stopfen seine Hände eine Kirsche nach der anderen in den Mund. Später klettern diese Füße auf den Kirschbaum, seine Hände füllen sich weiter den Magen mit der süßen Nascherei, während ihn die Mutter anfleht, nicht herunterzufallen oder noch besser: doch lieber wieder herunterzukommen. Aber warum sollte er das tun, wo er doch von mir bei seiner Kletterei beobachtet wird und der Star des Tages ist?

Meine Gedanken wandern weiter zu seinen herzallerliebsten Schwestern. Von Kirschzweig zu Kirschzweig haben sie eine Girlande aus glänzenden Bonbonpapieren gespannt. Darunter rezitieren sie vor ihrem Publikum biblische Gedichte und singen Lieder.

Ich denke an das Plumpsklo neben den Kirschbäumen, das ich gezwungen war aufzusuchen. Ich versuchte, es heimlich zu tun, aber schon folgte mir eine kleine neugierige Schar. Als ich innen die vielen zugeklebten Löcher sah, musste ich meine Fantasie gewaltsam von der Vorstellung abbringen, dass neugierige Augen ein geheimes Guckloch wussten, um mich zu beobachten.

Beim nächsten Griff in den Kirschbaum denke ich an eine Marktfrau am Rande einer vielbefahrenen Straße, wie sie die Kirschen durch ihre Finger gleiten lässt, bevor sie eine Tüte für uns füllt. Später nehmen wir diese Kirschen mit, weit über mit Schlaglöchern übersäte Pisten, hoch in die Berge hinauf, wo der Frühling noch mit dem Winter kämpft. Dort beschließen wir mit ihnen einen ereignisreichen Tag, zusammen mit dem köstlichsten Schokoladenkuchen, den ich je gegessen habe. Sie krönen das letzte gemeinsame Essen, den letzten Trinkspruch, auf den wir zusammen mit unseren neuen armenischen Freunden anstoßen.

Die vielen guten Begegnungen, Gespräche, Fahrten, Stunden, Freunde sind wie die Kirschen: von Gott gesegnete Früchte, die unser Leben reich machen.

Christiane Ratz

120 | Gottes Reichtum an armen Plätzen

Feiere Gott alle Tage, jeden Tag. Ich meine, feiere
ausgelassen in ihm! Mach es denen, die du triffst,
so deutlich, wie du kannst, dass du auf ihrer Seite
bist, dass du mit ihnen arbeitest und nicht gegen sie.
Hilf ihnen, zu sehen, dass der Herr bald ankommen
wird. Er könnte jede Minute auftauchen! Ärgere
und sorge dich nicht. Anstatt dich zu sorgen, bete.
Lass in Bitten und Lobpreis deine Sorgen zu Gebeten
werden, lass Gott deine Angelegenheiten wissen.
Bevor du es recht begreifst, wird ein Gefühl für
Gottes Vollkommenheit – dass alles sich zum Guten
wenden wird – kommen und sich in dir niederlassen.
Es ist einfach wunderbar, was passiert, wenn Christus
die Sorgen aus der Mitte deines Lebens wegnimmt.
PHILIPPER 4,4 (FREI ÜBERSETZT AUS »THE MESSAGE«)

Rima wohnt mit ihrer Familie in der nordarmenischen Stadt Vanadzor. Ihr Mann hat sie verlassen, und ihr ältester Sohn hat Tuberkulose. Sie lebt absolut mittellos in einer Blechhütte, die im Zentrum der Stadt in einer Blechcontainersiedlung steht. Ihr Bett teilt sie mit ihren Kindern. Sie hat weder fließendes Wasser noch eine eigene Toilette. Aber sie hat Jesus, und sie hat Freundinnen, die alle mit den gleichen Umständen zurechtkommen müssen. Bei meinem Besuch lerne ich durch Rima mehrere ihrer Nachbarinnen kennen. Ich frage nach ihren Schicksalen und Problemen und bin einfach sprachlos angesichts solcher Schwierigkeiten.

Naira, eine Mutter von vier Kindern, schimpft und jammert besonders heftig. Ich kann sie verstehen. Ihre Hütte macht keinen wohnlichen Eindruck. Die zwei Betten sind mit schmutzigen Überwürfen bedeckt. In den Regalen liegen total kaputte Kinderschuhe und ein wenig zerbeultes Geschirr. Darüber hinaus gibt es nur noch einen kleinen Blechofen zum Feuermachen und Kochen. Sie erzählt, wie sie im Winter Kartons und einen alten PVC-Boden verbrannt hat, um die Hütte für ein paar Stunden warm zu bekommen. Sie klagt, dass sie keine Arbeit hat und heute für die Kinder nichts zu essen. Die Übersetzung geht über drei Ecken, und während die Frauen reden, muss ich daran denken, dass Jesus in der Bibel dazu auffordert, sich um nichts zu sorgen. Aber wie könnte ich diese Frauen ermutigen? Mir fehlt es ja im Vergleich zu ihnen an nichts!

Rima redet mit einem Mal auf ihre Nachbarin ein. Ich will wissen, was sie gesagt hat, und bin um ein weiteres Mal erstaunt. Rima hat Naira erzählt, wie sie selbst mit Problemen umgeht: »Wenn ich zu Hause alleine bin, dann erzähle ich alle meine Sorgen und Gedanken Gott. Ich rede mit ihm und er mit mir. Das gibt mir Frieden und Freude ins Herz, und ich fühle mich nicht mehr allein. Du musst es auch so machen. Sage deine Sorgen Gott. Geh nicht zu den Nachbarinnen und tratsche mit ihnen und schimpfe über alles.

Nein, berede deine Angelegenheiten mit Gott.« Als wir eine Stunde später wieder bei Naira vorbeikommen, sitzen ihre Kinder Brot kauend vor der Hütte. Woher haben sie das wohl?

Ich staune, wie mutig Rima ist. Sie ist eine Frau des Segens an diesem Ort der bitteren Armut. Sie trägt als Kind Gottes seinen Reichtum an diesen Ort, indem sie Gott feiert.

Christiane Ratz

Licht

In ihm war das Leben, und das Leben war das Licht
der Menschen.

JOHANNES 1,4 (LUTHER 1984)

Es ist ein norddeutscher Sommer gewesen – und ich habe ihn genossen. Sonne und Regen wechselten sich ab, und wenn es mal richtig heiß wurde, ließ auch die kühlere Luft nicht lange auf sich warten. Ich mag es, wenn die Sonne scheint. Wenn ich sie morgens aufgehen sehe, weckt das meine Lebensgeister und stimmt mich fröhlich. Die Wärme auf meiner Haut lässt mich aufleben.

Zur Bedeutung und Wirkung von Sonne und Licht kann uns die Wissenschaft eine Menge erklären. Ohne Licht gäbe es kein Leben, und es ist wohl kein Zufall, dass die Bibel als erstes Schöpfungswerk Gottes das Licht nennt. Am Anfang seines Evangeliums schreibt Johannes von Jesus als dem Wort Gottes, durch das alles geschaffen wurde. Er fährt fort: »In ihm war das Leben, und das Leben war das Licht der Menschen.« Jesus bestätigt das, bezeichnet sich selbst als »Licht der Welt« und verspricht denen, die ihm nachfolgen, dass sie dieses Licht haben werden, dieses Licht, das Leben schafft, das Leben ist. Etwas später spricht Jesus von einer weiteren Auswirkung des Lichts: Es lässt uns Dinge klarer sehen, zeigt uns unseren Weg.

Und wenn Johannes schreibt: »Gott ist Licht«, will er damit seine Reinheit verdeutlichen.

»Gott ist Licht.« Johannes setzt uns mit diesem Vergleich auf eine Spur: Wollte Gott uns durch das natürliche Licht helfen, etwas von ihm besser zu verstehen? Ich bin wie das Licht, bin rein und schaffe Reinheit, bin Leben und schaffe Leben, bin Wahrheit und schaffe Klarheit, leuchte das Dunkel aus.

Bei allem, was wir über das Licht wissen, bleibt es doch ein Mysterium. Einstein hat am Ende seiner wissenschaftlichen Karriere gesagt, dass eigentlich keiner weiß, was Licht genau ist. Es bleibt eines der großen Geheimnisse unseres Universums. Genauso werden wir nie wirklich wissen, wer und wie Gott ist. Aber einen kleinen Blick in sein Geheimnis hinein lässt er uns tun. Mit dem Licht eröffnet er uns einen Blick auf die Herrlichkeit und Schönheit von Jesus und seine Bedeutung für unser Leben. Daran will ich mich auch erinnern, wenn ich mal wieder »nur« die Herbstsonne auf meinem Gesicht spüre.

Andreas Bürgin

122 | Ausstrahlung

> So lasst euer Licht leuchten vor den Leuten, damit sie eure guten Werke sehen und euren Vater im Himmel preisen.
>
> MATTHÄUS 5,16 (LUTHER 1984)

In Watt kann man sie nicht messen, die Ausstrahlung eines Christen. Zum Glück, denn sonst würden Christen sich gegenseitig bewundern und beneiden: »Und wie hast du es geschafft, ein 1000-Watt-Christ zu werden?«

Nein, eine Maßeinheit für Lichtwirkung gibt es nicht, aber doch einen Maßstab, der unser »Leuchten« qualifiziert. Und der lautet ganz schlicht: Gibt es Menschen in meinem Umfeld, die Gott (wie immer sie ihn verstehen) dankbar sind, dass es einen Menschen wie mich gibt? Die sich an ganz bestimmte Zeichen der christlichen Liebe erinnern können, die ihr Leben ein Stück weit heller gemacht hat? Vielleicht sagen sie es mir nicht, aber das macht nichts. Es steht nirgendwo, dass ich meine eigene »Leuchtkraft« beurteilen können muss. Im Gegenteil, vielleicht halte ich mich für ein ganz kleines Licht. Aber wichtig ist doch, dass ich ein Licht sein und die Liebe Gottes, die ich täglich empfange, weitergeben will. Es ist übrigens auch das einzige biblische Kriterium für den »Erfolg« eines Christen oder einer Gemeinde. Nicht die Anzahl der Gemeindeglieder oder die Menge der kirchlichen Aktivitäten machen sie erfolgreich, sondern ob die Menschen im Umfeld Gott dafür dankbar sind, dass es diesen Menschen oder diese Gruppe von Menschen gibt. Deshalb macht es Jesus in seinem Vers vom Licht der Welt so klar.

Wir wissen es doch: Menschen schauen genau darauf, ob sie die Christen Gutes tun sehen. Sie haben das richtige Gefühl dafür, was einen Christen auszeichnet. Wir müssen uns als Einzelne und als Gemeinden fragen, ob wir nicht zu viel Energie für unsere eigenen christlichen Bedürfnisse aufbringen und zu wenig, es im Leben der Menschen um uns herum hell zu machen.

Christoph Müller

Die ihn aber lieb haben sollen sein, wie die Sonne
aufgeht in ihrer Pracht!

RICHTER 5,31 (LUTHER 1984)

Spätestens mit 50 hat jeder das Gesicht, das er verdient«, sagt George Orwell ganz schön böse. Aber recht hat er damit, denn an unserem Gesicht lässt sich ablesen, was unser Leben prägt. Da haben vielleicht Hektik und Sorge ihre Spuren hinterlassen, vielleicht Humor und Lachen, vielleicht zu viel Genuss oder zu wenig Schlaf. Auch der Gesichtsausdruck spricht Bände, ob er nun von Großzügigkeit und Güte oder von Kleinlichkeit und Gier geprägt ist. Auf jeden Fall lässt es sich irgendwann nicht mehr leugnen, wer oder was wir sind. Das kann uns trösten oder besorgt machen, aber es ist unabänderlich. Auch was wir anschauen, prägt uns, ebenso wie das, was wir denken oder tun. In der Bibel wird von Mose berichtet, dass sein Gesicht nach der Begegnung mit Gott leuchtete.

Der Vers aus Richter 5,31 gibt uns ein starkes Bild für Menschen, die Umgang mit Gott haben. Er verweist auf das Leuchten der Sonne, hell und für unsere Augen fast nicht zu ertragen. Dieses Licht ist ein Bild für die Klarheit und Kraft, die von Gott ausgeht. Als der Apostel Johannes den auferstandenen Jesus Christus sieht, sagt er über ihn: »Sein Angesicht leuchtete, wie die Sonne scheint in ihrer Macht« (Offenbarung 1,16).

Der Vers sagt also: Je intensiver unser Umgang mit Gott ist, je tiefer wir in seinem Wort und im Gebet verwurzelt sind und je mehr wir seinem Geist die Kontrolle über unser Leben erlauben, desto mehr werden wir von der Beziehung zu Gott geprägt sein. Man wird es nicht nur an unseren Worten und Taten, sondern auch an unserem Gesicht erkennen. Ein durch den Geist Gottes von innen heraus leuchtendes Gesicht ist ein wunderschöner Anblick, der Menschen erfreut und Gott ehrt. Ich habe das einmal im Gesicht einer Nonne gesehen, die ich im Freiburger Münster traf. Sie hatte gerade längere Zeit in der Anbetung Gottes verbracht, und als sie an mir vorüberging, hatte ich kurz das Gefühl, ich würde einen Engel sehen, so sehr strahlte ihr Gesicht.

Christoph Müller

124 | Unschuldig?

> Ich bin mir zwar nichts bewusst, aber darin bin ich nicht gerechtfertigt; der Herr ist's aber, der mich richtet.
>
> 1. KORINTHER 4,4 (LUTHER 1984)

Ich bin mir keiner Schuld bewusst«, sagt mein Gegenüber selbstzufrieden und lässt mich einfach stehen. Damit ist der Konflikt für ihn geklärt. So einfach machen wir es uns manchmal: Wenn das Gewissen kein Schuldgefühl meldet, dann haben wir eben nichts falsch gemacht. Dagegen schreibt Paulus an die Korinther, er sei sich zwar keiner Schuld bewusst, fügt aber sofort an: »Doch damit bin ich nicht gerechtfertigt, das letzte Urteil spricht der Herr.« Er weiß um den »blinden Fleck« in unserem Gewissen, der uns hindert, die eigene Schuld objektiv zu sehen. Fehler, die uns bei anderen »ins Gesicht springen«, können wir bei uns selbst mit einleuchtenden Begründungen akzeptieren. Geistlich gesund ist das nicht.

Ein reifer Jünger Jesu kennt diese fatale Schwäche und rechnet auch bei einem guten Gewissen damit, sich vielleicht doch zu irren oder die Dinge nicht ganz richtig zu sehen. Diese Fähigkeit zur

Selbstkritik ist eine Frucht der Nachfolge, die uns den Weg nicht immer leicht macht. Auch wir würden die leise, mahnende Stimme manchmal gern zum Schweigen bringen und so unreflektiert leben wie viele, denen wir begegnen. Aber dann könnten wir geistlich nicht wachsen. Nur wenn wir aufmerksam mit unseren dunklen Seiten umgehen, können wir sie durch den Heiligen Geist überwinden. Im Wissen darum, dass seine Schuld immer größer ist als seine persönliche Einsicht und die Gnade Gottes immer größer als seine Schuld, betet David voller Vertrauen: »Wer bemerkt seine eigenen Fehler? Sprich mich frei von Schuld, die mir nicht bewusst ist« (Psalm 19,13).

Das letzte Wort spricht die Gnade Gottes, Gott sei Dank!

Christoph Müller

125 | Lieblingslügen

> Wir meiden schändliche Heimlichkeit und gehen nicht mit
> List um, ... sondern durch Offenbarung der Wahrheit
> empfehlen wir uns dem Gewissen aller Menschen vor Gott.
>
> 2. KORINTHER 4,2 (LUTHER 1984)

Suche die Wahrheit, höre auf die Wahrheit, erzähle von der Wahrheit, liebe die Wahrheit, bleibe bei der Wahrheit, und verteidige die Wahrheit bis zum Tod.« Dieser weise Satz stammt vom Reformator Jan Hus, der tatsächlich dafür gestorben ist. Warum ist die Wahrheit wohl so entscheidend? Weil es schnell passiert, dass wir nicht mehr in der Realität leben, sondern uns in ein Lügengespinst verweben, aus dem wir uns kaum noch befreien können. »Lügen« meint dabei: Lebenseinstellungen, die uns unglücklich machen, weil sie nicht mit der Wirklichkeit übereinstimmen. Wir reden uns etwas ein und wundern uns, dass wir nie ganz zufrieden sind. Eine Lebenslüge ist ein Gefängnis, das wir mit uns herumtragen.

Es gibt Menschen, die ihr ganzes Leben auf einer Lüge aufbauen. Eine der erschreckendsten dieser Lügen lautet: »Ich kann nicht glücklich werden, weil ich so eine missratene Kindheit hatte.« So eine Lüge ist wie eine dunkle Sonnenbrille, die alles, was wir anschauen, finster erscheinen lässt. Aber es gibt noch viel mehr solcher Lebenslügen: »Ich kann nicht glücklich sein, wenn nicht alles nach meinen Vorstellungen läuft. – Das Leben sollte leicht und fair sein. – Man ist nur so viel wert wie seine Leistung. – Ich habe es schwerer. – Andere sind für mein Unglück verantwortlich! – Letztlich kann man sich nicht ändern. – Ich muss perfekt sein!« An jeder dieser Fehleinschätzungen zerbrechen Menschen.

Übrigens gibt es solche Lügen auch im geistlichen Bereich: »Gottes Liebe muss man sich verdienen! – Gott wird mich vor allem Übel bewahren. – Es ist Christenpflicht, alle Bedürfnisse anderer zu erfüllen. – Christen sollten nicht zornig, traurig oder besorgt sein.« Glaube, der auf solchen Gedanken basiert, kann sich nur krankhaft entwickeln.

Warum leben wir mit solchen Lügen? Ganz einfach: Wir weichen Problemen aus! Und das ist ganz natürlich. Wir haben Angst, uns den Grundfragen unseres Lebens zu stellen. Das Schlimme daran ist: Wer Schmerzen ausweichen will, muss auf lange Sicht fast immer mehr Schmerzen erleiden. Wer sich seinen Lebenslügen stellt, der ist vielleicht einen Augenblick von der Realität geblendet, dann aber wird er ungeahnte Möglichkeiten entdecken. Menschen, die Jesus begegnet sind, haben in der Regel dieses Aufdecken von Lebenslügen erfahren.

Fabian Vogt

> Und das ist die Botschaft, die wir von ihm gehört
> haben und euch verkündigen: Gott ist Licht, und in ihm
> ist keine Finsternis.
>
> 1. JOHANNES 1,5 (LUTHER 1984)

Ich besitze ein sehr wertvolles Buch. Darin haben Menschen aller Alters- und Gesellschaftsklassen eine Begebenheit aus ihrem Leben aufgeschrieben, die sie noch nie jemandem auf der Welt erzählt haben. Ein Mann namens Frank Warren hatte sie durch schlichte Postkarten dazu ermutigt, ihre kleine Geschichte künstlerisch darzustellen und anonym an ihn zurückzuschicken. Daraus ist dann das Buch entstanden. Jemand eröffnet uns, dass er schon immer mal eine Bank ausrauben wollte. Eine Pastorenfrau gesteht, dass sie schon lange nicht mehr an Gott glaubt. Eine andere Person schreibt: »Er sitzt seit 2 Jahren im Knast für etwas, das ich getan habe.«

Es sind teilweise wirklich schockierende Lebensbeichten: Schuldgefühle, Qualen, Bedauern. Aber durch die liebevolle Gestaltung der Postkarten wird noch etwas anderes klar. Wie wichtig, wie intensiv es für viele gewesen sein muss, Licht in diese dunklen Kammern ihres Herzens zu lassen. Und so traurig ich viele Geschichten fand, so tröstlich waren sie auch, weil sie mir klargemacht haben: Ich bin nicht allein mit meinen Abgründen.

In der Bibel wird ganz selbstverständlich davon gesprochen, dass wir alle diesen inneren Kerker haben, aus dem wir uns nicht befreien können. Er wird dort Sünde genannt: Taten, Gedanken, Wünsche, mit denen wir die freie Sicht auf Gott vermeiden.

Warum quälen uns diese Gedanken so? Ist das nicht einfach nur unser hypersensibles Gewissen? Der Grund, warum ich meine Geheimnisse nicht einfach ausplaudere, ist in den meisten Fällen wohl schlicht und ergreifend, dass ich Angst davor habe, dann nicht mehr gemocht zu werden. Wie würden andere reagieren, wenn sie wüssten, dass ich jemanden umgebracht habe, meinen Körper hasse, beim Sex an jemand anderen denke etc. ... Ist es nicht das Urteil unserer Umwelt, das uns davon abhält, uns schonungslos zu offenbaren?

Gott wünscht sich aber genau die Art der Freiheit für uns. Er will uns befreien von unserer Schuld (und unseren Schuldgefühlen). Weil sie uns lähmen. Und deshalb funktioniert Gott ein bisschen wie mein – zum Leben erwachtes – wertvolles Buch. Ich kann ihm meine schlimmsten und schönsten Geheimnisse anvertrauen, und er hält sein Beichtgeheimnis, schützt mein Geständnis. Weil sein Urteil über mich nicht von meinen Taten, Gedanken, Wünschen abhängt. Er hat sich schon längst ein Urteil über mich gebildet. Er liebt mich. Und das ist mein Freispruch.

Freddi Gralle

Starke Sprüche

Wo viele Worte sind, da geht's ohne Sünde nicht ab;
wer aber seine Lippen im Zaum hält, ist klug.

SPRÜCHE 10,19 (LUTHER 1984)

K lar, dass das ein Kerl geschrieben hat. Die kriegen den Mund ja sowieso nicht auf. Schwätzen können sie zwar gut, aber wenn es drauf ankommt, ist Schweigen im Walde. Aber steckt in diesem Spruch nicht doch ein Körnchen Wahrheit? Egal ob Frau oder Mann, jeder von uns hat schon einmal gedacht: »Hätte ich doch nur den Mund gehalten.« Aber jeder hat auch schon einmal ein schlechtes Gewissen gehabt, weil er im entscheidenden Moment nichts gesagt hat. Das richtige Maß des Redens zu finden ist schwer. Es zeugt von Weisheit und Lebenserfahrung, wenn man gelernt hat, im richtigen Moment das Richtige zu sagen.

Worte haben schon viel Schaden angerichtet. Sie haben Kriege angezettelt, Menschen zur Verzweiflung und zur Selbstaufgabe getrieben. Worte haben aber genauso Versöhnung bewirkt und Verzweifelte aufgerichtet. Worte sind eine Macht, eine scharfe Waffe, zum Guten wie zum Bösen. Wie kann ich lernen, meine Worte richtig einzusetzen?

Zuerst einmal gilt es innezuhalten. Bin ich mir bewusst, was meine Worte alles an- und ausrichten? Es ist einfach, alles, was mir in den Sinn kommt, rauszulassen. Sollen die anderen doch sehen, wie sie damit fertigwerden. Das, was nach Geradlinigkeit und Aufrichtigkeit aussieht, ist in Wirklichkeit egoistisch und lieblos. Aber will ich wirklich wahrhaben, wie lieblos ich oft mit meinem Gerede bin? Ohne diese Selbsterkenntnis werde ich im Sinne des obigen Verses nie klug. Ein Sprichwort sagt: »Vor dem Reden Verstand einschalten!« Hier ist viel Weisheit drin. Gerade wenn ich emotional aufgeladen bin, ist es wichtig innezuhalten, bevor ich losplappere.

Im Neuen Testament steht im Matthäusevangelium, Kapitel 12,36: »Ich sage euch aber, dass die Menschen Rechenschaft geben müssen am Tage des Gerichts von jedem nichtsnutzigen Wort, das sie geredet haben.« Gott ist es nicht egal, was wir reden. Wir können mit einem bedachten und klugen Wort viel Gutes bewirken. Um dahin zu kommen, brauchen wir eine innere Einsicht. Uns muss immer wieder bewusst sein, dass unsere Worte wichtig sind. Wir werden auch immer wieder scheitern. Um klug zu werden, dürfen wir nicht aufgeben. Wir müssen lebenslang lernen, mit unseren Worten weise umzugehen.

Ulrich Römer

128 | Der Mensch denkt – Gott lenkt

Verlass dich auf den Herrn von ganzem Herzen,
und verlass dich nicht auf deinen Verstand ...
SPRÜCHE 3,5 (LUTHER 1984)

Das ist ja mal wieder typisch. Kaum wissen die/wir Frommen nicht mehr weiter, sollen wir den Verstand abschalten. Als wenn Gott eine Lösung hätte für die Probleme dieser Welt. Soziale Kälte, Klimaveränderung, Terrorismus, Kriege, Atomwaffen, Hungersnöte und vieles mehr. Da müssen wir doch alle unseren Verstand einsetzen. Wir müssen diese Probleme selber lösen.

Wer regelmäßig mit wachem Geist am Weltgeschehen teilnimmt, kann wirklich verzweifeln. Aber gerade hier setzt unser Text ein. Der Schreiber, ein hochintelligenter Intellektueller seiner Zeit, ist schon oft an die Grenzen seines Verstandes gestoßen.

In unserer aufgeklärten Industriekultur erhält der Verstand oft einen Platz, der ihm nicht zusteht. Als wenn man mit dem Denken alles lösen könnte! Die Menschheitsgeschichte zeigt, dass das nicht der Fall ist. Es gibt so viele Dinge, die unser Verstand nicht berücksichtigen kann. Der Verstand will gerne die Nummer 1 in unserem Leben sein. Aber damit ist er völlig überfordert. Und genau hier kommt Gott ins Spiel. Auch wenn es schwer fällt, das zu akzeptieren, der Mensch kann seine Probleme nicht allein lösen. Ohne Besinnung auf und Hilfe von seinem Schöpfer ist der Mensch sich und der Natur wehrlos ausgeliefert.

Unser Verstand ist ohne Hilfe völlig überfordert. Die nötige Hilfe bekommen wir nur, wenn sich der Verstand einem gnädigen Gott unterordnet. Dieser gnädige Gott zeigt sich in Tod und Auferstehung von Jesus Christus. Beides sind Geschehnisse, die mit dem Verstand nicht zu fassen sind. Hier entscheidet sich, ob ich bereit bin, meinen Verstand Gott unterzuordnen. Erst in der Unterordnung gegenüber Gott kann der Verstand durch die Hilfe des Geistes Gottes richtig zur Entfaltung kommen. Weil er dann in Verbindung mit dem Schöpfer steht.

Wir Menschen wissen noch so wenig und stehen letztlich immer noch am Anfang der Erkenntnis über all die Ursachen der Probleme, die uns bewegen. Nur in Besinnung auf Gott kann die Menschheit und damit auch der einzelne Mensch seine Zukunft meistern.

Ulrich Römer

129 | Faul oder tüchtig?

Für die Faulen ist jeder Weg mit Dornen versperrt;
Tüchtige finden immer eine gebahnte Straße.

SPRÜCHE 15,19 (GUTE NACHRICHT)

Na toll, schon wieder so ein Stammtischspruch. Ist der Sprüche-schreiber jetzt unter die Wahlkämpfer gegangen?« Oder: »Endlich sagt mal einer die Wahrheit! Das faule Pack ist doch selber Schuld, wenn es nicht in die Pötte kommt.« So ein Wort polarisiert. Je nachdem, welche Lebenserfahrung ich habe und aus welchem Holz ich geschnitzt bin, nehme ich eine Position ein. Aber wenn wir tiefer über dieses Wort nachdenken und vor allem tiefer in uns selbst hineinsehen, stellen wir fest, dass in jedem ein Fauler und ein Tüchtiger steckt. Es gibt Situationen, da nehmen wir die kleinsten Schwierigkeiten zum Anlass, die Waffen zu strecken und aufzugeben. Dann gibt es Situationen, da wachsen wir über uns hinaus. Wir finden dann auch in einer scheinbar ausweglosen Lage eine Lösung.

Wie viel Fauler oder wie viel Tüchtiger in uns steckt, ist sehr unterschiedlich und von vielen Faktoren abhängig. Neben den Genen liegt es sicherlich an einer ganzen Reihe sozialer Faktoren, wie etwa der Erziehung, dem Umfeld und der Kultur, in der ich lebe. Diese Vielzahl der Faktoren ermöglicht es mir, nicht in meinem Zustand zu bleiben.

Bin ich ein Fauler, dem nichts gelingt, ein Loser, dem das Brötchen immer auf die Marmeladenseite fällt? Dann brauche ich nicht mein Leben lang in Selbstmitleid zu baden. Sondern ich darf wissen, ich kann etwas tun, um die Verliererseite zu verlassen. Das Erste ist eine kritische Selbstanalyse. Sind wirklich die anderen an meinem Unglück schuld? Erst wenn ich das von Herzen verneinen kann, ist Veränderung möglich.

Bin ich ein Tüchtiger, der um des Erfolges willen nur wenige Grenzen kennt? Oder der es mit der Wahrheit schon mal nicht so genau nimmt? Der die eine oder andere kleine Schwindelei oder Notlüge in Kauf nimmt, damit er auf seinem Weg schneller vorankommt? Bin ich ein Tüchtiger und damit ein »Gut-Mensch«? Ein Vorbild für andere? Erst wenn ich von Herzen einsehe, dass ich nicht besser bin als der Faule, ist Veränderung möglich. Veränderung ist möglich, wenn ich es will. Gerne hilft mir der Geist Gottes, dem ich im Gebet meine Situation nennen kann. Er wird mir Menschen zeigen, die mir helfen können.

Ulrich Römer

130 | Geduld ist besser als Stärke

Ein Geduldiger ist besser als ein Starker,
und wer sich selbst beherrscht, ist besser als
einer, der Städte gewinnt.
SPRÜCHE 16,32 (LUTHER 1984)

Heute, als ich diese Zeilen schreibe, war in der Zeitung ein junger Mann im Schwimmbad zu sehen. Mit einem muskulösen Oberkörper und einem strahlenden Lächeln. Und ich habe mir gedacht: Beneidenswert! Wollen wir das nicht alle? Stark sein, jung sein, schön sein und nebenbei noch andere Menschen gewinnen. In unserem Bibeltext steht zwar etwas von Städte gewinnen, aber im Zeitalter von Raketen und Drohnen werden Städte nicht mehr mit Muskelkraft gewonnen.

Welch ein junger Mann möchte nicht mit seinem durchtrainierten und gestylten Body das Herz der aktuellen und zukünftigen Miss Fitness gewinnen? Und welche Miss möchte nicht ihren Kopf an die 40-cm-Bizeps des Schönlings legen? Doch unser Text weiß es besser: Es kommt im Leben nicht auf Stärke und Erfolg an. Geduld und Selbstbeherrschung sind die Schlüssel für ein lebenswertes Leben. Für ein Leben, wie Gott es sich gedacht hat.

Aber was versteckt sich hinter diesen beiden Begriffen »Geduld« und »Selbstbeherrschung«? Schauen wir in die Natur. Wie viele Jahrtausende hat die Erde gebraucht, bis aus ihr ein Planet wurde, auf dem Leben möglich war? So ist das auch in unserem Leben. Wenn wir Pläne mit Geduld und Ausdauer umsetzen, sind die Ergebnisse meist effektiver, als wenn wir alles übers Knie brechen und ruck, zuck umsetzen wollen. Jeder weiß, dass eine geduldige Ernährungsumstellung, die Wochen dauert, bessere Ergebnisse bringt als Blitzdiäten. Geduld im Beruf, sich Zeit lassen, um Kompetenz aufzubauen, ist besser als Karriere im Schnelldurchgang mit spitzen Ellenbogen auf dem Weg nach oben.

Vor allem im Glauben brauche ich Geduld. Gott lässt sich nicht im Schnelldurchgang kennenlernen. Sich selbst beherrschen? Es geht hier nicht nur um Wutausbrüche. Es geht auch darum, ob ich immer sofort alles haben muss, was ich sehe. Oder was andere haben. Immer topaktuell im Leben sein kurbelt die Wirtschaft an, aber für unseren Seelenfrieden ist es nicht gut. Bevor ich agiere, erst einmal innehalten und zum inneren Frieden kommen, bevor ich dann aktiv werde – das ist ein guter Lebensstil. Nicht der schnelle

Konsum macht uns glücklich, sondern ein ausgewogenes Leben, in dem ich entscheide, was ich brauche. Nicht ausgebuffte, anonyme Werbestrategen bestimmen meine Bedürfnisse, sondern, geprägt durch Gottes Wort, ich selbst.

Ulrich Römer

131 | Die rechte Herzenshaltung

Einen jeglichen dünkt sein Weg recht;
aber der Herr prüft die Herzen.
SPRÜCHE 21,2 (LUTHER 1984)

Ich tue recht und scheue niemand.« Wer kennt sie nicht, die Zeitgenossen, die vor Selbstbewusstsein nur so strotzen? Zu jedem Thema haben sie ihre eigene feste Überzeugung. Nichts kann sie davon abbringen. Alles, was sie sich vornehmen, scheint zu gelingen. Wenn etwas schiefgeht, sind die anderen Schuld. Aber ist das wirklich so einfach, dass der Mensch selber entscheiden kann, was recht ist und was nicht? Selbst innerhalb der menschlichen Gesellschaft und der Kultur, in der wir leben, kann der Einzelne nicht über Recht und Unrecht entscheiden. Letztlich sind das kollektive Entscheidungen. Selbst in einer Diktatur geht es selten gut, wenn sich der Diktator zum Maß aller Dinge macht. Aber auch die, die meinen, sie könnten ihr Leben selbst bestimmen und in die Hand nehmen, werden fortlaufend beeinflusst. Das geschieht durch Erziehung und Zwänge in der Berufs- und Geschäftswelt. Dazu kommen die feinen Manipulationen durch Werbung und Medien, die wir oft gar nicht richtig mitbekommen. Wer also meint, er selbst entscheide über den Weg seines Lebens, hat nur bedingt recht. Es sind viele, die an den Stellschrauben unserer Lebensuhr drehen.

Der Sprücheschreiber geht noch einen Schritt weiter. Gott prüft gar nicht, ob das, was wir tun, richtig oder falsch ist. Gott prüft unsere Gesinnung. Er prüft unsere Motivation, *warum* wir etwas tun. Ein profanes Beispiel: Zwei Menschen spenden 1000 € für ein Waisenhaus. Der Erste macht es, weil sein Steuerberater ihm das geraten hat. Das Schicksal der Kinder interessiert ihn nicht und bewegt sein Herz nicht. Der Zweite spendet die 1000 €, weil das Schicksal der Kinder sein Herz berührt und er ergriffen ist von der Not der kleinen Herzen, die keine eigene Familie haben. Die 1000 € sind Gott egal, aber er hat Gefallen an einem barmherzigen Herzen. Manche Menschen leugnen Gott lieber, weil sie diese Herzensprüfung fürchten. Nach dem Motto: »Was nicht sein darf, das nicht sein kann.« Doch so einfach ist es nicht. Der lebendige Gott der Bibel, den wir in Jesus Christus kennengelernt haben, nimmt Anteil an jedem Menschenleben. Ihn interessiert vor allem unsere Motivation.

Ulrich Römer

132 | Überfluss und Mangel

Das Planen eines Emsigen bringt Überfluss;
wer aber allzu rasch handelt, dem wird es mangeln.

SPRÜCHE 21,5 (LUTHER 1984)

Überfluss haben, im Vollen schwelgen, keine finanziellen Sorgen mehr, absolute wirtschaftliche Sicherheit, wer will das nicht? Das ist der Traum vieler Menschen. Die legale und die illegale Glücksspiel-Industrie leben gut davon. Zwei Dinge sind unserem Sprücheschreiber wichtig, um zum Überfluss zu kommen. Das Erste ist emsig, also fleißig sein. Von nichts kommt nichts. Wir müssen uns für unseren Erfolg einsetzen. Das Glücksspiel, wozu ich auch alle Arten von Spekulationsgeschäften zähle, ist selten erfolgreich. Aber Fleiß alleine reicht nicht. Wichtig ist eine vernünftige, durchdachte Planung. Nicht umsonst haben Seminare für Projektplanung in der Personalweiterbildung großer Firmen einen hohen Stellenwert. Diese Weisheiten kennt jede Hausfrau und jeder Hausmann: Wer ohne Einkaufszettel und mit hungrigem Magen einkaufen geht, bringt das Vielfache von dem mit, was nötig ist. Das Nötige ist dann meistens gar nicht dabei.

Hier kommen wir dann zum zweiten Teil unseres Verses. »Wer rasch handelt, dem wird es mangeln.« Hier wird auch fleißig gehandelt. Aber ohne Plan. Mehr aus dem Bauch heraus. Projekte werden nur angedacht, aber nicht konsequent durchdacht. Statt auf ein Ziel hin, wird »auf Sicht« gearbeitet. Das heißt, es wird spontan gehandelt, und dann kommt planlos ein Schritt nach dem anderen. Meistens werden diese Projekte nicht zu Ende gebracht. Wer so arbeitet, bei dem bleiben viele angefangene Baustellen liegen. Aber nichts wird zu Ende geführt. Wenn man auf einem Feld eine gerade Linie gehen will, darf man nicht auf den Boden und den nächsten Schritt achten. Man muss in der Ferne einen Punkt fixieren und darauf zugehen. Sonst entsteht nur eine Schlangenlinie und nichts Gerades.

Diese Grundsätze gelten für unser ganzes Leben. Ein Leben im Überfluss geht nicht ohne Plan. Diesen Plan erstellen wir am besten mit Gottes Hilfe im Gebet. Wir können ein Leben im Überfluss haben, unabhängig von unserer wirtschaftlichen Situation. Überfluss kann auch heißen, ein Leben in Liebe, in Freude, mit einem Sinn geführt zu haben. Ein Leben im Plan Gottes. Wer planlos durchs Leben geht, wird sich am Ende fragen: »Das soll alles gewesen sein?«

Ulrich Römer

133 | Stärke in der Not

Der ist nicht stark, der in der Not nicht fest ist.

SPRÜCHE 24,10 (LUTHER 1984)

Mein Papa, der ist sooo stark ...« Kinder, gerade Jungs, geben gerne mit der Stärke ihres Vaters an. Doch was ist Stärke überhaupt? Bei Stärke denken wir oft an Kraft. Ein starker Mann, eine starke Frau hat viel Muskelkraft. Ein starker Maschinenmotor kann viel bewegen. Doch der Text meint eine innere Stärke. Eine innere Stärke ist nicht zu verwechseln mit einem übertriebenen Selbstbewusstsein. Innere Stärke hat mit Charakter zu tun. An Überzeugungen festhalten, wenn alle der gleichen Meinung sind, ist einfach. Gute Laune haben, wenn alles gut läuft, wir Erfolg haben und gesund sind, ist nichts Besonderes.

Im Text ist die Rede von einer Not. Diese Not kann viele Formen haben. Wir können berufliche Probleme haben. Arbeitslosigkeit kann uns treffen. Dann fehlen plötzlich der strukturierte Tagesablauf, die Anerkennung und die wirtschaftliche Grundlage. Beziehungen können auseinandergehen. Zwischen den Ehepartnern und/oder zwischen Eltern und Kindern. Wenn die Kinder nichts mehr von den Eltern wissen wollen, ist das oft schlimmer, als wenn Ehen in die Brüche gehen. Der Tod eines nahen Angehörigen wirft uns leicht aus der Bahn, unsere Gesundheit kann immer schlechter werden, wir sind von einer schweren Krankheit bedroht. Das raubt oft alle Lebensfreude. Auch wenn wir mit zunehmendem Alter immer mehr körperliche Grenzen erkennen. Wenn wir uns nicht mehr so bewegen können, wie wir es wollen und gewohnt sind. Das sind Nöte, die jeden treffen können. Dazu kommen noch äußere Notsituationen wie Krieg und Naturkatastrophen. All diese Dinge können einen starken Menschen ins Wanken bringen.

Was können wir tun, damit uns diese Notsituationen nicht umwerfen? Erstens ist es ganz wichtig, dass wir uns geliebt wissen. Geliebt von anderen Menschen, die uns in der Not Halt geben. Geliebt von Gott, der nicht wie Menschen vergänglich ist. Gottes Liebe ist verlässlich. Zweitens brauchen wir ein festes Lebensfundament. Dieses Fundament kann nur im Glauben an Gott gelegt werden. Nur die Versöhnung mit Gott durch Jesus Christus kann unserem Leben die Festigkeit geben, auch in der Not nicht zu verzweifeln. In der Not stark bleiben, durch die Beziehung zu Gott, ist ein lebenslanger Lernprozess.

Ulrich Römer

134 | Kann man Gott etwas leihen?

Wer sich des Armen erbarmt, der leiht dem Herrn,
und der wird ihm vergelten, was er Gutes getan hat.
SPRÜCHE 19,17 (LUTHER 1984)

Wenn jeder an sich selbst denkt, ist an alle gedacht.« Oft habe ich diesen Satz schon gehört, im Bekanntenkreis oder von Arbeitskollegen. Immer dann, wenn es darum ging, etwas an andere abzugeben, ohne direkt einen eigenen Vorteil davon zu haben. Schnell kamen dann auch Vorwürfe an die Hilfsorganisationen, die das Geld angeblich nicht richtig einsetzen. Oder Hinweise auf die Korruption in den Nehmerländern.

Aber nicht jeder kann in ausreichendem Maße für sich selbst sorgen. Haben wir schon einmal darüber nachgedacht, welch ein Geschenk es ist, in diesem reichen Land geboren zu sein? Welch ein Geschenk es ist, wenn man geistig und körperlich so gesund ist, dass man für sich selbst sorgen kann? Viele Menschen sind auf die Hilfe anderer angewiesen. Dabei ist die Schuldfrage völlig unerheblich. Es kann jeden treffen. Heute, morgen oder wann auch immer. Ein Unfall, eine Krankheit, eine Wirtschaftskrise, eine Naturkatastrophe. Die Ursachen dafür, dass wir plötzlich auf andere angewiesen sind, sind vielfältig.

Mit dem obigen Vers schauen wir direkt in Gottes Herz. Der barmherzige Gott identifiziert sich mit der Not leidender Menschen. Wenn ich einem Armen etwas Gutes tue, ist das für Gott so, als wenn ich ihm selbst etwas Gutes tue. Als Mensch kann ich Gott nur meine Anbetung und meinen Glauben und Gehorsam widmen. Aber ich kann ihm nichts Gutes tun, weil er sowieso der Herr von allem ist. Aber wenn wir uns über andere Menschen erbarmen und uneigennützig helfen, erwärmen wir Gottes Herz. Es ist so, als wenn wir ihm selbst etwas geben. Wir dürfen auch wissen, dass unsere Barmherzigkeit von Gott belohnt wird. Wobei diese Belohnung nicht unsere Motivation sein soll, Gutes zu tun. Unsere Motivation soll sein, unter der Not anderer zu leiden und dieses Leid lindern zu wollen. Unsere Motivation kann auch die Dankbarkeit sein, dass wir nicht in Not sind, in dem Wissen, welch ein großes Geschenk das ist.

Es ist einfach, zu sagen: »Hilf dir doch selbst«, oder zu sagen: »Wenn Gott will, dass es dem anderen gut geht, soll er doch helfen.

Warum lässt er die Not zu?« Besser ist es, sich der Verantwortung zu stellen und da, wo es nötig und möglich ist, dem Leid zu begegnen.

Ulrich Römer

135 I Hilfe für Angsthasen

> Menschenfurcht bringt zu Fall; wer sich aber
> auf den Herrn verlässt, wird beschützt.
> SPRÜCHE 29,25 (LUTHER 1984)

Du alter Angsthase, mach dir doch nicht gleich in die Hose!« Dieser Kinderspruch offenbart eine tiefere Wahrheit. Zum einen, dass Furcht und Angst zu unserem Leben dazugehören, und zum anderen, dass die Schwelle, ab wann jemand Angst empfindet, sehr individuell unterschiedlich ist. Angst ist als Schutzreaktion lebenswichtig für uns. In Angstsituationen verändert sich unser Körper. Unsere Augen- und Hörnerven werden empfindlicher, die Muskelspannung erhöht sich, und viele andere Reaktionen verändern sich. Wovor wir Angst haben, ist sehr verschieden. Es gibt diffuse Ängste und konkrete Ängste. Hier im Text ist von Menschenfurcht die Rede. Die Furcht vor Menschen blockiert unser Auftreten gegenüber anderen. Es gibt Menschen, die flößen uns nur durch ihre Stimme, ihre Mimik und Gestik Angst ein. Menschenfurcht entsteht oft in Situationen, in denen andere Menschen uns manipulieren wollen, um für sich einen Vorteil uns gegenüber zu erreichen. Hier geht es nicht um Kriminalität. Diese Manipulationen finden sich in jedem Verein, oft auch im Berufsleben, leider auch immer wieder in Gemeinden. Was nach außen wie natürliche Autorität aussieht, ist oft nur geschickte Manipulation.

Es gibt aber auch Situationen, in denen sich Furcht in uns aufbaut, ohne dass andere Menschen einen Einfluss darauf haben. Das sind dann oft Ängste, die in unserer Vergangenheit begründet liegen. Die Schwelle, ab wann Angst in uns aufsteigt, ist von Mensch zu Mensch verschieden. Unser Text bietet hier Hilfe an: Egal, wie hoch unsere Angstschwelle ist, »wer sich auf den Herrn verlässt ...« Sich auf den Herrn verlassen heißt, Gott in all unseren Lebensbereichen zu vertrauen. Auch in den schwierigen Situationen. Wenn wir in Konflikten mit anderen Menschen leben, gibt uns das Vertrauen in Gott Sicherheit. Aber diese Sicherheit ist kein Selbstläufer. Wir müssen uns immer wieder klarmachen, wie mächtig Gott ist. Jeder Mensch ist vergänglich, egal wie furchterregend und manipulativ sein Auftreten ist. Gottes Zusage, dass wir in seinen Händen geborgen sind, gilt für alle Zeiten. Von unserer Seite müssen wir lernen, dieses Vertrauen in Gott aufzubauen. Es ist oft einfacher, Angst vor anderen zu haben, als Gott zu vertrauen. Aber dieses Vertrauen in Gott steigert unseren Lebenswert.

Ulrich Römer

136 | Schönheit um jeden Preis

> Lieblich und schön sein ist nichts; eine Frau,
> die den Herrn fürchtet, soll man loben.
>
> SPRÜCHE 31,30 (LUTHER 1984)

Der Schreiber war natürlich auch nur ein Kind seiner Zeit. In dieser Zeit und Kultur war Schönheit den Frauen vorbehalten. In unserer Kultur hat sich das verändert. Heutzutage gehen auch Männer zur Kosmetikerin. In den Drogeriemärkten gibt es ganze

Regale mit Schönheitspflegeprodukten für Männer. Daher kann man den Bibelvers auch auf Männer anwenden. Es ist tatsächlich so, dass Schönheit in unserer Gesellschaft eine wichtige Rolle spielt. Unsere ganze Werbung arbeitet mit schönen Menschen. Positive Hauptrollen in Filmen sind meistens mit schönen Menschen besetzt, und die bösen Figuren sind oft den nicht so attraktiven Menschen vorbehalten. Schönheit ist ein bedeutender Wirtschaftsfaktor geworden. Aber ist Schönheit wirklich so wichtig, und was sagt Schönheit über einen Menschen aus? Positiv ist es, wenn ein Mensch auf sein Äußeres achtet und sich pflegt. Einhaltung von Hygiene ist für unsere Gesundheit wichtig. Aber das Achten auf Schönheit kann auch ein Selbstläufer und schnell zum Götzendienst werden, wenn sich das ganze Leben darum dreht.

Es gibt in dem obigen Vers die Beschreibung »lieblich sein«. Was versteht der Schreiber darunter? Ein angepasstes Wesen ohne Ecken und Kanten? Ohne eigene Meinung und Profil? Hauptsache, man wird von allen geliebt? Das ist nicht gut, weil es nicht dem menschlichen Wesen entspricht. Jeder Mensch hat seinen eigenen Charakter. Anpassung um jeden Preis, nur um von allen anerkannt zu werden, ist für unsere Seele nicht gut. »Den Herrn fürchten« als Alternative zu Lieblichkeit und Schönheitswahn, was heißt das? Es heißt, dass wir unser Leben in dem Wissen führen, dass es eine letzte Instanz gibt. Es heißt, ich weiß mein Leben ist mir von Gott geschenkt, und ich bin für mein Leben vor Gott verantwortlich. Wenn ich das begriffen habe, werde ich aufhören, mich immer nur um mich selbst zu drehen. Ich werde auch aufhören, die Meinungen von anderen wichtiger einzustufen, als sie sind. Ich bin dann nicht mehr darauf angewiesen, von anderen bewundert zu werden und anderen um jeden Preis zu gefallen.

Ulrich Römer

Zur Ruhe kommen

Sechs Tage sollst du arbeiten und alle deine
Werke tun. Aber am siebenten Tage ist der Sabbat
des Herrn, deines Gottes.

2. MOSE 20,9-10 (LUTHER 1984)

Gerade hat die letzte Eisdiele die Saison beendet. In den dunklen Scheiben, hinter denen man sonst bunte Eisbällchen bekommt, spiegelt sich das schillernde Herbstlaub. Die Nachbarn in unserem Viertel glauben auch nicht mehr an einen Nachsommer und räumen die Gartenmöbel in den Keller. Die Gespräche am Gartenzaun werden seltener. Man fröstelt. Die Natur legt sich zur Ruhe, um im Frühling wieder zu erwachen. Wie macht sich der Herbst in Ihrem Leben bemerkbar?

Ich meine das ganz ernst: Ohne dass wir es immer wahrhaben wollen, werden wir von Zyklen bestimmt. Auch der Mensch lebt im Sommer anders als im Winter. Darum ergreift ja so viele die berühmte herbstliche Melancholie, in der sich der Abschied von den hellen Tagen widerspiegelt. Und dass wir jeden Tag einige Stunden Schlaf brauchen, um uns zu erholen, ist selbstverständlich.

Besonders herausfordernd ist natürlich die Frage nach dem Wochenrhythmus. Brauchen wir einen arbeitsfreien Sonntag? Dürfen die Betriebe den Sonntag zu einem Alltag machen oder nicht? Die Frage ist nicht so leicht zu beantworten. Denn natürlich kann man schon jetzt am Sonntag in Restaurants gehen, Blumenkränze kaufen, Vergnügungsangebote nutzen oder Eisenbahn fahren. Für mehr als 30 % der Arbeitnehmer ist es selbstverständlich, am Sonntag zu arbeiten. Die müsste man mal fragen, ob es ihnen gelingt, ihren alternativen freien Tag, etwa den Dienstag, als Tag der Ruhe zu erleben.

Denn darum geht es ja: sich klarzumachen, dass erst das Zusammenspiel von Arbeit und Ruhe das Dasein erfüllt. Wohl dem, der sich wirklich einen Tag in der Woche freinimmt, um sich zu sammeln und aufzutanken. Wenn das allen Menschen gelänge – und: Kennen Sie einen, bei dem das so ist? –, dann könnte man über die Abschaffung der Sonntagsruhe nachdenken. Solange wir es nicht einmal mithilfe eines offiziellen Ruhetages schaffen, regelmäßig zur Ruhe zu kommen, halte ich die Gleichschaltung des Sonntags für ein Gesellschaftsrisiko, bei dem der Mensch zugunsten seiner Arbeitskraft abtreten muss. Ja, mehr noch: bei dem er möglicherweise ganz verlernt, worin ein gelingendes Leben besteht. Kein Wunder, dass Gott die Heiligkeit des siebten Tages so hervorgehoben hat. Er ist ein Geschenk, keine Einschränkung. Wer das nicht sieht, denkt gering von den Menschen.

Fabian Vogt

138 | Wie Weinreben Frucht bringen

Ich bin der Weinstock, ihr seid die Reben. Wer in mir bleibt und ich in ihm, der bringt viel Frucht; denn ohne mich könnt ihr nichts tun.

JOHANNES 15,5 (LUTHER 1984)

Wir sind mal wieder unterwegs, besuchen einen Freund in Neustadt an der Weinstraße – der Name sagt es schon: Weinberge, so weit das Auge reicht. Ein Weinstock am anderen, behängt mit schweren, süßen, saftigen Trauben. Einige sind sogar schon abgeerntet. Natürlich fällt mir das Gleichnis von Jesus ein: »Ich bin der Weinstock, ihr seid die Reben.« Mit diesem Vergleich illustriert Jesus, dass die Wirkung, die unser Leben hat, entscheidend davon abhängt, wie unsere Verbindung zu ihm ist: »Ihr in mir und ich in euch.«

Wenn zwischen ihm und uns eine innige Verflechtung und Verbindung besteht, dann, so sagt er, werden wir Frucht bringen, viel Frucht. Das ist also das Geheimnis eines »fruchtbaren« Lebens, nicht unsere Anstrengung oder Selbstdisziplin, noch nicht einmal unser Einsatz.

Ein Bibelausleger sagte einmal: »Es kommt mir so vor, als hätte Gott den Weinstock nur aus dem Grund erschaffen, damit wir Menschen diesen Zusammenhang von Verbundensein und Fruchtbarsein begreifen.« Mit dem Weinstock sei nichts anderes anzufangen. Aus seinem Holz könne man kein Brett machen, keinen Schrank zimmern, noch nicht mal zum Feuermachen würde es taugen. Das Einzige, was ein Weinstock könne, sei, seine Reben mit Nahrung zu versorgen, damit sie die Trauben hervorbringen. Und das kann er wirklich ausgezeichnet, ich bin Zeuge.

Ob Gott den Weinstock wirklich nur aus dem Grund geschaffen hat – ich weiß es nicht. Kann sein. Hilfreich ist der Vergleich auf jeden Fall: die Verbindung, das ist das Wichtigste.

Vielleicht ist es ja tatsächlich so, dass Gott so einiges deshalb geschaffen hat, damit wir ihn besser erkennen können – sogar in unserem Alltag.

Andreas Bürgin

Danket dem Herrn; denn er ist freundlich,
und seine Güte währet ewiglich.

PSALM 107,1 (LUTHER 1984)

Zu Herbstbeginn wird in unseren Breitengraden traditionell das Erntedankfest gefeiert. Wir bringen damit unsere Dankbarkeit für die Versorgung im letzten Jahr zum Ausdruck. Trotz ungünstiger wirtschaftlicher Entwicklungen gibt es in unserer Gesellschaft immer wieder genug zum Essen und Leben. Ein Grund zum Danken, zum Staunen.

Danken hat viel mit Staunen zu tun – Staunen über Gottes Schöpfung zum Beispiel. Vor einigen Jahren flogen wir als Familie nach Kanada. Meine Frau und ich waren eingeladen, Gottesdienste einer Kirchengemeinde in Sechelt mit Musik und Predigten zu gestalten. Es war um die Zeit des Erntedankfestes herum – deshalb denken wir zu dieser Zeit besonders gern daran zurück.

Sechelt liegt bei Vancouver, an der Westküste Kanadas, direkt am Pazifischen Ozean. Eine fantastische Gegend. Eine Familie mit einem Haus in einer kleinen Bucht direkt am Wasser hatte uns eingeladen, einige Tage bei ihnen zu wohnen. Sie wollten das Gute, dass ihnen ihre häusliche Traumlage ermöglichte, einfach teilen. Eines Morgens blieben Claudia und ich nach dem Frühstück stundenlang sitzen, um aus dem großen Panoramafenster aufs Wasser zu schauen. Auf die vielen kleinen Inseln und die große Insel Vancouver Island, auf die vorbeiziehenden Adler und andere Vögel. Wir waren total entspannt und freuten uns an der Schönheit von Gottes Schöpfung. Kamen aus dem Staunen nicht heraus und waren dankbar, dass uns dieses Erlebnis möglich war.

Wie viele Menschen aber haben das dankbare Staunen verlernt!

Dabei muss man zum Staunen gar nicht weit wegfahren. Ich jogge regelmäßig an der Sechs-Seen-Platte in Duisburg. Oft abends. Da erlebe ich Gottes Schöpfung in vielen Facetten: Sonnenuntergänge oder Mondaufgänge, aufsteigende Nebel aus den Wassern, Schwäne, die zur Landung ansetzen, Wildgänse, die abheben. Eine einsame Wolke, die vor dem Mond schwebt. Oft denke ich: Danke, Gott, dass Du dies alles in Gang gesetzt hast und ich dies gerade jetzt erleben darf. Über Gottes Größe und Kreativität ins Staunen kommen – mitten im Alltag, mitten im Ruhrgebiet, mitten in Duisburg.

Welches sind die Augenblicke, in denen du innehältst und dankbar staunst? In denen du Gottes Spuren entdeckst in den großen und kleinen Dingen dieser Welt? Staunen lernst? Danken lernst?

Im neutestamentlichen Brief an die Römer schreibt der Theologe Paulus: »Wie groß ist doch Gott! Wie unendlich sein Reichtum, seine Weisheit, wie tief seine Gedanken! ... Denn alles, aber auch wirklich alles ist von ihm, dem Schöpfer, ausgegangen, besteht durch ihn, und er wird alles vollenden. Ihm gehören Lob und Ehre in alle Ewigkeit« (Römer 11,33-36).

Ich wünsche dir Zeit, an Gott zu denken – Zeit, Gott zu danken!

Thomas Klappstein

Beten

»Hey, unser Papa da oben! Du allein sollst auf dieser
Welt ganz groß rauskommen! Du sollst hier das Sagen
haben, auf der Erde genau so, wie es ja schon da oben
im Himmel der Fall ist. Bitte versorg uns mit allem,
was wir heute so zum Leben brauchen! Und sei nicht
mehr sauer auf uns, weil wir so viel Mist gebaut haben.
Wir wollen auch denen verzeihen, die uns mal übel
mitgespielt haben. Pass auf uns auf, damit wir nicht
irgendwelchen fiesen Gedanken nachgeben. Hol uns aus
der Gefangenschaft von dunklen Gedanken und Taten
raus. Denn dir ist doch nichts unmöglich, du hast die
ganze Power, du sollst für immer unser Held sein.
So passt es!«

MATTHÄUS 6,9-13 (VOLXBIBEL)

Im Lukasevangelium wird eine interessante Geschichte erzählt.
Jesus war gerade mit seinen Freunden unterwegs gewesen und
hatte heftigste Wunder vollbracht. Ein total durchgeknallter Mann
wurde von ihm mal eben so geheilt (Lukas 8,26-39). Eine Frau, die
seit zwölf Jahren ununterbrochen Blutungen hatte, wurde gesund,
nur weil sie ganz kurz Jesus' Klamotten anfassen durfte (Lukas

8,40-56). Über 10 000 Leute bekamen genug zu Essen, obwohl nur fünf Brote und zwei Fische am Start waren (Lukas 9, 10-17)! Ich kann mir vorstellen, dass seine Freunde eins kapiert hatten: Diese Wunder mussten irgendwas mit der guten Beziehung zu tun haben, die Jesus zu Gott, seinem Vater, hatte.

Im elften Kapitel kann man lesen, wie sie endlich hinter das Geheimnis kommen wollten, woher Jesus diese Kraft nahm. Irgendwann hatte Jesus mal einen Stopp eingelegt, um 'ne Runde zu beten. Als er fertig war, kam einer seiner Schüler vorbei und fragte ihn: »Jesus, bitte bring uns bei, wie man betet! Das hat Johannes mit seinen Schülern auch so gemacht.« Im Gebet steckt eine unheimliche Power. Gebet kann in den unmöglichsten Situationen Möglichkeiten schaffen. Gebet macht das Leben zu einem Abenteuer.

Ich glaube, Gott hat uns die Möglichkeit zu beten aus unterschiedlichen Gründen gegeben. Zum einen ist er wahnsinnig verliebt in uns, er sehnt sich nach uns und möchte unbedingt, dass wir mit ihm reden. Eine gute Beziehung lebt davon, dass man auch viel miteinander redet. Wenn du einen Freund oder eine Freundin hast, mit der du dich aber nicht mehr unterhalten kannst, weil ihr euch nichts mehr zu sagen habt, dann ist eure Beziehung tot.

Ein weiterer Grund, warum Gott durch Gebet in unserem Leben handeln will, ist, dass er dann am Ende für die guten Sachen, die passieren, auch immer die Ehre bekommt und nicht wir. Wenn man etwas Gutes erreicht hat, aus eigener Kraft, dann ist das ja erst mal toll. Aber oft wird man dann auch stolz, findet sich selber irgendwie ganz geil und macht sich langsam unabhängig von Gott. Und das ist weder für Gott noch für uns gut.

Und drittens glaube ich, dass Gott uns unheimlich gerne beschenkt, darum hat er das Gebet erfunden. Er ist eben wie ein guter Vater, der sich tierisch freut, wenn er seinem Kind ein Geschenk mit nach Hause bringt. Ein guter Vater freut sich, wenn er dabei zusehen kann, wenn sein Kind das Geschenk auspackt und jubelt. Gott möchte uns auch so beschenken.

Gebet ist ein großes Abenteuer, weil durch Gebet Dinge möglich werden, die vorher unmöglich waren. Und es gibt keinen besseren Zeitpunkt, um damit anzufangen, als heute.

Martin Dreyer

141 | Redet Gott, und kann ich ihn hören?

Weiter sagte Jesus: »Ich sage euch die Wahrheit:
Wer nicht durch die Tür in den Schafstall geht, sondern
heimlich einsteigt, der ist ein Dieb und Räuber. Der Hirte
geht durch die Tür zu seinen Schafen. Ihm öffnet der
Wächter die Tür, und die Schafe erkennen ihn schon an
seiner Stimme. Dann ruft der Hirte jedes mit seinem
Namen und führt sie auf die Weide. Wenn seine Schafe
den Stall verlassen haben, geht er vor ihnen her, und
die Schafe folgen ihm, weil sie seine Stimme kennen.
Einem Fremden würden sie niemals folgen. Ihm laufen
sie davon, weil sie seine Stimme nicht kennen.« Die Leute,
denen Jesus dieses Gleichnis erzählte, verstanden nicht,
was er damit meinte.

JOHANNES 10,1-6 (HOFFNUNG FÜR ALLE)

Die Situation im Gleichnis an sich war den Zuhörern Jesu vertraut. Sie hatten die Bilder dazu tagtäglich vor Augen. Sie kannten Schafställe, wussten um Viehdiebe und um die wichtige Aufgabe des Hirten, auf den Viehbestand zu achten. Und sie wussten aus vielfacher Erfahrung auch, dass die Tiere schnell die Stimme ihres Hirten von anderen Stimmen unterscheiden konnten.

Diese alltägliche Situation wird zum Bild für die ach so schwierige theologische Frage: Redet Gott, und wenn ja, wie? Aber Jesus stellt hier keine komplizierten theologischen Überlegungen an, sondern sagt ganz schlicht: Die Schafe hören die Stimme des Hirten, weil sie dicht an ihm dran sind, weil sie ihm folgen. Das ist eine einfache, für jedes Kind einsichtige Weisheit. Damit ist alles Wesentliche zu der als oft so kompliziert empfundenen Frage: »Wie kann ich Gottes Stimme hören?« gesagt. Es bedeutet, dass die Stimme Jesu der hören wird, der seine Nähe sucht, der dicht dranbleibt. Das ist die wichtigste Erkenntnis dieses Textes. Die These Jesu lautet: Wenn wir Gott hören wollen, muss die Beziehung zu ihm stimmen.

Das Verhältnis von Hirte und Schafen braucht Zeit, um sich zu entwickeln. Wer ein Haustier besitzt, kann bestätigen, dass es da eine Phase des Kennenlernens gibt, in der das Tier anfängt, Vertrauen zu haben. Es erfährt, dass der Mensch es gut mit ihm meint. Man verbringt Zeit mit dem Tier, gibt ihm einen Namen. Der Hirte ruft seine Schafe mit Namen ...

Eine Stimme, die wir kennen, werden wir unter vielen fremden Stimmen wiedererkennen. Sollte es uns da mit der Stimme Gottes nicht möglich sein? Der Text des Johannesevangeliums fragt nach Beziehung. Er fordert eine gelebte Beziehung, die nicht nur im Kopf existiert, sondern die ein »Sichkennen« voraussetzt. Dieses Kennenlernen ist ein Prozess. Ein Prozess wachsender Liebe und Nähe zu Gott.

Ekkehart Vetter

Wahrlich, ich sage euch: Wer zu diesem Berge spräche:
Heb dich und wirf dich ins Meer!, und zweifelte nicht in
seinem Herzen, sondern glaubte, dass geschehen werde,
was er sagt, so wird's ihm geschehen. Darum sage ich
euch: Alles, was ihr bittet in eurem Gebet, glaubt nur,
dass ihr's empfangt, so wird's euch zuteilwerden.

MARKUS 11,23-24 (LUTHER 1984)

Es ist heute kein Problem, Berge zu versetzen. Mit Geld, den
richtigen Baumaschinen, einigen Ladungen Dynamit und einem
Bautrupp kann man das machen. Aber es ist ein Problem, Sorgen
zu versetzen, die wie ein Berg den Blick auf das Leben versperren.
Mit einem nüchternen Blick auf die Sorgen, mit einer Prise Gottver-
trauen und mit dem Mut, den Sorgenberg an einer Stelle abzutra-
gen, kann es gelingen.

Es ist heute kein Problem, Lepra und andere Hautkrankheiten
zu heilen. Es gibt Medikamente dagegen. Aber es ist ein Problem, innere, menschenverachtende Haltungen aufzugeben, die sich wie Aus-
satz verbreiten. Wenn ich mir Gott in seiner Güte vorstelle, der mich
bedingungslos liebt, und ihm neu vertraue, dann kann es gelingen.

Es ist heute kein Problem, Menschen zu helfen, die an grauem
Star erkrankt sind. Eine Routineoperation, bei der eine neue Linse
eingesetzt wird, lässt die Welt wieder klar und farbig erscheinen.
Aber es ist ein Problem, die innere Blindheit zu heilen, wenn die
Augen verunreinigt sind durch eine falsche Sichtweise und das
Urteilsvermögen wie mit Blindheit geschlagen ist. Wer sich in Got-
tes Licht stellt, sich von ihm durchleuchten lässt und ihm vertraut,
bei dem kann es wieder hell werden.

Es ist heute kein Problem, Menschen zu helfen, denen Gliedmaßen fehlen. Es gibt fantastische Prothesen aus Titan, mit denen man schneller laufen kann als mit zwei gesunden Beinen. Aber es ist ein Problem, sich auf den Weg zu machen und sich bei jemandem, den man nicht leiden kann, zu entschuldigen. Es ist fast so, als ob die Beine gelähmt wären. Der Weg dorthin scheint endlos weit zu sein. Wer sich seiner eigenen Schuld und seinem eigenen Versagen stellt und wer mit den Schuhen des Gottvertrauens losgeht, der kann es schaffen. Und hinterher wird er in die Luft springen vor Freude.

Albrecht Gralle

143 | Bitten, suchen, anklopfen

> Denn wer bittet, der bekommt. Wer sucht, der findet.
> Und wer anklopft, dem wird geöffnet.
> MATTHÄUS 7,8 (HOFFNUNG FÜR ALLE)

Seit er klein ist, hat mein Sohn Lukas Zweifel, ob diese Sache mit Gott wahr sein kann. Bereits als Fünfjähriger war seine Argumentation beeindruckend. »Wenn Jesus am Kreuz gestorben ist, damit es keinen Streit mehr gibt, aber meine Schwestern und ich ständig streiten, obwohl wir das gar nicht wollen, dann hat das mit dem Kreuz nicht hingehauen!«

Theologisch hatte ich natürlich Antworten, und trotzdem hatte er mich ertappt: Ich kämpfe mit genau den gleichen Fragen. Ob Christsein wirklich funktionieren kann, warum gerade wir Christen oft so fies, gleichgültig, verletzend sind. Das war doch anders geplant – oder? Lukas' Konsequenz sind gelegentliche Übertritte zum

Atheismus; bei mir führen diese Fragen oft zu Depression oder wildem Aktivismus.

Als mein Sohn neulich immer wieder Kommentare vom Stapel ließ, dass wir ja gar nicht wissen könnten, ob es Gott gebe, und in seiner Klasse das auch keiner glaube, schlug ich meinem Sprössling einen Deal vor: Jesus hat versprochen, dass er sich meldet, wenn wir uns auf die Suche machen. Also würden wir anklopfen. Wir beiden zusammen, regelmäßig, einen Monat lang. Wenn Gott auftauchte, wollte Lukas gerne glauben. Würde er sich aber verstecken, dann habe er das Recht, erst mal zum Atheismus überzutreten, und wir dürften ihn nicht mehr in die Kinderstunde »zwingen«. Es ist gar nicht so leicht für einen Vater, so einen Vorschlag zu machen, aber wenn Gott tatsächlich existiert, dann ist er für den Glauben meines Sohnes verantwortlich.

Also fingen wir an zu beten, jeden Abend, und Lukas nahm das sehr ernst. Am Anfang sollte ich Sätze vorbeten. Dann fing er an, mir ins Wort zu fallen, und formulierte seine eigenen Gedanken. Warum ist Gott nur so unglaublich leise? Schließlich kam der »letzte« Gebetsabend. »Ist Gott schon irgendwo bei dir aufgetaucht, Lukas?« »Nein!« »Dann brauchst du also nicht mehr an ihn glauben!«

Und dann fragte mich mein achtjähriger Sohn, ob wir weiterbeten können. Weil es cool wäre, wenn es Gott gäbe. Kleine Dinge passieren. Lukas kommt ein bisschen besser in der Schule klar. Irgendwie ist er in letzter Zeit fröhlicher. Steckt da doch ein liebender Gott dahinter? Die Gebete werden ehrlicher. »Ich finde das voll doof, dass du dich nicht zeigst, du hast es doch versprochen. Ich würde dich so gerne lieb haben, aber dann muss ich wissen, dass du da bist und mich lieb hast!«

Bis heute suchen wir weiter nach Gott. Einmal habe ich Lukas die blöde Frage gestellt, was er machen würde, wenn man Gott für 10 € garantiert sehen könnte. Er war sich nicht sicher. Wieder erwischt! Ich will Gott auch unbedingt erleben. Als Pastor rede ich viel darüber. Aber es gibt Grenzen, wo es zu viel kostet.

Also beten, suchen, klopfen wir weiter und hoffen – und irgendwie verändert uns diese Suche.

Frank Bonkowski

> Was ihr für einen meiner geringsten Brüder getan habt, das habt ihr für mich getan!
>
> MATTHÄUS 25,40 (HOFFNUNG FÜR ALLE)

Wie macht man sich auf die Suche nach Gott? Mir fiel irgendwann das Zitat von Mutter Teresa ein, dass sie in jedem armen Kranken, dem sie ins Gesicht schaute, die Augen Jesu sah. Dabei kam mir der Gedanke, dass ich zwar viel über arme, kranke Unterdrückte redete, aber noch nie einem in die Augen gesehen hatte. Also verkündete ich eines Abends meinem Sohn, dass ich eine Idee hatte, wo wir Jesus finden könnten. An dem Abend beschlossen wir, nach Afrika zu fliegen, um Jesus zu suchen.

Meine Frau fand die Idee, »ihren« neunjährigen Sohn den Gefahren des afrikanischen Dschungels auszusetzen, zunächst ziemlich gewöhnungsbedürftig.

Und als Lukas die dicken Spritzen sah, die man zum Impfen benutzt, wollte er mich lieber erst mal allein vorausschicken, um schon mal nach Jesus zu fragen. Auch keine schlechte Idee! Aber jetzt standen wir auf dem Flughafen in Kampala, um Jesus in die Augen zu sehen.

Viele schöne Eindrücke, die ein Vater mit seinem Sohn unbedingt mal erleben sollte: Affen, die einem auf der Safari in den Bus springen, bewegende afrikanische Gottesdienste, einen Brunnen graben, geröstete Termiten essen, barfuß im Busch Fußball spielen, im Dunkeln das afrikanische Klo treffen. Alles unglaublich schön (außer den Klos) und abenteuerlich. Aber wo war Jesus?

Kurz vor Schluss hat Lukas ihn dann gefunden. Mitten in Kampala, bei dem Besuch einer Aidsstation. In einem dunklen Raum ohne Elektrizität sitzt eine Mutter mit ihren vier Kindern. Bevor unsere Augen sich an die Dunkelheit gewöhnt haben, ermutigt mich ihre Stimme, mich aufs Bett zu setzen, dass ich noch nicht sehen kann. Dann sitzen wir da und gehen durchs Routineprogramm. Ich frage nach der Geschichte der Familie, wie es ihnen geht mit dieser schrecklichen Krankheit. Wir beten und verteilen Geschenke.

Und mein Sohn kann die Bilder von dem kleinen, kranken Jungen nicht mehr vergessen. Später hört er unseren Workcampleiter erzählen, wie schwer es ist, für diese Kinder mit Aids in Deutschland Patenschaften zu bekommen, weil wir es lieber haben, wenn sich unsere Investition auch lohnt.

»Daddy, ich möchte den kleinen, kranken Jungen als Patenkind adoptieren!«

Das ist organisatorisch nicht möglich, aber am Nachmittag trifft Lukas im Kindergarten der Aidsstation die dreijährige Lillian. Und langsam lernen sie sich kennen. Lukas bläst Seifenblasen in die Luft; Lillian lässt sie platzen; dann kommen Luftballons raus und Teddybären, und mein Sohn verliebt sich in sein »Adoptivkind!«. Und er kann wieder glauben, seit diesem Nachmittag, weil er Jesus in die Augen geschaut hat.

Frank Bonkowski

Welchen Wert hat schon ein Spatz auf dem Dach?
Man kann zwei von ihnen für einen Spottpreis kaufen!
Trotzdem fällt keiner tot zur Erde, wenn es euer
Vater nicht will. Darum habt keine Angst! Ihr seid Gott
mehr wert als ein ganzer Spatzenschwarm.

MATTHÄUS 10,29 UND 31 (HOFFNUNG FÜR ALLE)

Es blitzte, donnerte und hagelte buchstäblich Katzen – äh, in unserem Fall einen Vogel. Hilflos zappelnd lag er vor unserem Fenster, die Beinchen nach oben, die Flügel von sich gestreckt, blutend.

So konnten meine Familie und ich ihn unmöglich liegen lassen. Wir beförderten ihn in eine Kiste, um ihn ins Trockene zu holen. Er hatte sich den rechten Flügel gebrochen. Nachdem wir ihn auf Heu gebettet hatten, trocknete der kleine Kerl allmählich und erholte sich ein wenig.

Würde er alleine zurechtkommen, eventuell sogar wieder fliegen können? Irgendwann hüpfte er aus seiner Kiste, seine Flugversuche jedoch scheiterten kläglich. Also sammelten wir ihn wieder ein und bandagierten seinen Flügel.

Wir stellten fest, dass wir es mit einer jungen Bachstelze zu tun hatten, die nur lebende Fliegen und Würmer frisst. Nachdem sie am Abend etwas Wasser getrunken hatte, steckte sie ihren Kopf zwischen ihr Gefieder und schlief.

In unserer Helfereuphorie waren wir fest entschlossen, es mit der schwierigen Futterbeschaffung aufzunehmen. Das Vögelchen sollte unbedingt wieder gesund werden! Demzufolge wurde es in unsere Abendgebete eingeschlossen. Denn in der Bibel stand doch, dass, obwohl es klein und unbedeutend war, sein Schöpfer genau wusste, dass es vom Himmel gefallen war. Also prima, jetzt konnte es nur noch aufwärtsgehen – oder?

Früh am nächsten Morgen hüpfte die Bachstelze unsicher, aber durchaus lebendig in ihrem Käfig umher. Doch eine halbe Stunde später war sie tot, lag da wie eine Puppe und rührte sich nicht mehr. Und damit standen wir urplötzlich fundamentalen Lebensfragen gegenüber: Ist das, was in der Bibel steht, wahr? Kümmert sich Gott wirklich um kleine Vögel und um Abendgebete? Meint Gott es gut?

Es ist mir unverständlich, warum Gott uns den Vogel zunächst anvertraut hatte, aber dann doch sterben ließ. Dieser Tag, an dem wir einen Vogel hatten, riss unbarmherzig alte Wunden und Fragen auf. Ich wollte krampfhaft glauben, dass das Leben so wohlgeordnet ist, dass ich es (nicht zuletzt durch die Pflege eines Vögelchens) im Griff haben könnte. Verunsichert stelle ich fest, dass biblische Zusagen das Leben weder berechenbar noch sicher machen. Vertrauen ist aber gerade da von mir gefordert, wo ich weder organisieren noch kontrollieren, weder pflegen noch Futter suchen kann.

Christiane Ratz

146 | Niemals umsonst

> Bittet, so wird euch gegeben; suchet, so werdet
> ihr finden; klopfet an, so wird euch aufgetan.
> MATTHÄUS 7,7 (LUTHER 1984)

Sag mal, Jesus, hast du das wirklich ernst gemeint? Du weißt doch, dass unsere Gebete nicht alle erhört werden! Denk doch nur an die verzweifelten Mütter oder Ehefrauen, die für ihre Söhne und Männer im Krieg gebetet haben – nur so wenige kamen zurück!«

»Ich weiß.«

»Ja – aber warum dann diese steilen Thesen, die an der Wirklichkeit vorbeigehen???«

»Das sind keine steilen Thesen. Lies den Text doch mal genauer.«

»Also da steht ... Bittet, und es wird euch gegeben. Knallhart.«

»Steht denn da wirklich geschrieben, dass dir genau das, worum du bittest, gegeben wird?«

»Na ja, ... Nein, so direkt steht das nicht da.«

»Was genau steht denn nun da?«

»Hm ... Bittet, und es wird euch etwas gegeben werden!«

»Richtig, das ist ein ziemlicher Unterschied. Es lohnt sich immer, genau hinzuschauen. Also, das bedeutet doch, wenn ihr bittet, wird euch etwas gegeben werden. Das Etwas ist allerdings noch offen.«

»Aha, allmählich dämmert mir, was du meinst. Eine verzweifelte Mutter bittet dich, dass der Sohn aus dem Krieg zurückkommt, und dann kommt er im Bleisarg zurück?«

»Hör mal, ich bin nicht so zynisch!«

»Okay, tut mir leid. Meinst du, dass die Mutter dich bittet, und dann erhörst du das Gebet nicht so, wie sie es sich vorstellt, aber es kommt auf jeden Fall etwas Gutes auf die Frau zu?«

»Genau. Und weiter?«

»Sie erlebt zwar einen schweren Verlust, aber hat einen Freiraum, sich um andere zu kümmern? Oder sie bekommt Kraft, das Leid zu tragen?«

»Ja, so ungefähr. Eines ist auf jeden Fall klar: Wenn jemand um Brot bittet, bekommt er keinen Stein.«

»Eher ein Steak vielleicht?«

»Nicht schlecht. Du beginnst, es zu kapieren ...«

»Allmählich komme ich auf den Trichter: Mit diesem Wort ermutigst du uns, dass keine ernsthaften Bittgebete umsonst sind, weil immer etwas von dir auf uns zukommen wird als Antwort.«

»Richtig! Du musst nur die Augen aufmachen. Manche verpassen ihre Gebetserhörungen, weil sie auf die Erfüllung ihrer Bitten so fixiert sind, dass sie meine etwas andere Antwort nicht sehen.«

»Na dann: Los geht's. Das ist ja direkt spannend ...«

»Sag ich doch!«

Albrecht Gralle

Falsch abgebogen?

Wisse, wie erhaben es ist, im Leiden stark zu sein.
HENRY WADSWORTH LONGFELLOW,
»THE REAPER AND THE FLOWER«

Hier stehe ich also nervös am Ende einer unüberschaubar langen Reihe von hervorragenden Leuten, die alle Bedeutendes über das Buch Hiob geschrieben haben. Doch was mir an Theologie und Gelehrsamkeit fehlt, hoffe ich durch Enthusiasmus halbwegs wieder wettzumachen. Die Geschichte von Hiob ist eines der erhellendsten, amüsantesten und faszinierendsten Bücher der ganzen Bibel, und ich empfinde es als großes Privileg, mit Ihnen zusammen die Kapitel 29 und 30 und einen Teil des Kapitels 31 zu betrachten. In diesen Versen blickt Hiob über die Jahre zurück und versucht herauszufinden, warum Gott ihn in solche Tiefen gestürzt hat, obwohl er doch sein Leben so sorgfältig und gewissenhaft an den Geboten seines Schöpfers ausgerichtet hatte.

Weil Hiob ein so tugendhafter Mann war, lernen wir in diesen Kapiteln sehr viel darüber, wie man ein gottgefälliges Leben führen sollte. Ich bin ebenso zuversichtlich, dass Sie aus diesen Wegweisungen Nutzen ziehen werden, wie ich hoffe, dass Sie mir meine hoffnungslos anekdotenhafte Herangehensweise an diese Andachten verzeihen werden.

Lassen Sie mich im Interesse derer, die dieses Buch für eine vollkommen tatsachengetreue Schilderung der Ereignisse halten, die Hiob widerfuhren, noch sagen, dass ich Ihnen vollkommen zustimme. Was diejenigen angeht, die es für ein wunderbares Beispiel für jüdischen Humor und jüdische Dichtung mit vielschichtigen Bedeutungen halten, aber keineswegs für einen buchstäblichen Tatsachenbericht, nun, Ihnen stimme ich ebenso voll und ganz zu. Wie recht Sie haben. Es ist genau diese Art von Geschichte.

Fangen wir an ...

Adrian Plass

148 | Was bin ich?

Wenn ich zum Stadttor hinaufging, um dort im Rat meinen
Platz einzunehmen, dann traten die jungen Leute ehrfürchtig zur Seite, die Alten erhoben sich und blieben stehen.
Fürsten hörten auf zu reden, ihr Gespräch verstummte,
wenn ich kam. Selbst die einflussreichen Leute wurden
still und hielten ihre Zunge im Zaum. Jeder, der mich hörte,
wusste nur Gutes von mir zu sagen, und wer mich sah,
der lobte mich. Denn ich rettete den Armen, der um Hilfe
schrie, und das Waisenkind, das von allen verlassen war.
Dem Sterbenden stand ich bei, er wünschte mir Segen;
der Witwe half ich, und sie konnte wieder fröhlich singen.

HIOB 29,7-13 (HOFFNUNG FÜR ALLE)

Meine Güte! Die jungen Leute, die Alten, die Fürsten – alle erwiesen Hiob die Ehre, der offenbar der Star hoch drei war. Die Mischung aus Macht und Barmherzigkeit wirkt meistens sehr anziehend, finden Sie nicht? Und die Fähigkeit, Fürsten zum Schweigen zu bringen und das Herz der Witwe singen zu lassen, ist schon beeindruckend, um das Mindeste zu sagen. Aber das war jetzt alles vorbei. Mit Armut geschlagen, pizzagesichtig, erbarmungswürdig, wie er nun war, muss sich Hiob die Frage gestellt haben, die sich irgendwann die meisten von uns stellen.

Was bin ich eigentlich wirklich?

Wie viel von Hiobs Identität hing daran, wie er von der Öffentlichkeit und von den oberen Zehntausend, die ihn feierten, wahrgenommen wurde?

Ich habe mich einmal ein ganzes Jahr lang jeder Form öffentlichen Redens enthalten, mir sozusagen ein Sabbatjahr genommen, obwohl der Ausdruck es würdevoller klingen lässt, als es war. Ein konkreter Zweck der Übung war, mir den Raum zu verschaffen, um mir die bereits erwähnte Frage zu stellen.

Was bin ich?

Bitte keine unfreundlichen anonymen Antworten per Postkarte, vielen Dank. Es war eine ernsthafte Frage. Wie sehr hing meine Identität von der öffentlichen Reaktion auf meine Tätigkeit zusammen? Wenn ich die Vorträge und Auftritte (oder vielleicht sogar das Schreiben – bitte nicht, Gott!) aus der Gleichung herausnehmen würde, die diese Frage nahelegt, was wäre dann noch von mir übrig? Das ist es, worüber ich mit Gott während jenes ganzen Jahres gesprochen habe, und ich fand es ein wenig beängstigend, wenn ich ehrlich bin. Die Zukunft war ein unbeschriebenes Blatt, und ich tat mein Bestes, den Stift loszulassen. Der arme alte Hiob hatte keine Wahl!

Möge, was wir sind, in deinen Augen ruhn, nicht in dem Beifall für die Dinge, die wir tun.

Adrian Plass

Ich bekleidete mich mit Gerechtigkeit, hüllte mich ins
Recht wie in einen Mantel, trug es wie einen Turban.
Meine Augen sahen für den Blinden, meine Füße gingen
für den Lahmen. Den Armen wurde ich ein Vater,
und den Streitfall eines Unbekannten prüfte ich genau.
Einem brutalen Menschen stellte ich mich entgegen,
ich schlug ihm den Kiefer ein und riss die hilflosen Opfer
aus seinem Maul. Ich dachte: »Im Kreise meiner Familie
werde ich einmal sterben nach einem langen und erfüllten
Leben.« Ich gleiche einem Baum, der seine Wurzeln zum
Wasser streckt; auf seine Zweige legt sich nachts der
Tau. »Meine Würde werde ich nicht verlieren«, so dachte
ich, »bis ins hohe Alter bleibt mir die Kraft erhalten.«

HIOB 29,14-20 (HOFFNUNG FÜR ALLE)

Ein höchst erfolgreicher Allzweck-Sozialarbeiter mit einem erstaunlich guten Pensionsplan – so scheint Hiob sich selbst gesehen zu haben, bevor seine Not begann. Aber ich fühle mit ihm. Hiob half aufrichtig denen, die behindert oder in Not waren, und jetzt war er selbst in Not. Ich frage mich, ob er wohl, nachdem er alles verloren hatte, Leuten begegnete, denen er in der guten alten Zeit geholfen hatte. Und wenn ja, glauben Sie, er empfand wohl einen plötzlichen Stich der Demütigung darüber, nun selbst einer von ihnen zu sein?

Vor über 20 Jahren musste ich, nachdem ich mehrere Jahre lang mit Heimkindern gearbeitet hatte, aus gesundheitlichen Gründen meine Arbeit aufgeben und fand mich daraufhin in mindestens zwei Situationen wieder, die aus meiner Würde Kleinholz machten. Die eine war die, als ich festgenommen wurde, weil ich in einem

Wutanfall die Glasscheibe einer Telefonzelle zertrümmert hatte. Auf der Polizeiwache wurde ich in derselben Zelle untergebracht, aus der ich in der Vergangenheit eine Reihe straffälliger Jugendlicher geholt hatte. Ich habe an anderer Stelle schon einmal geschildert, wie ich infolgedessen zum ersten Mal ihre Frustration richtig verstand, aber darüber, wie tief die schiere Demütigung ging, die ich an jenem Tag erlebte, habe ich mich noch nie offen geäußert. Ich hätte der Sozialarbeiter sein sollen, nicht der Klient!

Die andere Situation war, als ich Sozialhilfe beantragte und ein paar von den Kids, mit denen ich gearbeitet hatte, mit mir in derselben Schlange standen. Furchtbar! Zum ersten Mal begriff ich, in welchem Ausmaß ich aus einer Position der Überlegenheit heraus agiert hatte, und ich schämte mich in Grund und Boden.

Diese Erlebnisse waren heilsam. Ich fing endlich an zu verstehen, dass Gott uns wirklich alle gleich ansieht. Hiob wusste das vermutlich schon, aber es muss trotzdem ein Schock für ihn gewesen sein.

Glaube ich wirklich daran, dass jeder Teil des Leibes Christi auf der Erde gleich wertvoll ist?

Adrian Plass

150 | Fundamente

Und jetzt? Jetzt machen sie Spottverse, sie zerreißen sich das Maul über mich. Sie verabscheuen mich und gehen mir aus dem Weg; und wenn sie mir doch einmal begegnen, spucken sie mir ins Gesicht! Gott hat meine Lebenskraft zerbrochen und mich gedemütigt, darum kennen sie in meiner Gegenwart keine Rücksicht mehr. Ja, diese Brut greift mich an! Sie versuchen, mich zu

Fall zu bringen, sie schütten einen Belagerungswall rings um mich auf. Sie schneiden mir den Weg ab und zerstören mein Leben, niemand hält sie dabei auf.
Sie durchbrechen meine Verteidigungsmauer und zertrümmern, was ihnen in die Quere kommt. Furcht und Entsetzen haben mich gepackt und meine Würde wie im Sturm verjagt; meine Sicherheit ist vertrieben wie eine Wolke.

HIOB 30,9-15 (HOFFNUNG FÜR ALLE)

Vor einigen Jahren sind wir umgezogen. Bridget und ich waren schon immer von Natur aus Nomaden und hatten als ehemalige Schauspieler eine etwas theatralische Wahrnehmung des Lebens. Wir betrachteten einen Umzug so, wie Schauspieler den Übergang von einem abgespielten Stück zur Premiere eines neuen Stückes in einem anderen Theater betrachten. Diesmal jedoch hatten wir 16 Jahre lang in ein und demselben Haus zugebracht und unsere Kinder dort ins Erwachsenenalter gehievt. Eine sehr lange Spielzeit in sehr kniffligen Rollen, wie alle Eltern bezeugen können, vor allem, weil es kein Skript gibt. Dennoch zweifelte ich daran, dass der Umzug eine sehr emotionale Sache werden würde. Ich irrte mich.

Eines Abends kurz vor dem Umzug überwältigten mich plötzlich turmhohe Wellen der Panik. So ziemlich jeder Zweifel und jede Angst, die ich je erlebt hatte, drohten jedes Gefühl der Geborgenheit in mir zu zerstören. Der bevorstehende Verlust meiner gewohnten, vertrauten Umgebung schien tatsächlich eine klaffende Lücke in meinem Verteidigungsring aufgerissen zu haben, und durch die Trümmer fluteten düstere, verzweifelte Fragen herein.

Wie miserabel war ich als Vater für meine Kinder eigentlich gewesen?

Was wäre, wenn ich mir eine schreckliche Krankheit zuziehen und sterben würde?

War diese ganze Sache mit Gott und dem Himmel nur ein Haufen optimistischer Blödsinn?

Was für einen Wert hatten Liebe und Beziehungen, wenn es am Ende nur blinde Vergessenheit gab?

Und wenn nun Einbrecher im Untergeschoss waren?

Die Panik verflog zum Glück mit dem ersten Tageslicht, und heute haben wir uns glücklich in unserem neuen Haus niedergelassen, aber ich hatte gelernt, ein bisschen so wie Hiob, dass wahre Würde und Geborgenheit letzten Endes nur in der Beziehung zu Gott zu finden sind. Es ist gar nicht so schlecht, wenn einem ab und zu die Straße aufgerissen wird.

Vater, sei du unser fester Boden unter den Füßen.

Adrian Plass

151 | Geschlagen

Mein Leben verrinnt, das Elend hat mich fest im Griff.
Bohrende Schmerzen rauben mir den Schlaf, sie nagen
an mir Nacht für Nacht. Mit gewaltiger Kraft hat Gott
mich am Gewand gepackt und schnürt mich ein wie ein
zu enger Kragen. Er wirft mich in den Schmutz, ich bin
zu Staub und Asche geworden. Ich schreie um Hilfe,
o Gott, aber du antwortest nicht; ich stehe vor dir, doch
du siehst mich nicht an. Du bist mein grausamer Feind
geworden, mit aller Kraft greifst du mich an! Du wirbelst
mich empor in die Luft, treibst mich vor dem Sturm
dahin und zerschmetterst mich dann mit lautem Krachen.

> Ja, ich weiß: Du willst mich zu den Toten bringen, hinun-
> ter in das Haus, wo alle Menschen sich versammeln.

HIOB 30,16-23 (HOFFNUNG FÜR ALLE)

Hören Sie die Stimme eines Kindes, das von seinem Vater unerklärlich streng behandelt wird? Es hat etwas unerträglich Anrührendes, zu sehen, wie Hiob sich bemüht, Gottes liebevolle Aufmerksamkeit zu erlangen, doch stattdessen nur kalte Blicke und rücksichtslose Attacken erntet. Es erinnert an einen wahnwitzig ungleichen Ringkampf – Rübezahl gegen Rotkäppchen.

Mein Freund Mark Jessop wurde einmal unerklärlicherweise von seinem Vater angegriffen.

Mark beschreibt seine Familie als solide und militant in der Arbeiterklasse verwurzelte Leute von einer bestimmten Art, die für überspannten Blödsinn nicht das Geringste übrighatten. Mark beging zwei schwere Verbrechen. Erstens zeigte er eine Neigung zu Kunst und Musik, beides Dinge, die der Kultur der Jessops fremd waren. Sein Hauptverbrechen war es jedoch, als er mit fünfzehn Jahren ein evangelikaler Christ wurde. Nicht lange danach schlug Marks Vater seinen Sohn schlicht und einfach in einem Ausbruch seiner eigenen unaussprechlichen Ängste zusammen. Als Mark mir davon erzählte, waren der Schmerz und die Verwirrung über dieses Erlebnis, das doch schon so viele Jahre zurücklag, immer noch in seinen Augen zu lesen. Mark verehrte und verehrt seinen Vater bis heute, und sie kommen heute gut miteinander aus, doch er wartet immer noch auf ein Zeichen echter Anerkennung. Leider ist Marks Wahrnehmung Gottes durch seine Erlebnisse mit seinem irdischen Vater stark verzerrt.

Ich weiß, viele von Ihnen, die dies jetzt lesen, werden wie Hiob und mein Freund Mark die Frage stellen, warum Gott, Ihr himmlischer Vater, sie im Moment kreuz und quer durchs Zimmer zu schleudern scheint. Es gibt keine einfachen Antworten auf diese

Frage, aber bitte lassen Sie in Ihrem Hinterkopf ein bisschen Raum für diese Botschaft von mir, dass er weiß, was er tut, und dass er Sie liebt – das tut er wirklich.

Warum?

Adrian Plass

Doch wer unter Trümmern verschüttet wurde, streckt die Hand nach Rettung aus; schreit man nicht im Unglücksfall um Hilfe? Habe ich nicht damals über die geweint, die ein schweres Los zu tragen hatten? Ich hatte Mitleid mit den Armen! Und so erwartete ich Gutes, doch das Unglück kam! Ich erhoffte das Licht, doch es kam die Dunkelheit. Mein Inneres ist aufgewühlt, ich finde keine Ruhe, die Tage des Elends haben mich eingeholt. Meine Haut ist schwarz geworden, doch nicht von der Sonnenglut. In der Versammlung stehe ich auf und schreie laut um Hilfe. Mein Heulen klingt wie das der Schakale, wie das Schreien der Strauße. Meine Haut ist schwarz geworden und schält sich, das Fieber glüht in meinem Körper. Meine Laute spielt ein Trauerlied, meine Flöte eine Melodie der Klage.

HIOB 30,24-31 (HOFFNUNG FÜR ALLE)

Die Sache sieht nicht gut aus für Hiob, dabei war er doch unschuldig, oder nicht? Ich habe mich selbst auch schon manches Mal beklagt, aber in meinem Fall war das sehr stark vom Bewusstsein meiner eigenen Schuld gefärbt. Das macht die letzten beiden Verse dieses Kapitels so interessant.

Ein Gemeindeältester aus unserer Stadt erzählte mir von einem Mann, der jahrelang ein wandernder Problemhausierer gewesen war, der von einer Person zur nächsten ging und allen seine wohlklingende Liste von Problemen auftischte, ohne je auch nur für eines davon eine Lösung zu finden. Von Gemeindeglied zu Gemeindeglied ging er, immer mit seiner unsichtbaren emotionalen Bettelschale in der Hand, und suchte sich krümelweise Aufmerksamkeit von Leuten, denen er immer nur auf die Nerven ging.

»Eines Abends«, sagte mir der Älteste, »stand er auf der Matte, als wir gerade essen wollten, und sagte, er brauche jemanden zum reden. Natürlich juckte mich wieder mal mein Helfersyndrom, also saß ich nun da mit ihm, dachte an meine schönen Schweinekoteletts und wartete darauf, dass er seine Klagelieder anstimmte. Er sagte: ›Ich mache mir solche Sorgen. Ich habe das Gefühl, dass alle die Nase voll von mir haben.‹ Ich nickte, wie man das eben so macht, und wartete darauf, dass das übliche therapeutische Gefasel aus mir heraussprudelte, aber ich brachte es nicht heraus. ›Nun, sie haben wirklich die Nase voll von dir‹, sagte ich schließlich, ›weil du nie etwas anderes tust, als dich zu beklagen und von deinen Problemen zu reden. Das sind die Leute leid.‹«

Er lächelte und schüttelte verwundert den Kopf. »Ob du es glaubst oder nicht, Adrian, aber das half. Er ist jetzt wie ausgewechselt.«

Die Art, wie mein Freund unwillkürlich mit diesem Problem umging, kann man sicher nicht als Patentrezept auffassen, aber es stimmt schon, dass manche von uns ihre Harfen auf Trauerlieder und ihre Flöten auf Klagemelodien gestimmt und vergessen haben, wozu Musik eigentlich da ist.

Schreib uns neue Melodien, Herr.

Adrian Plass

Mit meinen Augen habe ich einen Bund geschlossen,
niemals ein Mädchen lüstern anzusehen. Was hätte ich
von Gott sonst zu erwarten, von ihm, der in der Höhe
thront? Welches Urteil hätte der Allmächtige dann über
mich verhängt? Den Bösen trifft das Unheil, und den
Übeltätern schickt Gott Unglück. Er sieht doch all mein
Tun, er kennt jeden Schritt. War ich jemals verlogen und
falsch, habe ich andere betrogen? Gott soll mich wiegen
auf seiner gerechten Waage – und er wird feststellen, dass
ich unschuldig bin! Wenn ich von seinem Wege abgewichen
bin, wenn mein Herz alles begehrte, was meine Augen
sahen, oder wenn an meinen Händen irgendein Unrecht
klebt, dann soll ein anderer verzehren, was ich gesät
und geerntet habe, ausreißen soll man das Getreide auf
meinem Feld!

HIOB 31,1-8 (HOFFNUNG FÜR ALLE)

Sie verstehen sicher, warum Hiobs Freunde langsam genug von
ihm hatten, nicht wahr? Was für ein Musterknabe! Keine Lüs-
ternheit, keine Falschheit und kein Schmutz. Es muss ihnen schwergefallen sein zu glauben, dass jemand wirklich so tugendhaft sein
kann. Aber es ist wirklich ein Fehler, uns von weltklugen Instinkten
blind für die Wahrheit machen zu lassen.

Es hat mich einmal sehr amüsiert, als der ehemalige Vermieter
meines ältesten Sohnes anrief.

»Könnte ich Matthew Plass sprechen?«, sagte die Stimme. »Ich
bin sein ehemaliger Vermieter und rufe wegen eines kaputten
Kochtopfs an, der noch bezahlt werden muss.«

»Tut mir sehr leid«, sagte ich, »aber er ist in Aserbaidschan.«

»In Aserbaidschan?« Die Stimme troff vor Skepsis.

»Ganz recht, in Aserbaidschan.«

»Ach so. Können Sie mir dann vielleicht sagen, wo ich seinen Mitbewohner Dave erreichen kann?«

Kurze Pause. »Ich fürchte, Dave ist in Usbekistan.«

»Hören Sie« – die Stimme klang jetzt unverhohlen zynisch – »könnten Sie ihnen vielleicht ausrichten, dass einer von ihnen mir diesen Kochtopf bezahlen muss?«

»Ich bezahle ihn«, sagte ich. »Matthew ist wirklich in Aserbaidschan, und Dave ist wirklich in Usbekistan.« Waren sie auch. Beide hatten eine Ausbildung gemacht, um Englisch als Fremdsprache zu unterrichten, und beide unterrichteten jetzt englische Konversation in jenen beiden brüchigen ehemaligen Sowjetrepubliken. Es ist gar nichts Ungewöhnliches, wenn sich die Wahrheit ziemlich seltsam anhört.

Hiobs »Tröster« machten den Fehler, ihn nach ihren eigenen Maßstäben zu beurteilen, und deshalb waren sie nutzlos für ihn und für Gott und für alle anderen, außer für Leute wie mich, die es lieben, den Unsinn zu lesen, den sie redeten. Jesus sagte, wir sollen klug sein wie die Schlangen, aber auch ohne Falsch wie die Tauben. Das Leben realistisch zu sehen heißt nicht, dass wir für Wahrheit und für das Gute blind sein müssen, wenn sie uns begegnen.

Öffne uns die Augen für das, was gut ist, Vater.

Adrian Plass

Wenn ich mich von der Frau meines Nachbarn betören
ließ und an ihrer Tür auf sie gewartet habe, dann soll
meine Frau für einen anderen kochen, und andere sollen
sich über sie hermachen! Denn dann hätte ich eine
Schandtat begangen, ein Verbrechen, das vor die Richter
gehört. Ein Feuer ist der Ehebruch! Es brennt bis in den
Tod. Es würde all mein Hab und Gut bis auf den Grund
zerstören. Wenn ich das Recht meines Knechtes oder
meiner Magd missachtet hätte, als sie gegen mich klagten,
was wollte ich tun, wenn Gott Gericht hält, was könnte
ich ihm erwidern, wenn er mich zur Rechenschaft zieht?
Denn er, der mich im Mutterleib gebildet hat, er hat
auch meinen Knecht geschaffen. Wir beide verdanken
unser Leben ihm!

HIOB 31,9-15 (HOFFNUNG FÜR ALLE)

Die Gemeinde Jesu scheint schwer an der Krankheit des Ehe-
bruchs zu leiden, besonders unter ihren führenden Leuten.
Vielleicht war das schon immer so, nur dass wir es früher nie erfahren haben, weil es in der Vergangenheit viel heimlicher geschah –
ich weiß es nicht. Aber es passieren schon komische Sachen heutzutage, und sie scheinen eine Menge mit der Zeit zu tun zu haben, in
der wir leben.

Kürzlich zum Beispiel erfuhr ich, dass ein verheirateter Lobpreisleiter in einer Gemeinde ein paar Meilen von unserem Wohnort
zugegeben hatte, seit Jahren eine Affäre mit einer alleinstehen-
den Frau aus derselben Gemeinde gehabt zu haben. Infolge dieser
Enthüllung hatte sich das Ehepaar getrennt und plante nun die
Scheidung. Schön, das ist natürlich höchst bedauerlich, aber nichts

Ungewöhnliches. Was mir die Sprache verschlug, war, dass die Gemeindeältesten die Ehefrau gebeten hatten zu gehen und den Ehemann zu bleiben, weil – und jetzt kommt es – sie auf ihn als Lobpreisleiter nicht verzichten wollten!

Ich bin ganz und gar für Barmherzigkeit und einen Neuanfang. In den meisten Fällen sollte auf die aufrichtige Reue auch wieder die Annahme folgen, aber das schien mir doch eine außergewöhnliche Entscheidung zu sein. Dieser Mann hatte während der ganzen Zeit seiner langjährigen Affäre den Lobpreis geleitet. Hiob sagt, wäre er abgewichen, so wäre seine Ernte verbrannt. Könnte das in dem Fall, den ich gerade geschildert habe, nicht auch für die geistliche Ernte gelten?

Ich möchte dieser Gemeinde raten, sehr genau über ihre Prioritäten nachzudenken. Gott hasst die Unmoral so leidenschaftlich, wie er denen vergibt, die sie bereuen. Wir können es uns nicht leisten, die Verschiebung der moralischen Grenzen mitzumachen, die sich im Rest der Welt vollzogen hat, nur damit wir schöne Musik haben. Es ist mir egal, wie hochnäsig sich das anhört, denn es ist wahr.

Vater, wir sind alle in Versuchung – hilf uns, sauber zu bleiben.

Adrian Plass

155 | Die krasse Herausforderung

Niemals habe ich die Bitte eines Armen abgeschlagen und keine Witwe weggeschickt, die verzweifelt zu mir kam.
Ich habe mein Brot nicht für mich selbst behalten, nein –
mit den Waisenkindern habe ich es geteilt. Von meiner
Jugend an habe ich sie großgezogen wie ein Vater, für die
Witwen habe ich mein Leben lang gesorgt. Habe ich ruhig

zugesehen, wie einer vor Kälte umkam? Ließ ich den Armen ohne warme Kleider weitergehen? Nein, die Wolle meiner Lämmer wärmte ihn, er dankte mir von ganzem Herzen. Wenn ich je ein Waisenkind bedrohte, wohl wissend, dass ich vor Gericht die größere Macht besaß, dann soll mir der Arm von der Schulter fallen, abbrechen soll er, gerade am Gelenk! Doch ich habe Gottes Strafgericht immer gefürchtet. Die Furcht vor seiner Hoheit hat mich vom Unrecht ferngehalten.

HIOB 31,16-23 (HOFFNUNG FÜR ALLE)

Was für eine wunderbar vollblütige Hymne an das gottgefällige Leben dies ist. Lesen Sie es noch einmal laut. Es ist ja immer nett, sich in den anheimelnden Gedanken einzukuscheln, das Heil komme nicht durch Werke. Aber schauen Sie sich nur einmal den Einsatz für andere an, zu dem sich Hiob durch seinen totalen Glauben an den lebendigen Gott inspirieren ließ. So wie Jakobus wahre Frömmigkeit als etwas definiert, das von Natur aus praktische Nächstenliebe einschließt, so sagt Hiob, dass schon die Herrlichkeit Gottes verlangt, dass unsere Hände, wie Mutter Teresa oft gesagt hat, die Hände Christi sein müssen, die einer Not leidenden Welt dienen.

Wenn wir diese Worte heute lesen, lassen Sie wenigstens einmal die krasse Herausforderung der Frage, die sie aufwerfen, an uns herankommen.

Wenn ich solche Qualen litte wie Hiob, könnte ich dann auch behaupten, dass die Armen, die Witwen, die Waisen und die Nackten von mir so behandelt wurden, wie man es zu Recht von jemandem erwarten kann, der behauptet, Christus nachzufolgen? Und wenn meine Antwort ist, dass ich eigentlich keine nennenswerten Anstrengungen in dieser Richtung unternehme, dann lass mich nicht in Schuldgefühlen versinken, die noch nie jemanden satt gemacht haben, sondern lass mich etwas deswegen tun. Es gibt doch wirklich genug Organisationen, die uns das außerordentlich leicht machen.

Und wenn ich es wirklich ernst meine, lass mich das Risiko eingehen, den Heiligen Geist zu bitten, mir auch zu zeigen, wer in meiner unmittelbaren Nachbarschaft Hilfe braucht. Und lass es mich jetzt tun.

Ich möchte wie Hiob sein, Herr. Gib mir Mut, und zeig mir, wo ich anfangen soll.

Adrian Plass

156 | Reserven

Ich habe nicht auf Gold vertraut; zum reinen Gold habe ich niemals gesagt: »Du sicherst mir das Leben!« Ich habe mir auch nichts auf meinen großen Reichtum eingebildet, den ich mit eigener Hand erworben habe. Und hätte ich mich heimlich dazu verführen lassen, die strahlende Sonne zu verehren oder den Mond auf seiner silbernen Bahn – auch das wäre ein Vergehen, das vor die Richter gehört, denn damit hätte ich Gott verleugnet, der hoch über allen Gestirnen thront.

HIOB 31,24-28 (HOFFNUNG FÜR ALLE)

Wie ich höre, verliert Gold an Wert. Und? Nun, als ich klein war, hieß es, Großbritannien bemesse seinen Wohlstand in Goldreserven. Ich stellte mir darunter immer eine riesige Höhle unter den Houses of Parliament vor, vollgestopft mit Bergen von glänzenden Goldbarren, beaufsichtigt von zwergenhaften Geschöpfen, die sich die Hände rieben und die Lippen leckten, wenn sie die Barren zählten. Ich wollte das auch machen. Der Gedanke erfüllte mich mit Gier. Und einen kurzen Moment lang erfüllte der Wertverlust des Goldes den kleinen Jungen in mir mit tiefer Sorge. Ziemlich albern, was?

Dieser Abschnitt spricht davon, woran man wahren Reichtum und wahre Sicherheit bemisst. Obwohl er weltlich gesehen ein äußerst reicher Mann war, sagt Hiob, ließ er es nie zu, dass sein Besitz oder sein Geld Gottes Platz als Quelle der Sicherheit in seinem Leben oder als Ziel seiner Verehrung an sich rissen. Auch von der Pracht der natürlichen Welt, von Sonne und Mond, ließ er sich nicht verführen.

Ist es nicht interessant, dass diese beiden Elemente den zentralen Platz im Leben geistlich eingestellter Menschen einnehmen können? Geld und die Natur bieten denen, die in der Nachfolge Jesu müde geworden sind, verführerische Ablenkungen an. Nehmen Sie mich zum Beispiel. Eines Morgens merkte ich, dass ich mir angewöhnt hatte, die Post erst einmal nach Schecks durchzublättern und das Gefühl zu haben, es sei nichts Interessantes gekommen, wenn keine dabei waren. Wohlgemerkt, diese Krankheit dürfte den meisten Freiberuflern vertraut sein, aber mich hat es in dem Moment erschreckt.

Die Ablenkung durch die Schönheit der natürlichen Welt ist subtiler, nicht zuletzt deshalb, weil ich sicher bin, dass Gott sich darüber freut, dass ich seine Welt schön finde. Manchmal aber hüllt eine verträumte Sinnlichkeit meinen Genuss solcher Dinge ein, und – Sie halten mich jetzt bestimmt für verrückt – ich möchte geradezu darin ertrinken.

Hiob stellte Gott in den Mittelpunkt seines Lebens, ein guter Mensch mit einem wirklich grauenhaften Problem. Warum hatte Gott ihm das aufgebürdet? Lesen Sie das ganze Buch von Anfang bis Ende. Es lohnt sich.

Sei du unsere Sicherheit, Herr.

Adrian Plass

Im Dunkeln

Denn als ich es wollte verschweigen, verschmachteten
meine Gebeine durch mein tägliches Klagen.

PSALM 32,3 (LUTHER 1984)

Den »Blues« haben nennen die Amerikaner das, was bei uns, Zeitungsberichten zufolge, als die Pest des 21. Jahrhunderts zu erwarten ist: die Depression. Und dabei geht es weniger um klinische Depressionen, die körperliche Ursachen haben, als um das sich seuchenhaft verbreitende Auftreten depressiver Phänomene im Alltag. Immer mehr Menschen sind dem Tempodruck, dem Anpassungswahn und der Informationsflut nicht mehr gewachsen und geben innerlich auf. So stark ist dieser Trend, dass Wissenschaftler schon vom »Jahrhundert der Melancholie« sprechen.

Kleiner Test. Kennen Sie folgende Phänomene: Erschöpfung, Schlaflosigkeit, spontanes Weinen, ein Gefühl der Leere, Hoffnungslosigkeit, die Unfähigkeit, Entscheidungen zu treffen, unbestimmte Schuldgefühle und Ziellosigkeit? Wenn Sie mehr als dreimal genickt haben, sagt eine Zeitschrift, dann gehören Sie zu den Menschen, die depressiv sind.

In einem Lied beschreibt König David, wie er seine Depressionen erlebte: »Als ich meine Schwächen verschweigen wollte, fühlte ich mich immerzu schlecht. Es war, als läge eine Hand Tag und Nacht auf mir, bis ich jeden Lebensmut verlor, so wie die Sommersonne alles verdorren lässt.« Eine Strophe später beschreibt er aber auch, was sich änderte, als er das Schweigen, das ihn lähmte, brechen konnte: »Dann erzählte ich Gott die Wahrheit, all die Dinge, die ich falsch gemacht hatte.«

Worte finden ist der Anfang vom Ende der Depression. Zwar werden in den letzten Jahren immer häufiger Antidepressiva, also Medikamente, gegen die Verzweiflung verschrieben, um die Suizidgefahr zu bannen und den Menschen wieder gesprächsfähig zu machen. Die Heilung kann aber nur durch offene Gespräche, etwa in einer Psychoanalyse, geschehen.

David hatte einen »Psychologen« zur Seite, seinen Hofpropheten Nathan, der ihm durch geschickte Fragen half, sich die Wahrheit einzugestehen. Denn wir wollen meist nicht zugeben, dass wir Hilfe brauchen. Darum sieht so mein Traum von einem gesunden Miteinander von Freunden aus: dass wir Menschen haben, bei denen wir grundehrlich sein können. Die ersten Christengemeinden hießen sogar bei ihren Kritikern: »Die, die sich so lieben.«

Fabian Vogt

158 | Selbst-Therapie

Gott weiß, wovor wir Angst haben. Er weiß, dass unser Blick in die Zukunft oft begrenzt ist auf das, was wir im Moment sehen können. Wir leben zu stark im Hier und Jetzt, und die Sorge frisst uns auf, blockiert uns, macht uns unfähig, am Reich Gottes mitzubauen. Das ist der Grund, warum in der Bibel immer wieder steht:

»Vergiss nicht die Vergangenheit«, »Erinnere dich«, »Vergiss nicht, was er dir Gutes getan hat«, »Das ist mein Leib, der für euch geopfert ist. Und das tut zu meinem Gedächtnis«.

Wenn die Zukunftsangst uns packt, sollten wir beschließen, uns der Taten Gottes zu erinnern. In Psalm 77,12-13 heißt es: »Ich denke an deine Taten, Herr, deine Wunder von damals mache ich mir bewusst. Ich zähle mir auf, was du vollbracht hast, immer wieder denke ich darüber nach.« Klingt nicht schlecht, oder? Bekommt aber eine ganz andere Bedeutung, wenn ich die Verse davor lese. In Psalm 77, Vers 8 klagt der Beter Gott noch an: »Hat der Herr uns für immer verstoßen? Will er gar nichts mehr von uns wissen? Hat Gott vergessen, sich zu erbarmen? Von Gottes Macht ist nichts zu sehen, der Höchste tut nichts mehr für uns ...« Der Beter und Autor dieser Zeilen vergräbt sich nicht in seinen Depressionen. Die Sorgen und Anfragen lässt er zwar zu, aber er lässt nicht zu, dass sie sein Denken, seine Gefühle und sein Handeln bestimmen und blockieren. Er »therapiert« sich sofort selbst: »Ich denke an deine Taten, Herr, deine Wunder von damals mache ich mir bewusst. Ich zähle mir auf, was du vollbracht hast, immer wieder denke ich darüber nach.« Vielleicht kannst du ja mal den Psalm 105 in deiner eigenen Version schreiben, besonders dann, wenn du dazu neigst, wie die Israeliten in Psalm 106 zu handeln, nämlich Gott untreu zu werden, ihm nicht zu vertrauen, wenn Probleme auftauchen.

Gott hat uns in der Bibel viele Versprechen gegeben. Wenn wir von Zukunftsangst und Gegenwartskonflikten gefangen genommen werden, sollten wir uns diese Versprechen vor Augen halten. Er verspricht Stärke und Hilfe (Jesaja 41,10). Er verspricht vollkommenen Frieden – wenn wir uns auf ihn einlassen (Jesaja 26,3). Er verspricht, unsere Sehnsucht zu stillen.

Lies mal die Seligpreisungen in der Bergpredigt. Schreib dir doch Gottes Verheißungen, seine Versprechen aus der Bibel, auf kleine

Zettel, bring sie am Computer oder an der Spüle an, lerne sie auswendig, mach sie dir zu eigen, mach ein Gedicht daraus oder ein Lied, male ein Bild dazu. Egal wie, aber beschäftige dich mit ihnen.

Arno Backhaus

159 | Von Gott verlassen

Ich war zornig über mein Volk wegen seiner Habgier.
Sie taten, was sie wollten, und gingen ihre eigenen Wege.
Darum bestrafte ich sie und wandte mich von ihnen ab.
JESAJA 57,17 (HOFFNUNG FÜR ALLE)

Meine Freundin Kelly aus Mexiko schreibt mir: »In den letzten Wochen haben sich die Drogenkartelle täglich beschossen, das US-Konsulat wurde geschlossen.« Das, was sie mir aus Reynosa schreibt, erreicht natürlich nie unsere Zeitungen, weil auch die Medien dort schon von Korruption durchzogen sind. Das traurige Ende der Geschichte ist, dass Kelly nun wegziehen muss, weil es ihr und ihrem Mann mit einem neugeborenen Baby einfach zu gefährlich wird. Sie hatten viel zurückgelassen und ertragen, um nach Mexiko zu ziehen und dort Prostituierten zu erzählen, dass Gott sie sieht und liebt. Das ist ungerecht, und ich frage mich, warum Gott nicht eingreift.

In der Passage aus Jesaja sagt Gott ganz klar, was er von Israels Untaten hält. Ich weiß nicht genau, ob man das theologisch einfach so auf das Mexiko-Szenario übertragen darf, also – mitgedacht! Aber ich finde den Gedanken interessant, dass die Situation mit den Drogenkartellen genauso mit Habgier zu tun hat. Da sind Menschen, die das Gefühl haben, um ihren »gerechten« Teil, ihren

Respekt, kämpfen zu müssen. Ich finde es völlig verständlich, dass Gott das zornig macht. Als ob er es nicht schaffen würde, für jeden zu sorgen! Seine schlimmste Strafe scheint diesmal zu sein, sie einfach sich selbst zu überlassen. Und das endet dann tragisch. Ohne eine übergeordnete, gerechte Instanz wie Gott, wer entscheidet dann noch, was gut oder schlecht ist? Mitmenschlichkeit? Das klappt ja nicht mal innerhalb der christlichen Gemeinschaft. Ethik? Der Drogenboss hat wahrscheinlich eine für ihn sehr schlüssige Ethik, die Mord rechtfertigt. Pragmatik? Eine Mutter, die gerade ihren Sohn verloren hat, wird es eher wütend machen, wenn man ihr erklärt, dass Gewalt ja so unpragmatisch sei.

Gott sagt von sich, dass er gerecht ist und unsere Nöte sieht. Aber können wir dem trauen? Das werden wir wohl sicher erst nach dem Tod wissen. Gott versucht allerdings das ganze Neue Testament hindurch, seine Gerechtigkeit zu erklären. Er nennt sie Gnade.

Freddi Gralle

160 | Heiße Kartoffel

> Gott spricht: Ich lasse dich nicht fallen und
> verlasse dich nicht.
>
> JOSUA 1,5B (EINHEITSÜBERSETZUNG)

Bist du schon mal wie eine heiße Kartoffel fallen gelassen worden? Die Lebenszusammenhänge mögen ganz unterschiedlich sein, aber dieses Gefühl kennt wohl fast jeder, wie die sprichwörtliche heiße Kartoffel fallen gelassen zu werden. Mit einem Mal will man mich nicht mehr, ich fühle mich überflüssig, an den Rand gedrängt, nutz- und wertlos, übergangen.

Dein Partner/Deine Partnerin zeigt dir überdeutlich, dass die Liebe früherer Jahre vorbei ist.

Dein Chef setzt scheinbar ganz auf den neuen Kollegen, und du bist und fühlst dich wie das fünfte Rad am Wagen.

Früher hattest du einen guten und sicheren Job, aber dann kam die Pleite und danach die vielen Kurzzeit-Gelegenheitsjobs. Und heute hast du kaum noch eine Chance auf dem Arbeitsmarkt.

Früher wart ihr gute Freunde, aber dann passierte dir diese unverständliche und peinliche Indiskretion, und seitdem herrscht Funkstille zwischen euch.

Fallen gelassen werden – für viele Menschen ist das mehr als nur ein kurzzeitiger, unglückseliger Moment. Bei manchen ist es ein dauerhaftes Lebensgefühl. Und wer einmal so richtig drinhängt, in Dauerarbeitslosigkeit oder in einem ruinierten Beziehungsnetzwerk, das diesen Namen nicht mehr verdient, für den kann das »Fallengelassenwerden« leicht zum freien Fall ins Bodenlose werden.

Was für ein faszinierendes Versprechen, wenn Gott mir zusagt, mit Brief und Siegel: Ich lasse dich nicht fallen. Ich halte dich fest wie ein Vater sein Kind. Du brauchst keine Angst zu haben. In meiner starken Hand bist du geborgen – was immer auch kommt.

Josua hörte dieses Versprechen Gottes nach schwierigen Wüstenwanderungsjahren, in denen sein Volk sich immer wieder von Gott abgewandt hatte. Israel hatte so oft »Gott fallen gelassen«, sich anderen Göttern zugewandt, war seine eigenen Wege gegangen. Gott hätte Grund genug gehabt, sein Volk fallen zu lassen! Zu oft hatten sie ihrem Schöpfer die kalte Schulter gezeigt.

Aber die Treue und Liebe Gottes machte immer wieder einen neuen Anfang, damals mit Josua und Israel und heute mit uns. Gott selbst ließ sich fallen – bis in die tiefsten Tiefen des unschuldigen Todes Jesu Christi am Kreuz –, damit wir sicheren Halt haben, nämlich das Fundament Jesus Christus, auf dem unser Lebenshaus steht.

»Ich lasse dich nicht fallen!« Diese Zusage Gottes ist kein Garantieschein für ein leichtes, lockeres und nach menschlichen Maßstäben erfolgreiches Leben. Auch Christen erleben Lebensführungen, die richtig schwer sind und bis an die Belastungsgrenze gehen. Aber gerade dann, wenn der »freie Fall« droht, ist die Hand Gottes umso wichtiger, die uns in Zeit und Ewigkeit hält.

Ekkehart Vetter

161 | Der mütterliche Gott

Gott spricht: Ich will euch trösten,
wie einen seine Mutter tröstet.

JESAJA 66,13 (LUTHER 1984)

Erinnern wir uns noch, wie wir als Kinder von unseren Eltern getröstet wurden? Im Rückblick steht mir vor Augen, wie unterschiedlich Vater und Mutter mich trösteten. Ich erinnere mich an die Hände meiner Mutter, die mein Gesicht streichelten, strapazierte Hausfrauenhände, die vielleicht noch ein wenig nach Zwiebeln oder Spülwasser rochen. »Junge, was ist denn, erzähl doch mal«, konnte sie dann sagen. Mein Vater tröstete anders: »Also, jetzt komm, reiß dich mal ein bisschen zusammen, das ist doch kein Grund zum Heulen.« Dann gab es einen Klaps auf den Rücken, und das Thema war erledigt. Mutter wusste, über Dinge muss man reden, um sie durchzustehen. Vater wusste, Situationen muss man anpacken, um ihnen nicht ausgeliefert zu bleiben. Beides habe ich gebraucht, den zärtlich verständnisvollen und den kameradschaftlich aufmunternden Trost. Wie aber tröstet Gott?

In der Bibel offenbart sich Gott als Vater, sogar als »der Vater, der der Ursprung jeder Vaterschaft« ist. Darin liegt ein umfassendes Verständnis von Vaterschaft, nämlich Vaterschaft als fördernde, befähigende, begrenzende und schützende Autorität. Aber Gott sprengt das Bild eines menschlichen Vaters, denn er hat auch mütterliche Züge.

Der Vers aus dem Propheten Jesaja sagt, bei Gott finden Menschen Trost, die erst mal keine Lösungen suchen, sondern Verständnis, die Kraft für ihr Leben nötig haben und nicht gleich wieder neue Aufgaben brauchen. Dieser mütterliche Gott erträgt mit uns die Situation, hält unser Klagen und Zürnen aus, wie wir zum Beispiel bei den Propheten des Alten Testaments sehen. Diese Seite Gottes müssen wir kennen, damit wir uns ihm voll anvertrauen können.

Gott hat sich selbst einer Mutter anvertraut, als er Mensch wurde in Jesus von Nazareth. Er hat gewusst, was er tat, und damit allen Müttern für alle Zeiten ein großes Kompliment gemacht.

Christoph Müller

162 | Halb so wild

Und der Engel sprach zu ihnen: Fürchtet euch nicht!

LUKAS 2,10 (LUTHER 1984)

Ist Ihnen schon mal aufgefallen, was passiert, wenn ein kleines Kind auf die Nase fällt? In den meisten Fällen ist es vor allem eines: verblüfft. Es sitzt da und schaut Rat suchend in die Gegend, weil es gar nicht so genau beurteilen kann, was ihm eigentlich zugestoßen ist. Und dann geschieht etwas sehr Merkwürdiges: Wenn die Erwachsenen voller Panik herbeieilen, erschreckte Schreie ausstoßen und zu erkennen geben, dass sich eben ein großes Unheil zugetragen hat, dann fängt das Kleine an zu weinen. Lachen die Anwesenden aber und rufen dem Wicht zu, dass doch alles gar nicht so schlimm sei, dann fängt er nach kurzer Zeit an zu grinsen.

Natürlich tut auch dem lachenden Stolperer die Nase weh, aber weil ihm seine Umgebung signalisiert, dass das Leben schön ist, kann er den Schmerz ertragen. Ob die Verunglückten nach ihrem Fall weinen oder lachen, hängt also nicht an den Kindern; es hängt an denjenigen, die darauf reagieren. Glauben Sie, dass das bei ausgewachsenen Kindern so viel anders ist? Ich nicht! Ich bin überzeugt, dass in den meisten Situationen die Reaktion der Freunde, Bekannten oder Verwandten dazu beiträgt, wie jemand auf einen Rein-Fall reagiert. Ja, ich mache immer wieder die Erfahrung, dass unsere Reaktionen aus Mücken Elefanten machen und durch ihre Negativität zum Leid und zur Traurigkeit anderer viel beitragen.

Leider gehört es heute ja zum guten Ton, mit dem Schicksal zu hadern, mehr jedenfalls, als sich optimistisch und positiv zu äußern. Darum haben wir in Deutschland auch die perverseste aller Antworten auf die berühmte Frage »Wie geht es dir?« entwickelt: »Ich kann nicht klagen!« Dass man sich beschwert, wenn es nichts zu Jammern gibt, ist doch außergewöhnlich. Jetzt stellen Sie sich einmal vor, sie würden immer dann, wenn jemand auf die Nase fällt, nicht »Oje«, sondern »Ist nicht schlimm« rufen. Es würde wahrscheinlich in dieser Welt weniger geweint und mehr gelacht.

Und vielleicht ist dieser Trost der Lebensbejahung, dieses »Halb so wild«, das bei Kindern die Augen wieder leuchten lässt, ein sehr passendes Bild für das, was Glauben ausmacht: die Erfahrung, dass Gott auch dann, wenn wir hinfallen, lächelnd dasteht und uns zeigt, dass dieses Malheur kein Grund zum Verzweifeln ist: »Fürchte dich nicht!«

Fabian Vogt

Jesus spricht zu ihm: »Willst du gesund werden?«
Der Kranke erwiderte: »Herr, ich habe keinen Menschen,
der mich, wenn das Wasser bewegt wird, in den Teich
werfe; und wenn ich komme, steigt schon ein anderer
hinab.« Jesus spricht zu ihm: »Steh auf, nimm dein Bett
und geh umher!«

JOHANNES 5,6-8 (LUTHER 1984)

Der Mann lag im Halbschatten. Nur so konnte man die Hitze einigermaßen aushalten. Und dazu noch das Stöhnen der Kranken und die ärgerlichen Rufe, wenn jemand über einen Arm stolperte oder über eine Matte. Ein Lärm wie in einem Freibad.

Ein paar Meter weiter hörte man das Wasser plätschern. So richtig sauber war es ja nicht, aber es sollte Heilwasser sein. Und mancher war schon geheilt worden, wenn er das Wasser rechtzeitig erreicht hatte.

»Ich schaff das nicht«, murmelte der Mann im Halbschatten vor sich hin. Er war gelähmt. »Ich hab ja keinen Menschen, der mich hineinträgt.« Fast hätte er diesen Satz singen können. Es war sein ewiges Jammerlied. Jeden Morgen vor dem Frühstück: »Ich hab ja keinen Menschen.« Und abends vor dem Schlafengehen: »Ich hab ja keinen Menschen.« Na dann: Gute Nacht!

Wenn er wüsste, dass 2000 Jahre später die meisten Leute immer noch ähnliche Jammerlieder singen, wäre er erstaunt. »Ich bin der typische Versager«, heißt eines davon. Oder: »Ich zieh das Unglück an.« – »Ich bin nichts wert.« – »Ich bekomme sowieso keine Arbeit.« – »Diese Krankheit ist eine Strafe.« – »Ich finde nie den richtigen Partner.« – »Ich komme mit meinen Gefühlen nicht klar.« – »Ich sehe aus wie ein Idiot.«

Da steht plötzlich ein Fremder vor ihm und schaut ihn an. Misstrauisch blickt der Gelähmte nach oben. Seltsam. Der Blick dieses Fremden ist offen, voller Mitgefühl, ohne mitleidig zu sein. »Willst du gesund werden?« Was für eine Frage! Dazu fällt dem Kranken nur wieder sein ewiges Jammerlied ein: »Ich hab ja keinen Menschen ...«

Der Fremde klopft dem Kranken nicht mitleidig auf die Schulter. Er singt mit ihm auch nicht die zweite Strophe seines Jammerliedes, sondern sagt: »Steh auf, nimm deine Matratze und geh nach Hause!«

Und der Mann steht tatsächlich auf und geht. Schwankend zunächst, aber es klappt. Plötzlich ist ein riesiges Vertrauen da, das ihn trägt. Sein Jammerlied hat er vergessen. Aber den Fremden nicht. Er kam ihm vor wie Gott in menschlicher Gestalt: Jesus.

Albrecht Gralle

Eine Ewigkeit lang

Vor einiger Zeit traf ich einen alten Kumpel wieder. Und während wir uns so unterhielten, kam heraus, dass er Hilfslieferungen für die Organisation »humanitaria« in einem 40-Tonnen-Sattelschlepper nach Osteuropa fuhr. 5000 km, 16 Gänge, eine Woche, über Österreich, Ungarn, Tschechien, Rumänien und all das.

Das interessierte mich natürlich auch. Irgendwann einmal hatte ich den Führerschein für LKW (damals Klasse 2) auf einem kleinen, wackeligen Magirus Deutz gemacht. Es dauerte nicht lange, und wir waren beide auf großer Fahrt. Ich durfte einen Sattelschlepper quer durch Europa fahren. Ein richtiges Abenteuer! Mit so einem »Geschoss« über osteuropäische Straßen und Sträßchen. Zwischendurch die Grenzen. Stundenlanges Warten. Schikanen dauernd und überall. Eine Geschichte für sich.

Mein Kumpel erledigte an den Grenzen immer den »Zollkram«, bis er einmal sagte: »So, Mike, nun mach du das mal.« Also gut. Ich mach das mal. Während ich mit dem Zöllner so verhandle, ich weiß gar nicht mehr genau, an welcher Grenze, schiebt er mir ein kleines Heiligenbildchen hin. Dafür sollte ich auch noch bezahlen. Das machte mich richtig ärgerlich. »Jetzt sind die mit dem religiösen Quatsch schon hier beim Zoll angekommen«, dachte ich. »Wenn die draußen auf dem Land angeboten werden, bei den armen Leuten, die es nicht besser wissen, versteh ich das ja noch. Aber jetzt schon hier am Zoll?« Das war das Letzte, was ich gebrauchen konnte.

»Das ist doch eine Riesenunverschämtheit«, schimpfte ich, »ich denk nicht dran, mir so etwas aufschwatzen zu lassen.« Aber der Zöllner bestand darauf. Zähneknirschend musste ich es also kaufen. »Und kleben Sie es gut sichtbar an die Frontscheibe«, rief er mir noch zu. Kleben? Frontscheibe? Was soll das denn? Bis mein Kumpel mich aufklärte: »Du hast gerade die Vignette gekauft«, sagte er, »dann kleb sie mal an.«

Ich hab mich selten so geschämt ob meiner Dummheit. Es war gar kein Heiligenbildchen, wie ich vorschnell angenommen hatte, sondern die Erlaubnis für das neue Land!

So ist das mit Gott, dachte ich. Wir tun die Bibel und das alles als religiösen Quatsch ab und merken nicht, dass es die Erlaubnis für das neue Land ist, das nach dem Tod auf uns wartet. Wie dumm kann man denn sein? Außerdem, das Schönste kommt noch: Bezahlt ist es auch schon! Unser Herr selbst hat es vollbracht!

Mike Depuhl

165 I Glaubensbekenntnisse

Gepriesen sei Gott, der Vater unseres Herrn
Jesus Christus, der Vater voller Barmherzigkeit,
der Gott allen Trostes!

2. KORINTHER 1,3

Der Pietismus ist eine evangelische Bewegung des 17. und 18. Jahrhunderts, die Herzensfrömmigkeit und tätige Nächstenliebe betont. Sie wurde von vielen verspottet, von anderen aber durchaus ernst genommen. Dazu eine interessante Begebenheit:

Im Jahr 1853 fragte Bismarck, der in enger Verbindung zu den Pietisten stand, den späteren Kaiser Wilhelm I., was er sich denn unter einem Pietisten vorstelle. Er antwortete: »Ein Pietist ist ein Mensch, der in der Religion heuchelt, um Karriere zu machen.« Darauf Bismarck: »Ich würde so sagen: Ein Pietist ist ein Mensch, der orthodox an die göttliche Offenbarung in Christus glaubt und aus seinem Glauben kein Geheimnis macht.« »Was heißt denn orthodox?«, fragte der Prinz. Darauf Bismarck: »Orthodox ist jemand, der ernstlich daran glaubt, dass Jesus Christus als Gottes Sohn für uns gestorben ist als ein Opfer zur Vergebung unserer Sünden.« Errötend rief der Prinz: »Wer ist denn so gottverlassen, dass er das nicht glaubt?« Bismarck lächelte und meinte: »Wenn diese Äußerung öffentlich bekannt würde, so würde Eure Königliche Hoheit selbst zu den Pietisten gezählt werden.«

Wie steht es um Ihr persönliches Glaubensbekenntnis? Nur formell Christ zu sein, nur eine konfessionelle Bindung zu haben ohne persönliche innere Überzeugung, das kann es doch nicht sein. Ein unverbindlicher Glaube wäre der größte Selbstbetrug. Eberhard Jüngel schrieb in der Wochenzeitung »Die Zeit«: »Das Recht, mit Luther ein evangelischer Christ zu sein, hat auch der Frömmste nur dann, wenn er die Wahrheit des Evangeliums so hoch achtet, dass sie allein sein Trost im Leben und Sterben ist.« Wenn Sie diesen Trost erleben wollen, dann halten Sie sich an den Gott, von dem Paulus spricht.

Klaus Kröger

Denn die Liebe Christi drängt uns, zumal wir überzeugt
sind, dass, wenn einer für alle gestorben ist, so sind
sie alle gestorben. Und er ist darum für alle gestorben,
damit, die da leben, hinfort nicht sich selbst leben,
sondern dem, der für sie gestorben und auferstanden ist.

2. KORINTHER 5,14-15 (LUTHER 1984)

Ich habe nichts gegen Versicherungsvertreter. Ehrlich nicht. Aber dieser am Telefon ging mir einfach nur auf die Nerven. Er meinte, mich zu irgendwelchen Zusatzversicherungen überreden zu können! Schnell wimmelte ich ihn ab. Einige Versicherungen sind in dieser Welt schon nötig. Aber eine Versicherung, wie Jesus sie einem gibt, findet man sowieso nirgendwo auf Erden: Er schenkt das ewige Leben! Das schützt zwar nicht vor Risiken, schafft aber wohltuende Gewissheit, einmal bei ihm im Himmel zu sein. Das gibt Hoffnung und Standfestigkeit, auch wenn Zweifel, Krankheit, Zerbruch oder irgendein anderer vermummter Dieb der Lebensqualität in unsere Herzen und Gedanken einbricht. Also hoffentlich himmlisch versichert!

Bei diesem Gedanken wäre ich gern stehen geblieben. Das ging aber nicht, denn es klingelte an der Tür. Vor mir standen zwei Männer: ein junger, höchstens Ende 30, und ein älterer, wahrscheinlich um die 50. Offensichtlich Mitglieder einer Sekte. »Die werde ich schnell los sein!«, denke ich, denn meistens suchen sie das Weite, wenn man ihnen erklärt, »Heilsgewissheit« zu haben. Also erkläre ich mich: »Ich weiß, dass Jesus Christus mich von meiner Schuld befreit hat. Er hat sich für mich am Kreuz opfern lassen, damit ich durch ihn neues Leben habe«, sage ich lächelnd. Der Jüngere lächelt gequält zurück. Der Ältere bedankt sich freundlich für die Aufmerksamkeit und fragt im Weggehen noch nach: »Und was tun Sie dafür, dass Gottes Reich größer wird?«

Klar, sie wollen darauf hinaus, dass man sich ihrer Ansicht nach den Platz im Himmel durch das Laufen von Tür zu Tür erarbeiten müsse. Falsch! Gottes Vergebung ist ein Geschenk! Aber ihre Frage stand erst mal im Raum: Was tue ich mit diesem Geschenk? Was tue ich dafür, dass Gottes Reich schneller kommt? Wo stelle ich mich Gott zur Verfügung?

Gott beruft uns zum Leben – aber eben auch zum Dienen. Dass es einen Arbeitsplatz für dich und mich in seinem Reich gibt, ist klar! Zum ewigen Leben sind wir berufen. Wunderbar! Noch schöner wird dieses Geschenk, wenn andere daran teilhaben. Wie kannst du das heute erreichen? Wie gesagt, ich habe nichts gegen Versicherungsvertreter: Für die Sicherheit des ewigen Lebens in Jesus möchte ich sogar selbst einer sein. Und du?

Petra Piater

167 | Retter oder Richter?

Ein junger Jurastudent ging in den Schweizer Alpen spazieren. Als er schon ziemlich hoch auf verschlungenen Pfaden war, traute er seinen Ohren nicht. Er hörte Pferdegetrappel. Doch nicht hier oben, dachte er. Aber es kam immer näher.

Plötzlich raste ein Pferdefuhrwerk auf ihn zu, bei dem die Pferde in Panik geraten waren. Da er sich mit Pferden nicht auskannte, wusste er nicht, was zu tun war. Es war eine lebensbedrohliche Situation. Im letzten Moment sprang er den Pferden ins Zaumzeug – später konnte er sich nicht mehr daran erinnern, wie er das gemacht hatte – und bekam die wild gewordenen Pferde zum Stehen. Der Kutscher fiel fast leichenblass vom Kutschbock und konnte nur noch stammeln: »Sie haben mir gerade das Leben gerettet. Vielen Dank.«

Damit wäre diese Geschichte zu Ende, wenn es nicht noch ein Nachspiel gegeben hätte: Jahre später, der Gerichtssaal in Bern. Ein zum Tode Verurteilter bittet darum, noch einmal mit dem Richter sprechen zu dürfen. Da alle ein Geständnis erwarten, wird ihm die Bitte gewährt. Als er dem Richter gegenübersteht, sagt der Angeklagte: »Herr Richter, erkennen Sie mich nicht?« Der Richter zögert einen Moment, ist sich nicht sicher, bis der Mann fortfährt: »Erinnern Sie sich, dass Sie vor einigen Jahren in den Alpen unterwegs waren und ein Pferdefuhrwerk auf Sie zukam?« Der Richter erinnert sich nur zu gut. Als Nächstes sagt der Mann: »Der Kutscher auf dem Wagen war ich. Sie retteten mir damals das Leben. Können Sie es heute noch einmal retten?« Der Richter schaut ihn ernst an und erwidert: »Es tut mir leid, das geht nicht. Damals war ich ihr Retter – heute bin ich ihr Richter!«

Jesus sagt: Du musst dich entscheiden. Heute will ich dein Retter sein. Später bin ich dein Richter ... Als was willst du Jesus erleben?

Mike Depuhl

168 | Am Ende des Weges

> Lehre uns bedenken, dass wir sterben müssen,
> auf dass wir klug werden.
> PSALM 90,12 (LUTHER 1984)

Seit mehr als 1000 Jahren gedenken die Menschen im Monat November ihrer Verstorbenen. Die katholischen Feiertage Allerheiligen und Allerseelen fordern dazu gleich am Beginn heraus. Mit dem Ewigkeitssonntag endet dann das evangelische Kirchenjahr am letzten Sonntag vor dem 1. Advent. Einen Sonntag davor, am Volkstrauertag, wird der Gefallenen der beiden Weltkriege gedacht. Das Leben und der Tod – sie gehören zusammen. Alles hat einen Anfang und ein Ende. Ich halte es für wichtig, sich immer wieder bewusst Gedanken über die Endlichkeit des Lebens zu machen. Dies geschieht oft dann, wenn man liebe Menschen verloren hat.

Ein Sprichwort in Peru lautet: »Der Tod ist das Eigentliche, denn er dauert länger als das Leben.« Bedenkenswert. Das Leben in der uns bekannten Form hat seine Begrenzung. Wir haben hier keine »bleibende Statt«. Die Ewigkeit ist das Eigentliche! Hast du dir schon Gedanken über die Ewigkeit gemacht? Über deine Ewigkeit?

Ringelnatz hat einmal gedichtet: »Kam einer/ging einer/und keiner – schrieb's nieder.« Ein Auftritt, ein Leben, das die weite Welt äußerlich kaum verändert hat. Ein Tod, den wenige zur Kenntnis nehmen. Das ist die Geschichte der meisten Menschen.

Aber jemand anderes hat mal geschrieben: »Gott wird das Gesicht eines Menschen auch dann noch sehen, wenn keiner mehr nach ihm fragt.« Und noch jemand anderes: »Eure Heimat ist eigentlich in der Ewigkeit, im Himmel, wo es keinen Schmerz, keine Beschwernis, kein Leid und keine Trauer gibt.«

Der Satz von Ringelnatz stimmt dann nicht mehr, wenn einem der durch seinen Sohn Jesus Christus menschgewordene Gott ins Gesicht schaut. Wir tragen für den Schöpfer des Lebens längst ein unverwechselbares Gesicht, das er herausfindet und ansieht unter zahllosen anderen. Er sieht auch dein Gesicht – im Hier und Jetzt und in der Ewigkeit.

Und wenn sich Nebelschwaden der Trauer über den Verlust lieber Menschen und anderer Dinge und Situationen lichten, kannst du auch seins erkennen. Im Hier und Jetzt. Probier es aus.

Ich wünsche dir: Zeit, dir der Endlichkeit bewusst zu sein und die Ewigkeit zu bedenken.

Thomas Klappstein

169 | Der entscheidende Termin

> Er aber, der Gott des Friedens, heilige euch durch und durch und bewahre euren Geist samt Seele und Leib unversehrt, untadelig für die Ankunft unseres Herrn Jesus Christus.
>
> 1. THESSALONICHER 5,23 (LUTHER 1984)

Hast du irgendwann mal etwas Zeit für mich?« Keine Frage ist so sehr dazu geeignet, dem Gegenüber Sorgenfalten ins Gesicht zu treiben. Während der Terminkalender durchgeblättert wird, wird der Blick immer bekümmerter. »Oh, gerade in der Woche haben wir ja zwei Elternabende, außerdem gibt es ein Mitarbeitertreffen in der Gemeinde, und am Wochenende wird meine Mutter 70. Natürlich ginge es in der Woche danach, aber da haben wir einen Projektstart, und ich weiß, wie ich da eingespannt sein werde. Dann kommt irgendwann die neue Heizung, und nach dem Kürbisschnitzen im Kindergarten wollten wir ja noch das Wochenende wegfahren. Vielleicht geht es in drei Wochen, es sei denn, der Kieferorthopäde macht gerade Urlaub, weil unsere Kinder dann doch zum Tennisturnier können, und dann habe ich kein Auto ...«

Na gut, das war vielleicht etwas übertrieben, aber doch ziemlich nah an unserer Wirklichkeit. Die Frage stellt sich, ob wir bei so vielen Aktivitäten noch zwischen wichtigen und unwichtigen Terminen unterscheiden können. Unsere Prioritäten müssen stimmen, sonst haben wir unser Leben am Ende in die falschen Dinge investiert. Am Ende unseres Lebens wird nämlich ein Termin stehen, den wir nicht selbst gemacht haben, sondern den unser Herr für uns plant. Da steht dann im himmlischen Kalender die Begegnung mit ihm selbst. Wie plane ich diesen Termin ein? Habe ich ihn im Blick, so fest, dass jeder Tag meines Lebens mich auf diesen Moment vorbereitet? Es wird wunderschön sein, Jesus zu begegnen, und Christen freuen sich auf nichts anderes so sehr. Aber es wird auch der erste Moment meines Lebens sein, in dem ich vor Gott und Menschen vollkommen durchschaubar sein werde. Das, was der Apostel Paulus in 1. Thessalonicher 5,23 für seine Gemeinden betet, sollte im Blick auf diesen Termin mein persönliches Gebet sein.

Christoph Müller

170 | Einfach froh!

> Freuet euch aber, dass eure Namen im Himmel
> geschrieben sind.
>
> LUKAS 10,20 (LUTHER 1984)

Es gibt viele Gründe, sich zu freuen. Ein sonniger Nachmittag, ein gutes Essen oder eine nette Begegnung können uns richtig froh machen. Wir freuen uns auch auf den nächsten Urlaub oder auf den guten Film am Abend. Es gibt so unglaublich viele Dinge, die uns froh machen!

Auf der anderen Seite wissen wir, dass es auch ganz anders kommen kann. Der Tag kann verregnet sein, das Essen versalzen, der Urlaub gestrichen und der Film eine echte Pleite. Und dann? Alles vorbei mit der Freude? Nein, Christen sind unverbesserlich frohe Menschen – oder könnten es zumindest sein. Unsere Freude hat nämlich ein paar Eckpfeiler, die nicht von unseren täglichen Erfahrungen abhängen und die sich nicht durch einen schlechten Tag, eine schlechte Woche oder ein schlechtes Jahr aushebeln lassen.

Jesus weist seine Jünger genau darauf hin, als die so unheimlich froh über ein paar Erfolgserlebnisse waren. Er sagt: Ist schon toll, was ihr erlebt habt. Aber wisst ihr, was euch immer froh machen kann? Dass ihr zu Gott gehört, dass ihr im Himmel eine feste Adresse habt, die euch niemand nehmen kann.

Das ist wirklich sonnenklar: Wer soll mir nehmen können, was Gott mir geschenkt hat? Wenn mein Name »im Himmel geschrieben ist«, dann heißt das, dass ich garantiert zu Gott gehöre, weil Jesus mich gerettet hat und ich diese Rettung angenommen habe. Damit ist mein Leben grundsätzlich »im grünen Bereich«. Auch wenn ich als Christ manchmal genauso viel Frust erlebe wie jeder andere Mensch auch, bin ich doch absolut geborgen in der Freude Gottes. Diese Freude wird mich immer wieder froh machen, egal, was mir passiert. Darüber kann ich mich doch wirklich nur freuen!

Christoph Müller

171 | Worte haben Macht

Als Erstes war das Wort da. Es war mit Gott ganz
eng verbunden, ja, es war sogar selbst Gott.
Von Anfang war es bei Gott. Es hat alles gemacht,
was es so gibt. Nichts ist ohne es gemacht worden.
Es ist das Leben in Person. Er hat die Menschen
aus der Dunkelheit rausgerissen und ihnen die
Richtung für ihr Leben gezeigt.

JOHANNES 1,1-4 (VOLXBIBEL)

Ich hab mal für eine Zeit im Drogenentzug in einem Krankenhaus gearbeitet. Da war so ein Mädchen, die hatte mit ihren 15 Jahren schon ein echtes hardcore-Drogenleben hinter sich. Vier Mal knapp an einer Überdosis vorbei, Prostitution, Jugendknast. Dazu hatte sie die Angewohnheit, sich immer, wenn es ihr nicht gut ging, die Arme aufzuschneiden. Die war echt hart drauf. Wir haben uns oft im Innenhof unterhalten, und langsam öffnete sie sich auch mir gegenüber. Irgendwann hab ich sie mal gefragt: »Warum bist du eigentlich so hart drauf? Ich hab manchmal das Gefühl, du willst eigentlich gar nicht leben!« Dann erzählte sie von ihrer Kindheit, von den Schlägen vom Vater. Aber das, was sie als das Schlimmste bezeichnete, waren die Worte, die ihre Mutter immer zu ihr gesagt hatte: »Ich wünschte, du wärst nie geboren worden! Ich will dich nicht haben! Ich wünschte, du wärst tot!« Diese Worte hatten sich so sehr in ihr Bewusstsein gebrannt, dass sie sich buchstäblich auf Raten selber töten wollte. Sie hatte das Gefühl, es wäre besser, sich zu vergiften, als zu leben. Heroin heißt in der Sprache der Junkies auch »Gift«.

Worte haben Macht. Worte können verführen, verwirren, verletzen. Aber Worte können auch heilen! Sie können Richtung geben, aufbauen, ermutigen.

Ich finde diese Aussage, die Johannes da an den Anfang seines Textes stellt, erst mal echt erstaunlich. Er sagt dort, dass Jesus wie ein Wort ist, das Gott zu den Menschen gesprochen hat. Das Wort, das Jesus ist, die Worte, die er zu uns spricht, sind gute Worte. Worte, denen man hundertprozentig vertrauen kann! Jesus ist ein Wort, das uns Richtung gibt. Er hat Worte, die uns wie ein Scheinwerfer den Weg ausleuchten, die uns wie ein Leuchtturm immer die richtige Richtung zeigen. Diese Worte haben Macht – sie können uns heilen. Wir finden die Worte von Jesus in seinem Buch, in der Bibel. Hier können wir die Worte lesen, die uns zeigen, wo wir längs gehen sollen. Ich glaube, dass alle Menschen das brauchen und sich auch danach sehnen. Dass da jemand ist, der einem sagt, was man machen soll, der einem hilft, Entscheidungen zu treffen. Worte, denen wir vertrauen können, die Gutes zu uns sagen, die uns heilen. Worte von Gott, Worte von Jesus.

Martin Dreyer

Sei nun wieder zufrieden, meine Seele, denn der
Herr tut dir Gutes.

PSALM 116,7 (LUTHER 1984)

Zu dem Philosophen Sokrates kam eines Tages ein Bekannter und sagte: »Hey, ich muss dir über einen deiner Freunde eine irre Geschichte erzählen. Pass auf ...« »Halt«, sagt Sokrates, »hast du deine Geschichte schon durch die drei Siebe gefiltert?« »Häh?« »Also, das erste Sieb ist die Wahrheit. Ist die Geschichte, die du mir erzählen willst, wahr?« »Ähh, ja, was heißt schon wahr. Ich habe sie von einem gehört, der kennt den Zwillingsbruder von der, die dabei gewesen sein will.« Sokrates fuhr fort: »Du weißt es also nicht. Gut, testen wir das zweite Sieb, das der Güte. Kommt die Person, von der die Geschichte handelt, darin gut weg?« »Nein, ganz im Gegenteil, das ist ja das Interessante ...« »Dann«, fragt der Philosoph weiter, »bleibt noch das dritte Sieb, nämlich das der Notwendigkeit. Gibt es einen triftigen Grund, warum du mir das alles erzählen willst?« »Na ja, notwendig ist es nicht – aber lustig ...« »Weißt du«, sagt Sokrates, »wenn das, was du mir erzählen willst, weder wahr noch gut noch notwendig ist, dann erspare es mir und belaste weder dich noch mich damit.«

Unter uns: Sokrates ist schon ein bisschen bieder, oder? Irgendwie genießen wir es doch alle, wenn wir über andere herziehen können. Es gilt die alte Devise: Lieber einen Freund verloren als einen Witz verschenkt. Außerdem kann das Lästern einen bisweilen ganz gut von Wut befreien. Nun: Lästern befreit, aber es verändert nichts! Und darum hat es Aspekte einer Sucht. Wir fühlen uns kurzfristig entlastet, aber wir brauchen es immer wieder.

Ich denke, es gibt vier einfache Gründe, warum wir so gerne lästern: 1. Wir stehen dann besser da. 2. Wir müssen selbst nicht vollkommen sein. 3. Wir können Distanz wahren. 4. Wir machen uns interessant. Aber Vorsicht: Hinter all diesen Gründen steckt Unzufriedenheit. Wie sähe ein Mensch aus, der es nicht nötig hat zu lästern? Das wäre jemand, der ein gesundes Selbstvertrauen hat, weil er sich so annehmen kann, wie er ist, jemand, der seine Schwächen akzeptiert, der Mut hat, die Wahrheit zu sagen, und der erkannt hat, wie aufregend das eigene Leben ist.

Wissen Sie, was diese Definition ist? Das ist die Kurzfassung der Botschaft Jesu! Wer weiß, dass er von Gott geliebt ist, hat alles, was er für sein Selbstbewusstsein braucht.

Fabian Vogt

173 | Gezz ma ehrlich ...

Eure Rede aber sei: Ja, ja; nein, nein.
Was darüber ist, das ist vom Übel.
MATTHÄUS 5,37 (LUTHER 1984)

Ich mag integere Menschen. Menschen, auf deren Wort man sich verlassen kann, die aufrichtig sind, die ehrlich sind. Die auch übermorgen noch wissen, was sie vorgestern versprochen haben. Und die man beim – versprochenen – Wort nehmen kann. Sie sind Vorbilder für mich.

Frauen und Männer, die eine Gesellschaft gestalten, die für die Öffentlichkeit arbeiten, sollten diese Wesens- und Charakterzüge zeigen, wenn sie ernst genommen werden wollen. Insbesondere Politiker. Natürlich müssen ihre Aussagen nicht in »Stein gemeißelt«

sein. Überzeugungen und Meinungen können sich verändern. Und das darf auch kundgetan werden. Aber die Halbwertszeit einer Legislaturperiode würde ich schon als Maßstab anlegen, wenn es darum geht, Menschen in der Politik ernst und beim Wort nehmen zu können. Und nicht nur hier.

Auf einer dieser kultigen Postkarten mit alten Schwarz-weiß-Fotos habe ich folgenden Spruch entdeckt: »Jeder sagt mal die Unwahrheit. Politiker machen einen Beruf daraus.« Zunächst musste ich schmunzeln, war dann aber doch betroffen, wie zutreffend diese Aussage oft ist. Sie gilt natürlich nicht nur für die Berufsgruppe der Politiker. Ihre Bestätigung wird in der Öffentlichkeit aber hier mit am ehesten registriert. Aufgrund von Unwahrheiten werden Kriege begonnen und geführt; Versprechen werden nach wenigen Tagen gebrochen, um doch noch die Macht zu erlangen.

»Eure Rede aber sei: Ja, ja; nein, nein. Was darüber ist, das ist vom Übel.« Das hat mal derjenige mitteilen lassen, der sich das Leben und das ganze »Drumherum« ausgedacht hat. Gott, durch seinen Sohn Jesus Christus. Das bedeutet ganz einfach: Wenn ihr »Ja« sagt, dann muss man sich darauf verlassen können. Und wenn ihr »Nein« sagt, dann steht auch dazu. Grundvoraussetzung für Integrität und Verlässlichkeit und vor allem Vertrauen. In der Politik, in der Wirtschaft, im Verein, im Sport, in der Nachbarschaft, im Freundeskreis. Für mich so etwas wie der »Kitt« in unserer Gesellschaft. Unabdingbar.

»Gezz ma ehrlich«: Vertraust du gerne? Und – kann man dir trauen?

Thomas Klappstein

Wer eine Grube gräbt, kann hineinfallen ... .

PREDIGER 10,8 (HOFFNUNG FÜR ALLE)

Ich bekam den Tipp für diese Geschichte von einem jungen Freund. Es ist wohl die beste Anwaltsgeschichte des Jahrzehnts – sie ist wirklich passiert und hat den ersten Platz im amerikanischen Wettbewerb der Strafverteidiger gewonnen.

In Charlotte, im US-Bundesstaat North Carolina, kaufte ein Rechtsanwalt eine Kiste mit seltenen und sehr teuren Zigarren und versicherte sie unter anderem gegen Feuerschaden. In den nächsten Monate rauchte er die Zigarren vollständig und forderte dann die Versicherung auf, den Schaden zu ersetzen. In seinem Anspruchsschreiben führte der Anwalt auf, dass die Zigarren durch eine Serie kleiner Feuerschäden vernichtet worden seien. Die Versicherung weigerte sich zu bezahlen, mit der einleuchtenden Argumentation, dass er die Zigarren bestimmungsgemäß ver(b)raucht habe. Der Rechtsanwalt klagte ... und gewann! Das Gericht stimmte mit der Versicherung überein, dass der Anspruch unverschämt sei, doch ergab sich aus der Versicherungspolice, dass die Zigarren gegen jede Art von Feuer versichert seien und Haftungsausschlüsse nicht bestünden. Folglich müsse die Versicherung bezahlen, was sie selbst vereinbart und unterschrieben habe.

Statt ein langes und teures Berufungsverfahren anzustrengen, akzeptierte die Versicherung das Urteil und bezahlte 15 000 US-Dollar an den Rechtsanwalt, der seine Zigarren in den zahlreichen »Feuerschäden" verloren hatte. Nachdem der Anwalt den Scheck der Versicherung eingelöst hatte, wurde er auf deren Antrag in 24 Fällen von Brandstiftung verhaftet. Unter Hinweis auf seine zivilrechtliche Klage und seine Angaben vor Gericht wurde er wegen vorsätzlicher »Inbrandsetzung« seines versicherten Eigentums zu 24 Monaten Freiheitsstrafe (ohne Bewährung) und 24 000 US-Dollar Geldstrafe verurteilt.

Das Wort: »Wer andern eine Grube gräbt, fällt selbst hinein!« hat seinen Ursprung in Prediger 10,8. Es ist verwandt mit Einsichten unserer Vorväter wie: »Unrecht Gut gedeiht nicht!« oder »Wie gewonnen, so zerronnen!«. Nur ein Narr glaubt, dass diese Wahrheiten heute nicht mehr gelten.

Klaus Kröger

Weihnachten

175 | Die Heilige und die Hure

Und im sechsten Monat wurde der Engel Gabriel von
Gott gesandt in eine Stadt in Galiläa, die heißt Nazareth,
zu einer Jungfrau, die vertraut war einem Mann mit
Namen Josef vom Hause David; und die Jungfrau hieß
Maria. ... Und der Engel sprach zu ihr: Fürchte dich
nicht, Maria, du hast Gnade bei Gott gefunden. Siehe,
du wirst schwanger werden und einen Sohn gebären,
und du sollst ihm den Namen Jesus geben. ... Da sprach
Maria zu dem Engel: Wie soll das zugehen, da ich doch
von keinem Mann weiß? Der Engel antwortete und
sprach zu ihr: Der Heilige Geist wird über dich kommen,
und die Kraft des Höchsten wird dich überschatten;
darum wird auch das Heilige, das geboren wird, Gottes
Sohn genannt werden.

LUKAS 1,26-35 (LUTHER 1984)

Josef aber, ihr Mann, war fromm und wollte sie nicht in
Schande bringen, gedachte aber, sie heimlich zu verlassen.

MATTHÄUS 1,19 (LUTHER 1984)

In der gesamten Mythologie und Literaturgeschichte gibt es zwei weibliche Archetypen: die Heilige und die Hure. Die eine führt zur Erlösung, die andere ins Verderben. Nun ja, wir sind postmodern und wissen, dass es da noch ein paar Graustufen dazwischen gibt.

Ich finde diese Dualität trotz allem sehr faszinierend, und in keiner Person ist sie je so vereint worden wie in Maria. Mittlerweile ist sie natürlich als Heilige (oder zumindest sehr respektable Frau) etabliert und durch unzählige Gemälde und Lieder unsterblich gemacht worden.

Aber am Anfang ist Maria nicht unbedingt begeistert von der Karriere, die der Engel Gabriel ihr verkündet. Für sie klingt es, ganz ehrlich, eher besorgniserregend. Und bevor sie viel Zeit zum Überlegen hat, findet sie sich in folgender Situation wieder: Sie ist verlobt, und sie ist schwanger. Und zwar nicht von ihrem Angetrauten. Josef ist ein feiner Kerl und tut, was Männer in brenzligen Situationen eben tun – sie reden nicht darüber in der Hoffnung, dass es irgendwie vorbeigeht, und denken sich ihren Teil. Josef wird in der katholischen Tradition ja auch der stumme Heilige genannt (von ihm ist nämlich keine wörtliche Rede überliefert). Trotzdem musste er sich sicher ein paar Sprüche anhören: Konntest du deinen kleinen Josef wieder nicht im Stall lassen? Sehr peinlich so was.

Aber für Maria war es etwas mehr als das. Denn sie stolperte hochschwanger von einer Herberge zur anderen und wusste nicht mal genau, was da bald aus ihrem Bauch herauskommen würde. Sie konnte nicht mal richtig auf die Frage antworten, wer denn der Vater sei. Was würde Josef dazu sagen (wenn er dann mal den Mund aufmachte)? Um es mal ganz deutlich zu machen: Maria stand als leichtes Mädchen da, als – nun ja – Hure. Und das ist doch komisch. Warum hatte Gott es denn so eilig mit der Schwangerschaft? Hätte er nicht noch die paar Wochen bis zur Hochzeit warten können? Damit der Retter der Welt kein Bastard wäre? Warum geht Gott dieses Risiko ein?

Eigentlich fällt mir nur ein Grund ein. Es war ihm nicht so wichtig. Ihm war es egal, was die Leute sagen. Ihm war es egal, dass die Jungfrau Maria nicht gerade als Jungfrau dastand. Oder fällt euch noch ein anderer Grund ein? Das Mädchen, dass um ein Haar als Hure verschrien wurde, hat Gott zur Heiligen gemacht.

Freddi Gralle

176 | Maria

> »Ich will mich dem Herrn ganz zur Verfügung stellen«, antwortete Maria. »Alles soll so geschehen, wie du es mir gesagt hast.« Darauf verließ sie der Engel.
>
> LUKAS 1,38 (HOFFNUNG FÜR ALLE)

Als Maria dem Engel zusagte, war sie wahrscheinlich von religiösen Gefühlen ehrfurchtsvoll ergriffen. Aber als ihre erste Regel ausblieb, stand sie vor der Herausforderung, ihr Leben im dörflichen Alltag mit veränderten Bedingungen auf die Reihe zu kriegen. Ihr war klar, dass sie als unehelich Schwangere aus dem Dorf gewiesen, wenn nicht gar gesteinigt werden könnte.

Um das größte Wunder der Heilsgeschichte geschehen zu lassen, musste sich das junge Mädchen Maria der Macht des guten Rufs widersetzen. Dass sie trotzdem nicht an Flucht oder Abtreibung dachte, hängt auch damit zusammen, dass sie die Unterhaltung mit dem Engel wahrscheinlich immer wieder im Kopf durchspielte. Warum? Weil dankbare Erinnerung Mut für die Zukunft gibt, Hoffnung und Zuversicht. Sich erinnern heißt nicht, in der Vergangenheit leben, sondern Erlebtes fruchtbar machen für den Alltag heute und morgen.

Außerdem hatte Maria jemanden, der zu ihr stand. Sie war nicht allein. Josef war ein einfacher Handwerker, er dachte einfach, und er liebte einfach. Auch er musste eine problematische Situation meistern. Die Frau, die er liebte, war von jemand anderem schwanger. Josef dachte zunächst nur daran, ihren und seinen guten Ruf einigermaßen zu retten. Er wusste, dass sowohl Dorftratsch wie auch Steine gleichermaßen vernichtend sein können. Aber dann wagte er es, auf eine Eingebung im Traum zu hören, und heiratete die schwangere Maria doch. Damit widersetzte auch Josef sich der Macht des guten Rufs.

Ihre Geschichte ist Aufruf und Herausforderung an uns alle, nicht nur am Gelingen der eigenen Kernfamilie mitzubauen, sondern in Kirche und Gesellschaft ein Klima zu schaffen, das auch benachteiligten und zerbrochenen Familien die Chance gibt, zu einer heilen und menschlichen Umgebung zu werden. Nach der Geburt Jesu waren die ersten Menschen, die davon hörten und die kamen, um das Kindlein anzubeten, übrigens wieder Menschen, die keinen guten Ruf hatten. Maria und Josef ließen es zu und widersetzten sich auch damit wieder der Macht des guten Rufs. Das haben sie ihrem Sohn mit in die Wiege gelegt, dass er eher auf den Ruf seines Herzens hörte, als sich um seinen guten Ruf zu sorgen.

Mickey Wiese

Hier ist nicht Jude noch Grieche, hier ist nicht
Sklave noch Freier, hier ist nicht Mann noch Frau;
denn ihr seid allesamt einer in Christus.

GALATER 3,28

Es ist einfach nicht zu übersehen. In der Bibel wimmelt es vor Frauen mit zweifelhaftem Ruf. Aber anders als man es vielleicht erwarten könnte, dienen sie nicht nur als abschreckendes Beispiel oder armes Opfer, nein, sie tauchen vielmehr als Gottes Komplizinnen auf, als Vorbilder, als Freunde.

Als Erstes ist da Rahab, die mutige Prostituierte aus Jericho (Josua 2,1-21). Als Josua seine ersten Kundschafter aussendet, um hinter die Mauern der gut befestigten Stadt zu schleichen, kehren sie bei ihr ein. Rahab versteckt sie und lügt den König an. Sie behauptet, die Männer seien schon längst weitergezogen. Und dann: Trompeten und Spaziergänge, bis die dicken Mauern fallen, wir erinnern uns. Aber wäre das Spektakel von Jericho nicht noch ein wenig beeindruckender gewesen, wenn sie es ohne die Hilfe einer Hure geschafft hätten? Es wird mit keinem Wort erwähnt, dass die Kundschafter kontaktscheu gegenüber Rahab sind. Sie scheint vielmehr ihre Rettung zu sein. Und später wird sie sogar im Stammbaum der Hebräer erwähnt (Matthäus 1,5).

Dann gibt es die Passagen, wo die Hure als Metapher für Israels treueloses Verhalten gegenüber Gott benutzt wird. Den Propheten Hesekiel lässt Gott eine drastische Rede über die Hurerei Israels halten (Hesekiel 16). Hosea, ebenfalls Prophet, soll sogar eine Hure heiraten, als Zeichen für Israels Untreue (Hosea 1). Hier ist die Hure keine Frau wie alle anderen.

In der Begegnung mit Jesus erscheint sie uns wiederum geradezu unschuldig und demütig. Er lässt sich zum Beispiel von einer »Sünderin« die Füße küssen und mit Salböl einreiben. Eine sehr sinnliche Beschreibung (Lukas 7,36-50).

Gott lässt alle Seiten dieser Frauenfigur zu. Die Hure ist für ihn ein Symbol, aber genauso auch eine Frau, eine Sünderin, eine Außenseiterin. Sie ist alles. Sie wird als Mensch nicht verurteilt. Das ist die markerschütternde Revolution des christlichen Menschenbildes: Alle Menschen sind gleich. Alle Menschen tragen Gottes Ebenbild in sich. Alle dürfen Teil seiner Familie werden. Man kann sich nicht disqualifizieren. Gott nimmt uns alle.

Freddi Gralle

178 | Josef

> Josef aber, ihr Mann, der gerecht war und sie nicht
> innerlich bloßstellen wollte, gedachte, sie ohne Aufsehen
> zu entlassen.
> MATTHÄUS 1,19

Ich bin stolz auf Josef, den Mann von Maria. Ich hätte ihn gerne kennengelernt, wirklich!

Er ist der Typ Mann, der alles im Stillen mit sich abmacht und dann zu einer genialen Lösung kommt, zu einer perfekten Lösung. Ich kann mir den Josef so richtig vorstellen, wie er einen langen Spaziergang macht und diese unangenehme Geschichte mit seiner schwangeren Verlobten durchdenkt. So sind wir Männer nun mal. Mit meiner Verlobten reden? Wozu? Da muss ich erst mal selber mit klarkommen. Sich nur nichts anmerken lassen. Lösungsorientiert leben. Verdammt, es muss doch eine Lösung geben!

Und dann fällt sie ihm ein, und Josef ist erleichtert. Er will Maria nicht heimlich verlassen, wie es uns Luther einreden will. Nein, Josef ist ein gerechter Mann, ein klasse Kerl. Er hätte Maria anzeigen können, dann wäre er sie los gewesen und auch die Schande. Aber er liebt sie, und so nimmt er die andere Möglichkeit wahr, die das Gesetz offenlässt: Er strebt eine Auflösung der Verlobung unter Ausschluss der Öffentlichkeit an. Ohne Aufsehen. Damit hätte Maria später wieder heiraten können, und ihr Lebensweg wäre nicht völlig verbaut gewesen. Tolle Lösung! Ich bin stolz auf dich, Josef!

Und dann spricht Gott. Und alles wird anders. Gott pfeift auf die perfekte Lösung. Er verlangt von Josef genau das, was er nicht wollte: Nimm Maria so an, wie sie ist, mit ihrem dicken Bauch, mit dieser Schande, und hilf ihr bei der Erziehung ihres Kindes. Und was macht Josef? Wahrscheinlich wieder einen langen Spaziergang. Das muss man verdauen, dass Gott an perfekten Lösungen nicht interessiert ist und etwas ganz Menschliches will.

Dann heißt es zum Schluss dieses Textes, und ich liebe diesen nüchternen Satz, denn in ihm steckt so viel Liebe von diesem schweigsamen Mann: »… und Josef nahm seine Frau zu sich.« Josef, ich bin stolz auf dich, wirklich!

Albrecht Gralle

Da machte sich auf auch Josef aus Galiläa, aus der Stadt
Nazareth, in das jüdische Land zur Stadt Davids, die da
heißt Bethlehem, weil er aus dem Hause und Geschlechte
Davids war, damit er sich schätzen ließe mit Maria, seinem
vertrauten Weibe; die war schwanger. Und als sie dort
waren, kam die Zeit, dass sie gebären sollte. Und sie gebar
ihren ersten Sohn und wickelte ihn in Windeln und legte
ihn in eine Krippe; denn sie hatten sonst keinen Raum
in der Herberge.

LUKAS 2,4-7 (LUTHER 1984)

In der Kurve geht plötzlich der Motor aus. Bei leichter Schräglage
der Straße rollt der Wagen in eine Parkbucht. Als er steht, starte
ich neu. Alles, was der Motor herausbringt, ist »uäähhhwuäwuä« ...
Kein Zweifel, er hat ein Problem. Und damit auch ich: Wie komme
ich nach Hause, die Jüngste zum Sport und später alle drei Kinder
wieder zurück? Ich betrachte den Motor bei geöffneter Motor-
haube. Nicht, dass ich Ahnung hätte, aber man macht das halt so.
Wer weiß, vielleicht tut ihm Frischluft ja auch gut ...

Erneuter Startversuch. Wieder nur der Anlasser. Einige Autos
fahren vorbei – keiner hält an. Handy! Kein Netz ... Was soll ich also
tun? »Ach ja, beten«, fällt mir ein. Das tut man doch, wenn man keinen Ausweg weiß! Nach kurzem Stoßgebet zünde ich erneut.
Nichts. Also gebrauche ich das älteste Fortbewegungsmittel: meine
Füße. Es ist heiß, und ich schwitze. »Wieso hört Gott nicht einfach?«,
frage ich mich. Weshalb kommt kein Engel mit Schraubenschlüssel?
Warum kann es nicht einfach ganz leicht sein? Beim schnellen
Schritt kommt mir die Weihnachtsgeschichte in den Sinn. Da waren
auch Leute unterwegs mit lauter Hindernissen: Sie war hoch-

schwanger, sie hatten nur einen störrischen Esel, was meinem Auto ja recht nahekommt, sie hatten kein Nachtquartier …

Weshalb stellt Gott seinen Kindern immer Stolpersteine in den Weg? Sollen wir lernen, dass bei Gott kein Ding unmöglich ist? Damit wir uns auf Ihn verlassen? Maria und Josef ließen sich jedenfalls nicht von Hindernissen abschrecken. Und ich? Nach knapp vierzigminütigem Marsch, mehreren Telefonaten und organisierten Mitfahrgelegenheiten war alles geregelt. Weshalb das passieren musste, weiß ich nicht.

Unser Auto hatte übrigens ein Kontaktproblem: Die Verbindung zwischen Benzinzufuhr und Motor war unterbrochen. Vielleicht war mein Stoßgebet als »letzter Versuch« auch so ein Kontaktproblem. Wir sind als Christen ein Leben lang unterwegs zum innigsten Kontakt mit Gott. Den können wir aber schon hier und jetzt haben – und nicht erst im Himmel und wenn es brenzlig wird. Ob unser Weg mit Gott leicht verläuft, ist egal. Dass er mit Ihm verläuft, dass wir zu Ihm in Bewegung bleiben, ist wichtig! Und das sollte uns ab und zu eine kleine Probe wert sein …

Petra Piater

180 | Engel zu Besuch

> Gastfrei zu sein vergesst nicht; denn dadurch haben
> einige ohne ihr Wissen Engel beherbergt.
>
> HEBRÄER 13,2 (LUTHER 1984)

Mehr und mehr hat sich bei Christen die biblische Erkenntnis durchgesetzt, dass jeder Christ vom Geist Gottes Gaben erhalten hat, die dem Aufbau der Gemeinde dienen. Man muss sie nur herausfinden und einbringen. Dabei helfen sogenannte »Gabentests«, die die Merkmale der einzelnen Gaben beschreiben und dem Leser helfen, sich selbst richtig einzuschätzen. Unter den beschriebenen Gaben ist auch immer die »Gabe der Gastfreundschaft«, also die von Gott geschenkte Fähigkeit, eine Atmosphäre zu schaffen, in der Menschen sich zu Hause fühlen. Wir alle kennen solche Menschen, und manche von uns gehören zu ihnen.

Manchmal hatten meine Frau und ich aber auch den Eindruck, dass es Menschen mit der »Gabe des Gastes« gibt. Diese Gabe habe ich zwar in noch keinem Gabentest beschrieben gefunden, aber erlebt haben wir sie schon oft. Wir hatten Menschen aufgenommen, manchmal nur über Nacht, manchmal viel länger, und wir spürten, dass nicht wir die Gebenden waren, sondern die Empfangenden. Irgendetwas brachten diese Menschen mit an Wertschätzung und geistlichen Impulsen, die auch nach ihrer Abreise bei uns im Haus blieben. Sie hatten uns beschenkt, vielleicht ohne es selbst zu merken.

Der Schreiber des Hebräerbriefes wusste, dass uns kaum etwas so sehr bereichert, wie wenn wir unsere Häuser öffnen. Besuch von Schwestern und Brüdern im Glauben stärkt Leib und Seele und hält seelisch und geistlich gesund. Beginnen wir doch damit, regelmäßig Menschen einzuladen, besonders solche, die wir noch gar nicht gut kennen. Es gibt mehr Engel um uns herum, als uns bewusst ist!

Christoph Müller

Denn also hat Gott die Welt geliebt, dass er seinen
eingeborenen Sohn gab, auf dass alle, die an ihn glauben,
nicht verloren werden, sondern das ewige Leben haben.

JOHANNES 3,16 (LUTHER 1984)

Paul McCartney war nach fast zehn Jahren wieder auf Welttournee, und ich hatte es tatsächlich geschafft, Karten für das Konzert in Hamburgs Vorzeigearena (das frühere Volksparkstadion) zu bekommen. »Back in the world« hatte er seine Konzertreise durch viele Länder der Welt passenderweise genannt. Fast alle Musiker und Bands geben ihren Tourneen Namen. So schauten die Söhne Mannheims offenbar zuversichtlich in die Zukunft, als sie eine ihrer Touren »Alles kann besser werden« nannten. »Nichts passiert« hieß die Tournee der Pop-Rock-Band Silbermond, bei der sie über 20 Konzerte gaben. Sie alle reisten durch die Republik, besuchten und begeisterten ihre Fans.

Es war kurz vor Weihnachten, als ich in meinem Sessel saß und Jesus fragte: »Was denkst du denn so über Weihnachten?« Das war der Beginn der »Herzengewinnungstour«, schoss es mir gleich danach als eine Art Geistesblitz durch den Kopf. Fast so, als ob mir Jesus direkt eine Antwort gegeben hätte.

Jesus auf Tournee – ein interessanter Gedanke. Aber Jesus kam nicht, um Stadien zu füllen und seine Fans zu begeistern. Jesus kam, damit wir ihn kennenlernen können und durch ihn Gott kennenlernen. Er kam, um mich einen Blick in sein Herz tun zu lassen und damit mein Herz zu gewinnen. Mein Herz, das ausgerichtet war auf mich selber, auf das Hier und Jetzt. Er wollte es zurückgewinnen, ihm ein Verständnis geben für das Größere und Tiefere. Er liebte mich so sehr – und nichts war ihm so wichtig, als mich das spüren zu lassen, und kein Wunsch war größer, als dass ich ihn auch wiederlieben sollte.

Aber Herzen gewinnt man nicht per Dekret. Das Herz eines Menschen gewinne ich, indem ich mich ihm nähere, indem ich mich ihm öffne, indem er mich kennenlernt. Das möchte Gott, das möchte Jesus, dass ich ihn kennenlerne, dass ich mit ihm zusammen bin. Dass ich ihn lieben lerne. Lieben, von ganzem Herzen, von ganzer Seele und mit aller meiner Kraft.

Dazu will Weihnachten uns einladen, will Jesus dich einladen.

Andreas Bürgin

182 | Verborgene Schätze

Das Himmelreich gleicht einem Schatz, verborgen
im Acker, den ein Mensch fand und verbarg;
und in seiner Freude ging er hin und verkaufte
alles, was er hatte, und kaufte den Acker.

MATTHÄUS 13,44 (LUTHER 1984)

Dieser wertvolle Schatz liegt nicht sorgsam aufbewahrt im Palast des Herodes oder auf der Bank, sondern er liegt in einem Haufen Dreck, und zwar verborgen. Keiner sieht ihn auf den ersten Blick.

Jesus macht uns hier deutlich, dass es gewisse Gesetzmäßigkeiten gibt im Reich Gottes. Wirklich wertvolle Dinge finden wir nicht an dem Ort, an dem wir sie vermuten, sondern gerade dort, wo wir sie nicht vermuten. Paulus schreibt einmal von dieser widersprüchlichen Erfahrung: »Gerade dann, wenn wir aufgerieben werden, wird unser Inneres erneuert. Und wenn ich schwach bin, gerade dann bin ich stark« (2. Korinther 4).

Martin Luther hat das unnachahmlich so ausgedrückt: Das Leben ist im Tod verborgen, die Liebe unter dem Hass, die Herrlichkeit unter der Schande, das Himmelreich unter dem Elend, die Weisheit unter der Dummheit, die Vergebung unter der Sünde und die Kraft unter der Schwachheit. Das wirklich Wertvolle ist verborgen unter seinem Gegenteil. Und zwar kryptisch – geheimnisvoll, so steht es im griechischen Text. Kein Mensch vermutet, dass unter diesem steinigen, dreckigen Acker Gold und Silber liegen. Suche den Schatz im Dreck! Was bedeutet das praktisch?

Das nächste Mal, wenn du völlig fertig und am Boden zerstört bist, dann geh davon aus, dass du gerade jetzt dem Leben nahe bist und der Freude. Entdecke das Himmelreich im Dreck. Und sag dir: Ich glaube daran, dass Gott mich da herausholen kann.

Wenn du an einem Tag besonders traurig bist, dann sag dir: Halt. Auf dem Grund dieser Traurigkeit ist der Schatz der Freude versteckt. Ich darf vor Gott traurig sein und weinen, und irgendwann bricht die Freude durch.

Das wirklich Wertvolle ist verborgen unter seinem Gegenteil. Und die größte Freude, den größten Schatz, den uns Gott gemacht hat, das ist seine Menschwerdung. Sie beginnt in einem armseligen Stall. Der Schatz, das Wertvolle, liegt verborgen in einem Haufen Stroh. So sieht das mit dem Reich Gottes aus.

Lass dich von den miesen Umständen nicht entmutigen. Im Gegenteil, rechne damit, dass gerade in der schwierigsten Situation, mitten im Dreck, der Schatz verborgen liegt. Dein wichtigstes Weihnachtsgeschenk.

Albrecht Gralle

So seid ihr nun nicht länger Fremde und Heimatlose;
ihr gehört jetzt als Bürger zum Volk Gottes, ja sogar zu
seiner Familie.

EPHESER 2,19 (HOFFNUNG FÜR ALLE)

Spielbudenplatz an der Reeperbahn, Hamburgs bekanntester Stadtteil St. Pauli, 9. Mai 2010: 80 000 Menschen feiern auf dem Kiez den Wiederaufstieg des »Jahr100-Vereins« in die 1. Fußball-Bundesliga. Der FC St. Pauli hat das Kunststück fertiggebracht und ist pünktlich zu seinem 100-jährigen Vereinsjubiläum wieder in das Oberhaus des deutschen Fußballs zurückgekehrt.

Dieses Ereignis wollte ich live erleben. Ich konnte auch nicht widerstehen, mir das genial gestaltete T-Shirt zum Aufstieg zu kaufen, mit dem zeitlosen Spruch: »Wir spielen in einer anderen Liga« .

Als Fußballfan gehören meine Sympathien schon von frühester Jugend an »Pauli«. Egal, in welcher Liga sie immer wieder mal spielten oder spielen werden – sie spielen immer in einer anderen Liga. Es gibt nicht viele Clubs, denen dieser Sonderstatus in der Fußballwelt zuerkannt wird. Die Atmosphäre am Millerntor, dem Stadion von »Pauli«, ist anerkanntermaßen einfach nicht zu toppen. Ob man dazugehört oder nicht, macht sich nicht an Äußerlichkeiten fest.

Auch wenn jeder Vergleich hinkt, aber so ähnlich ist das für mich mit dem Christsein. Meine Zugehörigkeit zum Volk Gottes, zu seiner Familie, macht sich auch nicht an Äußerlichkeiten fest. Als Christ spiele ich in einer anderen Liga. Da zählen andere Dinge, wie ...

Thomas Klappstein

Der Bonus-Track: Eine Tasse Kaffee

Vielleicht erinnern Sie sich noch. Da waren doch 1972 die Olympischen Spiele in München. Die heiteren Spiele. Es verlief alles nach Plan: Der schwedische König fand seine »Königin« unter den Helferinnen, Mark Spitz gewann sieben Mal Gold, und überhaupt – nichts konnte schiefgehen. Wie gesagt, die heiteren Spiele.

Und dann das. Die israelische Mannschaft wurde von einem palästinensischen Terrorkommando überfallen. Der Burgfrieden der heiteren Spiele war gebrochen. Erst die Geiselnahme der israelischen Athleten, dann die missglückte Befreiungsaktion. Die verwirrenden Meldungen der Presse: Die Geiseln sind befreit. Dann die schreckliche Wahrheit: Alle sind tot. Alle in Deutschland, und nicht nur da, waren wütend auf die Palästinenser, um das Mindeste zu sagen. Wie konnten sie das nur machen?

Einen Tag später stehe ich in Duisburg am Bahnhof, um einen Freund abzuholen. Da bemerke ich einen, wie soll ich sagen, arabisch aussehenden Mann. Einen Palästinenser? Mir schießt es durch den Kopf: Ah, die Palästinenser. Aber dann ein zweiter Gedanke: Ja, das, was gerade in München passiert, ist schlimm und schrecklich – nur dieses Männeken, anders kann ich ihn wirklich nicht bezeichnen, dieser Mann, der da vor mir steht, der ist doch nicht schuld an dem allen. Der war bestimmt gar nicht da, ist vielleicht genauso enttäuscht wie wir alle, der wartet da am Bahnhof genauso wie ich, nur umgeben von Hass.

Einen Augenblick zögere ich. Auf einmal tut er mir leid. Ich gehe auf ihn zu und spreche ihn an. Ich weiß nicht mehr, was ich gesagt habe, es ist zu lange her. Auf jeden Fall habe ich ihn auf eine Tasse Kaffee eingeladen. Er schaut mich mit seinen großen, traurigen Augen überrascht an. Nein, es hat ihn noch nie ein Deutscher zu einer Tasse Kaffee eingeladen, obwohl er schon einige Jahre Straßenfeger in Duisburg-Meiderich ist. Er redet nicht viel. Aber wir haben Zeit und trinken einen Kaffee zusammen. Das ist alles. Eine Tasse Kaffee.

Es war der Anfang einer wunderbaren Freundschaft. Abduracham aus Syrien, so hieß er, schloss mich in sein Herz. Und fegte weiter die Straßen in Meiderich. Noch viele Jahre fegte er sie. Er besuchte mich ab und zu, wir verloren uns nie aus den Augen.

Als unsere Familie einmal nach Amerika flog und wir um drei Uhr morgens aus dem Haus mussten, stand Abduracham da. Mit Tränen in den Augen. Keiner meiner deutschen Freunde war da, um uns zu verabschieden. Na ja, es war ja schließlich drei Uhr morgens.

Später wurde er dann pensioniert und ging zurück nach Syrien. Auch da vergaß er mich nicht. Er lud mich immer wieder ein. In Syrien hatte er eine kleine Landwirtschaft, in die er seine Pension steckte. Er sagte immer: »Ich verstecken mein Geld in Acker! Komm mich mal besuchen. Hier in Syrien alles billiger. Wann kommst du?«

Na ja, was sollte ich in Syrien? Aber dann wieder: Was für eine Gelegenheit, mal etwas von dem Land kennenzulernen! So gar nicht als Tourist. Dann sagte ich eines Tages zu und flog nach Damaskus. Er war freudestrahlend da und holte mich ab. Brachte mich zu sich nach Hause, wo seine ganze Verwandtschaft schon neugierig wartete. Er stellte mich ihnen vor, und auch seinen Freunden, den Beduinen.

Da steh ich nun. In Syrien. Bei meinen neuen Beduinenfreunden. Die Kinder von Achmed, dem Beduinen, hüten die Schafherde. So um die 200 Tiere. Jetzt wird gerade Achmed aktiv. Seine Aufgabe ist es, die Schafe in den Pferch zu treiben und zu sehen, ob alles in Ordnung ist.

Ich beobachte ihn, wie er, anders als sonst, etwas unruhig zwischen den Schafen umhergeht. Alles ist dicht gedrängt. Es sieht wie eine riesige Wolldecke aus. Jetzt ruft Achmed seinen Sohn. Er heißt tatsächlich Osama. Alles spielt sich natürlich auf Arabisch ab. Ich verstehe kein Wort. Also, Osama holt seine Yamaha aus dem Schuppen und düst los. Nach ungefähr zehn Minuten ist er wieder da. Mit einem Schaf quer über den Tank gelegt. Wow!

Ich frage Abduracham, den Einzigen, der Deutsch kann: »Woher in aller Welt wusste Achmed, dass ein Schaf fehlte? Ich meine, bei den rund 200 Schafen, und dann so dicht gedrängt ... Einzelne Schafe konnte man ohnehin nicht unterscheiden. Woher wusste er es also?«

Da guckt Abduracham, der Straßenfeger aus Meiderich, mich an und antwortet: »Achmed wusste nicht, dass Schaf fehlen. Er wusste welches!« Ich sage: »Unmöglich! Nicht bei der Menge. Und dann so dicht gedrängt. Keine Chance.« »Doch«, sagt er. »Der kennen jedes Schaf genau. Er mit ihnen leben. Mit ihnen aufstehn und gehen schlafen. Er sie kennen, von Geburt bis zu Tod. Er immer weiß welche. Der kennen jedes Schaf ganz genau. Er wissen, welche fehlen ...« Ich bin platt. Das gibt es doch nicht!

Doch, das gibt es wohl. Ich bin gerade Zeuge geworden. Ich habe es mit eigenen Augen gesehen. Und dann fällt mir diese alte Geschichte aus der Bibel ein: Waren da nicht 99 Schafe in der Wüste, und der Hirte sucht das eine, das sich verlaufen hat? Und er findet es. Koste es, was es wolle. Er zahlt sogar mit seinem Leben dafür. Nur, um es nach Hause zu holen. Er lässt die 99 Frommen und Guten in der Wüste und sucht das eine, das verlorene. Das habe ich da neu begriffen. Wegen einer Tasse Kaffee.

Mike Depuhl

Die Autoren

Arno Backhaus aus Calden bei Kassel, live seit 1950 erlebbar, ist seit 1972 mit der gleichen Frau – Hanna – verheiratet und hat drei erwachsene Kinder. Er ist studierter Sozialarbeiter, aktiver Liedermacher, fröhlicher E-fun-gelist, Bestsellerautor, verrückter Aktionskünstler, fleißiger T-Shirt-Drucker, ehemaliger Gemeindegründer und sprühender Idee-alist. Mehr über ihn unter: *www.arno-backhaus.de*.

Frank Bonkowski ist veheiratet mit Loretta und hat drei Kinder. Nach einer theologischen Ausbildung in Deutschland und Kanada und 17 Jahren Jugend- und Gemeindearbeit sowie Gemeindegründungsarbeit an der kanadischen Westküste nahe Vancouver lebt er seit 2006 wieder in Deutschland. In Bad Segeberg ist er als Pastor, Referent und Buchautor tätig. Mehr dazu in seinem Blog: *www.untenwieoben.de*.

Andreas Bürgin, verheiratet mit Marlen, zwei Töchter, ist ordinierter Pastor, Geschäftsführer im Freikirchlichen Bund der Gemeinde Gottes (FBGG) und leitender Redakteur der Zeitschrift »Perspektiven«. Kontakt: *andreas.buergin@fbgg.de*

Friederike »Freddi« Gralle hat Hispanistik und Anglistik in Leipzig und Granada studiert. Seit 2008 gönnt sie sich ein Zweitstudium – diesmal in Berlin, an der Filmschule dffb, wo sie lernt, wie man Drehbücher schreibt. Nebenher übersetzt sie freiberuflich Bücher,

Filme und Seminare. Friederike ist die Tochter von Albrecht Gralle. Kontakt: *fredgralle@gmx.de*

Albrecht Gralle, Theologe und freier Schriftsteller, arbeitete als Pastor im Gemeindedienst, bis er sein Hobby »Bücherschreiben« zum Hauptberuf machte. Er wohnt mit seiner Frau Ingrid in Northeim bei Göttingen. Sie haben vier erwachsene Kinder. Albrecht Gralle ist der Vater von Friederike. Siehe auch unter: *www.albrechtgralle.de*.

Mike Depuhl hat seine theologische Ausbildung am Moody Bible Institute und am Dallas Theological Seminary absolviert. Er ist der Gründer des Christ Camps in Krefeld. Heute ist er unter anderem als »Humanitarias«-Fernfahrer mit Hilfsgütern ans Schwarze Meer unterwegs, hält biblische Vorträge in Israel oder arbeitet als Reiseleiter – auch in Nepal. Er ist verheiratet und hat vier Kinder.

Martin Dreyer ist freikirchlicher Pastor, Gründer der Jesus Freaks, Volxbibel-Schreiber, therapeutischer Berater im Drogen- und Suchtbereich und Diplom-Pädagoge. Er predigt häufig bei den Jesus Freaks und in anderen Gemeinden im ganzen Land und ist zurzeit stark mit dem Volxbibel-Projekt beschäftigt. Martin Dreyer ist verheiratet mit Rahel und lebt in Berlin. Mehr von ihm unter: *http://martin-dreyer.blogspot.com/*. Kontakt: *an@martin-dreyer.de*.

Michael Jahnke, verheiratet, zwei Töchter, arbeitet als Publikationsleiter im Bibellesebund, Autor und Dozent. Kontakt: *straxe@gmx.de*.

Klaus Kröger, Jesus-People-Veteran, war 40 Jahre lang als Pastor im Gemeindedienst im In- und Ausland tätig (unter anderem in Aarhus, Dänemark). Er ist Bundesvorsitzender des Freikirchlichen Bundes der Gemeinde Gottes (FBGG) und verheiratet mit Gunhild.

Christoph Müller, verheiratet mit Käthe, hat fünf Kinder im Alter zwischen 8 und 23 Jahren. Er hat an der FETA Basel (heute STH Basel) Theologie studiert und ist Pastor der Christus-Gemeinde Weil der Stadt. Darüber hinaus ist er geistlicher Leiter des Bezirkes Stuttgart des Mülheimer Verbandes freikirchlich-evangelischer Gemeinden und Redakteur der Zeitschrift »Gemeinde KONKRET«. Kontakt: *christoph.mueller@cgweilderstadt.de*.

Petra Piater, verheiratet mit Justus, ein Sohn und zwei Töchter, ist stellvertretende Redaktionsleiterin der Zeitschrift »Perspektiven« und Autorin. Nach Jahren in den USA, Frankreich und Belgien lebt sie zurzeit in Tübingen. Kontakt: *petra@piater.name*.

Adrian Plass ist verheiratet mit Bridget, hat drei erwachsene Söhne und eine Tochter. Er lebt und arbeitet in England als Schriftsteller und reist als gefragter Redner rund um die Welt. Viele seiner Bücher sind in deutscher Übersetzung im Brendow Verlag, Moers erschienen.

Christiane Ratz lebt glücklich mit David, ihrem Mann und Ermutiger, und ihren Teenager-Kids Amos und Priscilla. Sie ist eine leidenschaftliche Geschichten-von-Gott-Erzählerin mit Pinsel, Foto, Filmkamera, Worten und Gesten. Kontakt: *dach-ratz@t-online.de*.

Julien Renard, gebürtiger Franzose, arbeitet als Jugendreferent in einer evangelisch-freikirchlichen Gemeinde. Er lebt mit seiner Familie in Leipzig.

Ulrich Römer, Techniker in einem Stahlkonzern im Ruhrgebiet, lebt in Duisburg und ist Mitglied der FeG Duisburg-Wanheimerort, wo er häufig als »Laienprediger« dient. *www.ulrichroemer.de*

Mirko Sander, Jesus Freak, ist seit 1992 unterwegs mit Jesus durch dick und dünn. Kontakt: *mirko.sander@gmail.com*.

Carsten »Storch« Schmelzer heißt schon so lange »Storch«, dass er sich nicht mehr erinnern kann, warum. Er ist glücklich verheiratet mit Alex und lebt als Pastor, Autor, Prediger, Musiker und Jesus Freak am Harkortsee im Ruhrgebiet, einem der besten Orte überhaupt. Privat trifft man ihn oft lesend, spazierend, betend oder musizierend und meistens mit den Gedanken woanders an. Carsten Schmelzer ist Pastor der Jesus Freaks Remscheid. Mehr gibt es im Internet unter: *www.pastor-storch.de*.

Manfred Vetter, Theologe, ist seit 30 Jahren Pastor der Arche Flensburg im Mülheimer Verband Freikichlich-Evangelischer Gemeinden. Er ist darüber hinaus Bundesältester des Nordwestbundes der Freikirche und Redaktionsleiter der täglichen Rubrik »Wort für heute« im »Flensburger Tageblatt«. Seit 32 Jahren ist er mit Gudrun verheiratet; die beiden haben vier Kinder. Manfred ist der Zwillingsbruder von Ekkehart Vetter.

Ekkehart Vetter ist Autor und Pastor der Christus-Gemeinde Mülheim und der Credo-Gemeinde Mülheim-Saarn sowie Präses des Mülheimer Verbandes Freikirchlich-Evangelischer Gemeinden. Seit 1978 unzertrennlich mit Sabine, wachsende Kinderschwiegerenkelkinderfamilie. Ekkehart ist der Zwillingsbruder von Manfred Vetter. Mehr über ihn unter: *www.vetterfamily.de*.

Fabian Vogt, Pfarrer, Schriftsteller und Künstler, lebt mit seiner Frau Miriam und seinen Kindern in Oberstedten bei Frankfurt. Er liebt Geschichten und erzählt sie auf der Kanzel, im Radio, auf der Bühne als Hälfte des Duo Camillo – und natürlich in seinen Büchern. Mehr dazu unter: *www.fabianvogt.de*.

Mickey Wiese ist seit Fasching 1976 mit Jesus befreundet. Ebenso lange macht er Jugendarbeit, Lobpreis und verbreitet gute Nachrichten, unter anderem auch als Buchautor. Mickey Wiese hat Theologie und Psychologie studiert und arbeitet als Event-Pastor und Lifecoach in eigener Praxis in Frankfurt. Er ist verheiratet und Vater von drei Söhnen. Weitere Infos: *www.mickeywiese.de*.

Joachim Zwingelberger ist Zimmermann und Theologe, so wie Jesus – nur der war mehr Zimmermann und Theos (Gott). Seit 1997 ist er Mitarbeiter und Leiter von Jungschar, Teenkreis und Zeltlagern seiner Gemeinde; seit 2001 macht er darüber hinaus auch erlebnispädagogische Freizeitarbeit mit Schülern und Konfirmanden im Christ Camp in Krefeld. Zurzeit absolviert er einen Masterstudiengang in »Christian Leadership« und arbeitet als freiberuflicher Prediger und Referent.

Der Herausgeber

Thomas Klappstein, geboren und aufgewachsen im Großraum Hamburg, ist studierter Diplom-Verwaltungswirt und studierter Theologe. Er war u. a. für die Betreuung politischer Bezirksausschüsse im Bezirksamt Hamburg-Nord zuständig und als Mitarbeiter im Bürgerbüro der Senatskanzlei und im Amt für Soziale Dienste Hamburg-St. Pauli tätig. Hauptamtliche Gemeindearbeit führte ihn ins Ruhrgebiet: Zunächst nach Marl, wo er sein Vikariat absolvierte und anschließend im Pastorendienst mit Schwerpunkten in der Jugend- sowie der Presse- und Öffentlichkeitsarbeit tätig war. Später übernahm er eine Stelle als Gemeindepastor in Duisburg.

Thomas Klappstein ist ordinierter Pastor im Mülheimer Verband Freikirchlich-Evangelischer Gemeinden (MVFEG) und für diesen Delegierter in der Arbeitsgemeinschaft Christlicher Kirchen in NRW (ACK-NRW). Derzeit ist er freiberuflich als Autor, Prediger, Redner und Trauerredner aktiv und in der Presse- und Öffentlichkeitsarbeit tätig.

Er schreibt regelmäßig eine Kolumne in einem säkularen Magazin, ist Mitglied im Redaktionsteam der Zeitschrift »Gemeinde KONKRET« und leistet immer wieder Medienarbeit für den MVFEG und dessen MaiVestival. Dazu kommen regelmäßige Rundfunkbeiträge und unregelmäßige Fernsehbeiträge.

Bisher hat Thomas Klappstein fünf eigene Bücher (u. a. zwei Jesus-Freak-Andachtsbücher) sowie Beiträge in verschiedenen anderen Büchern (u.a. bei Rowohlt) veröffentlicht. Seit 10 Jahren leitet er die »Follow The Son/Sun« – Junge-Erwachsenen-Freizeiten in Calvi auf Corsica.

Er ist verheiratet mit Claudia, Sängerin, Musikerin und Musikpädagogin, und hat zwei Kinder, Ronja und Lennart. Die Familie lebt in der Nähe der »Sechs-Seen-Platte« in Duisburg. Kontakt: *ThoKla1@gmx.de*

Fettes Thanx

Thomas Klappstein dankt ...

... allen Autorinnen und Autoren, die an diesem Buch mitgeschrieben haben. Danke für die vielen Stunden, die ihr zur Verfügung gestellt habt, um rüberzubringen, dass das Leben mit Gott und Jesus und dem Heiligen Geist, das Leben als Christ, alles andere als alltäglich ist, und dass es sich lohnt – in alltäglichen, wie nicht alltäglichen Situationen – dranzubleiben an Gott. Das gibt eine Perspektive für Zeit und Ewigkeit.

... Susanne Hübscher, Lektorin im Brendow Verlag, die sich für die Umsetzung dieses speziellen Buchprojektes stark gemacht und noch einmal viel Zeit in die »Nacharbeit« investiert hat.

... Silja Dreyer für das mega-coole Cover.

... und »last but not least«: Jesus Christus, dem »Nichtalltäglichen«, der täglich da ist! Auch dann, wenn wir uns gerade mal nicht mit ihm beschäftigen

Eine *unverhoffte Wiederkehr*

Adrian Plass
Der Besuch
Gebunden mit Schutzumschlag
80 Seiten
ISBN 978-3-86506-143-0

Es ist keine bedeutende Gemeinde, die sich der Gründer der Kirche für seinen Besuch ausgewählt hat. Und wie schon vor 2000 Jahren hält er sich wieder nicht an die Spielregeln und zeremoniellen Abläufe. Für die einen wird er zum Stein des Anstoßes, für die anderen zum Retter und Befreier ...
Die tief bewegende Geschichte einer unverhofften und unerwarteten Wiederkehr, die das Herz eines Menschen und die Grundfesten ganzer Kirchen erschüttern kann.

Brendow.
VERLAG + MEDIEN